崛起

民营企业创业密码

孙金云 著

RISE

THE GROWTH CODE OF THE PRIVATE ENTERPRISE

企业管理出版社
ENTERPRISE MANAGEMENT PUBLISHING HOUSE

图书在版编目（CIP）数据

崛起：民营企业创业密码/孙金云著. -- 北京：企业管理出版社，2019.9
ISBN 978-7-5164-2021-8

Ⅰ.①崛… Ⅱ.①孙… Ⅲ.①民营企业—企业管理—研究—中国 Ⅳ.①F279.245

中国版本图书馆CIP数据核字(2019)第193805号

书　　名：	崛起：民营企业创业密码
作　　者：	孙金云
选题策划：	周灵均
责任编辑：	周灵均
书　　号：	ISBN 978-7-5164-2021-8
出版发行：	企业管理出版社
地　　址：	北京市海淀区紫竹院南路17号　邮编：100048
网　　址：	http://www.emph.cn
电　　话：	编辑部（010）68456991　发行部（010）68701073
电子信箱：	emph003@sina.cn
印　　刷：	北京世纪恒宇印刷有限公司
经　　销：	新华书店
规　　格：	170毫米×240毫米　16开本　19印张　250千字
版　　次：	2019年9月第1版　2019年9月第1次印刷
定　　价：	68.00元

版权所有　翻印必究·印装有误　负责调换

前　言

过去的40年，中国民营经济从无到有，从小到大，经历了波澜壮阔的发展，深刻改变了人民生活，成为国家经济的重要组成部分。

与国有企业相比，早期的民营企业缺乏政府的背书以及行业的垄断地位；与外资企业相比，绝大多数民营企业没有强大的品牌、研发，以及科学的管理和国际化的经验。但是，在这种严峻的生存环境下，民营企业却在强大的求生欲支撑下，艰苦奋斗，充分利用组织灵活的机制，凭借对信息的敏感、快速学习等能力逆势增长，这背后究竟有怎样的艰辛历程和崛起的密码？

立足当下，回溯历史，为了回答上述问题，我和我的研究团队从2008年开始，在全国范围内对中国中小企业尤其是民营企业进行大量实地走访和问卷调研，在此基础上形成了一系列研究成果。在本书中，我们试图通过这些鲜活的案例，揭示那些优秀的民营企业是如何在不断变化的环境中脱颖而出的。

本书通过时间的维度，首先回顾改革开放伊始那些勇于探索、大胆实践但却难免莽撞的第一批民营企业家，他们的成长历程和大相径庭的结局令人感叹；然后我们梳理了那些早期的民营企业如何通过"一招鲜"的方法，或大胆砸广告，或执着控质量，或打造家文化，从而迅速成为行业标杆。这些企业在许多方面不够完美，但却在物资稀缺、需求凸显的时代能够领先对手。中国改革开放的历程，就是一个不断完善调整制度环境从而与市场接轨的过程。每一次制度的调整，对于那些极具敏感性的民营企业家而言都是难得的机遇。我们通过制度的变迁来探究那些机会型企业的成长路径；女性企业家作为民营经济独特的风景线，从另一个角度为我们诠释了刚柔相济的领导力。随着企业规模的扩张，他们遇到了转型与传承的挑战。东突西进，大胆创新，内外结合，不屈不挠，这些企业为我们展示了市场的残酷、规则的无情、转型中的焦灼和峰回路转的悲喜交集。民营企业的发展，不但直接推动了经济水平的提升，还从就业、环境等社会责任方面创造了更多难以量化的价值。

出于对被访企业家的尊重，对那些不希望透露姓名的企业家均采用化名。相较于战略管理理论发展的踟蹰不前，中国的广大民营企业立足当下、奋力前行，于有限的资源条件下艰苦创业，在多变的环境中应变求生。由此培养出的成本控制能力、模仿创新能力、社会网络能力等成为新兴市场企业发展的重要竞争优势，许多民营企业也借此跻身于全球化的舞台。在这些企业中，既有几十年如一日坚守主业的行业领袖，如新希望，也有持续研发、如日中天的华为、科大讯飞。然而，白驹过隙，随着时光流逝掩映于历史长河的是那些或折戟，或前行，或燕赵悲歌，或静水深流的千千万万中小型民营企业。与其聚焦那些光环下为数不多的行业巨擘，不如通过一个个特写，去洞悉更为广阔的民企百态！

为此，本书通过大量的案例为读者呈现了一幅民营企业创业的群英谱，而这背后是数以千万计的创业者艰苦拼搏不断成长的壮美画卷。直接套用已有的西方管理理论去解读这一宏大的现象难免缺乏解释力，而理论与现实的冲突，恰是管理者、学者反思当下，寻找新的洞见的可贵来源。为此，我在本书中将这些观察和浅显的思考原汁原味地梳理出来，并略做理论归纳，权作中国式管理理论研究的一块铺路石！

孙金云

2019 年 8 月

目 录

前　言

第一章　回溯：中国当代民营企业的发展足迹 // 001

　　初生姿态（1978年以前）// 003

　　随"风"而动（1978—1988）// 008

　　倔强成长（1989—2000）// 015

　　阔步前行（2001年至今）// 023

第二章　初探：中国当代民营企业成长之路 // 027

　　民营企业生存之困 // 029

　　草创企业的生存法则：与强者同行 // 035

　　转制企业的迷思：公平还是效率 // 042

　　海归创业企业的法宝：技术和商业模式 // 047

　　企业导向的和谐战略：兼顾短期绩效和长期发展 // 055

第三章　民营企业与制度环境 // 061

招商乱象：未能兑现的承诺 // 063

圈里圈外，力争成为"局内人" // 073

民营企业的"原罪"：贪婪的反噬 // 081

企业与环境的"共演"：化被动为主动 // 087

第四章　竞争优势与成长困境 // 093

不可持续的人口红利 // 095

"家文化"引发的企业危机 // 103

寻找竞争优势，转"危"为"机" // 109

企业发展的竞合战略：走出单一竞争困境 // 116

第五章　组织间关系 // 121

企业与银行：遥不可及的互利双赢 // 123

资金断流，无奈下的另谋出路 // 135

雷声大、雨点小的"扶持" // 145

中国本土化的竞合战略：联合共赢 // 155

CONTENS / 目 录

第六章　柔性领导力 // 159

　　"她"力量 // 161

　　关系能力和柔性领导力 // 172

第七章　战略转型与民营企业创新 // 177

　　坎坷转型途：内迁 // 179

　　坎坷转型途：南突 // 184

　　漫漫创新路：商业模式鏖战初体验 // 189

　　漫漫创新路：技术应用之困 // 195

　　漫漫创新路：乘互联网之风 // 199

　　企业的复合竞争战略：整合与创新 // 209

第八章　民营企业传承 // 215

　　从"富二代"到"创二代"的华丽转身 // 219

　　职业经理人的顺势而上 // 227

　　家族信托制度 // 237

　　家族企业的结构相合战略：共谋传承发展 // 243

第九章　民营企业与社会发展 // 247

对员工负责：外在助推与内在驱动 // 249
激励员工的三大锦囊 // 258
民营企业践行"家文化" // 267
中国企业的"家合"战略 // 276

结　语 // 283

第一章

回溯：中国当代民营企业的发展足迹

中华人民共和国成立以后，民营资本在国家政策变动的影响下历经几起几落，从民族资本的公私合营到全面国有化，再到十一届三中全会后"暖春式"的多种经济所有制的共同发展，整个发展过程充满了波折。十一届三中全会作为中国民营企业发展的历史转折点，渐次拉开了四十年发展的帷幕。计划经济体制下作为弱小个体的中小民营企业家，凭借无畏的胆识和敏锐的洞察力抓住了时代的商机。在社会大变革时期要想掌握自己的命运，必须要了解社会发展趋势，有觉悟地逐渐适应新制度，把握发展的时机。许多胆大的中小民营企业者第一次站在了商业发展的浪口，迎着改革开放的暖风，融入社会经济发展的大潮。

第一章 回溯：中国当代民营企业的发展足迹

初生姿态（1978年以前）

商业兴衰，关乎一个国家的命运。打开历史画卷，我们的商业文明可追溯至"神农"之时。作为闻名世界的四大文明古国之一，中国确实拥有发展商业的各项优势条件。温带怡人的气候以及长江、黄河的丰富水资源滋养了华夏大地，富饶的土地孕育了我们的祖先。各朝代和平时期的休养生息、"恤商"政策和农业的自给自足都为商业的发展提供了所需的养分。然而，彼时的中国仍然存在许多限制，这使得商业在中国的发展十分缓慢。复杂的地势条件为交通带来了极大的不便，直至盛唐时期，也仍然有"蜀道难，难于上青天"的道路阻梗，华夏各地几千年来受制于交通的约束，商品流通难以大范围开展。商业的发展也因此局限于小范围的商品交换。与此同时，"商业盛而农业衰"[①]基本上是多数统治者的信条，相比于鼓励私人经营的恤商政策，各朝政府更多地采取以禁锢农民、巩固统治为目的的"病商"政策。统治者们甚至进行大范围的思想禁锢。"贱商"之习根深蒂固，长此以往老百姓也对从商之路避而远之。

---

① 王孝通. 中国商业史[M]. 北京：团结出版社，2007.

但是，随着封建经济的发展和趋于繁盛，在自给自足的自然经济基础之上，统治者意识到商业作为自然经济的补充亦有其存在的价值。由于商业与农业、手工业的发展联系紧密，相辅相成，其作为小农经济的补充地位不容忽视，政府对商业活动的控制逐渐减少。先秦时商民善于经商，后世遂将经商的人称为"商人"。商朝都城商业繁华，商朝人以贝作为货币，有"商邑翼翼，四方之极"之称。春秋战国时期，商业发达，各地特色产品互相交流，在中原市场上可买到南方的象牙、北方的马、东方的鱼盐和西方的皮革，中国商业发展出现了第一次高峰。西汉以来，以"丝绸之路"为主要路线的陆路贸易开始发展起来。通过"丝绸之路"，中国的丝和丝织品运到中亚，再转运到西亚和欧洲，开辟了中西贸易的新纪元。隋唐时期水路交通发达，交通设施相对完善，要道上有接待客商的私家店肆，备有供客商骑用的"驿驴"。此外，货币统一、市场发达等也为商业的发展带来了极大的便利，并且提高了隋唐时期农产品的商品化程度。唐朝时期，中国和亚洲各国都有直接的贸易往来，同朝鲜、日本、印度等多个国家有非常频繁的水路贸易，中西贸易也持续发展，中国的丝绸、瓷器、纸张等甚至畅销至中亚、非洲和欧洲国家。宋元时期的海外贸易更是兴盛。到了明朝前期，通过"郑和七次下西洋"这一永载史册的举动，中国与亚非多个国家和地区的贸易往来兴起，甚至扩张到东非海岸和红海沿岸地区。明清时期，一大批商业市镇兴起，徽商、晋商等区域性的商人群体形成，产生了各类的小生产者，他们在商品市场上实现预购、订货、贷款，当包买商，以至于投资设厂，开设手工业作坊。

纵观中国古代商业的发展，商品起初一般都局限于流通领域，到封建社会末期也就是明清时期才逐渐与生产和自由的雇佣劳动力相结合。这样

第一章
回溯：中国当代民营企业的发展足迹

的产业格局塑造了中国独有的文化、政治、商业相互交融的格局。从表面上看，儒家重义轻利的"士"文化对商业尤其是商人存在抑制，但更加重要的影响实际上来自封建官僚制度下对商业逻辑的粗暴干预。无论是早期的盐商、丝绸，还是后期的钱庄业的发展，都少不了在中央政权层面的制度许可和微观地方官员参与及构建的利益共同体。对商业文明的长期贬低，以及商业生态独立生存空间的缺失，使得华夏大地虽然在几千年前就具备了商业文明的雏形，却始终不能繁荣发展。文化、政治、商业如此交融的格局，直至1966年公私合营宣告结束才戛然而止。但是，东方文化和政治传承对商业的影响直至今日，在未来相当长一段时间内，或许仍将持续存在。

1949年10月1日，中华人民共和国成立。自此，中国逐渐从几十年的战火纷争中挣脱出来，举国欢腾，希冀着和平生活的到来。然而事与愿违，战争结束后的喜悦是短暂的，中国又经历了抗美援朝、保家卫国战争，对越自卫反击战，中印边境自卫反击战，中苏边界冲突，以及其间国际上对中国的全面经济封锁禁运和外交孤立政策给中国的经济建设带来的巨大困难。如何在一个小农经济占主体且落后的农业大国中实现工业化和现代化，如何快速地进行社会主义建设，成为毛泽东时代的领导人需要解决的巨大难题。1952年，党中央提出了过渡时期的总路线，逐步实现国家对农业、对手工业和对资本主义工商业的社会主义改造。

与此同时，中国的资本市场从民族资本的公有化、公私合营发展到了全面的国有化。1956年年初，一次涉及全国的社会主义改造高潮出现了，资本主义工商业在此期间完成了全行业公私合营。国家制定年息，并统一调配和使用生产资料。1966年9月，定息年限期满，公私合营企业最后转变为社会主义全民所有制。全国范围内资本主义工商业的社会主义改造基本完成，整个社会经济构成几乎成为百分之百的公有或集体制，国家统一调控与管制市场。

1978年12月召开的党的十一届三中全会重新确定了将工作重点转到经济建设上来。由此，多种经济成分可共同参与经济发展，事实上也重启了中国中断几十年的商业文明。

后续的经济发展大体可分为三个阶段。1978—1988年为第一阶段，个体经济在政府准许和鼓励的范围内，明确提出"城镇集体和个体经济是我国多种经济成分的组成部分"，个体经济对社会和经济的作用得到了政府的认可。1987—1988年，政府扩大了民营经济可以进入的领域，允许私营经济的存在和发展。

1989—2000年为第二阶段，尽管1989年刚刚回归正常的社会经济又面临了一次改革危机，国家政策对民营经济的发展造成了极大的影响，但个体私营经济仍在1992年迎来了四年的快速发展阶段。1992年，党的"十四大"归纳了建设有中国特色社会主义理论的关键内容，会上提出社会主义经济主体是包含全民所有制以及集体所有制在内的公有制，个体经济、私营经济、外资经济是公有制的补充，鼓励多种经济成分长久共同发展，经济成分之间还可进行不同形式的联合经营。至此，国有企业、集体企业和其他企业都进入市场，通过平等竞争发挥国有企业的主导作用。进一步支持性的政策保证了个体私营经济自1997年后进入持续健康发展的轨道。1997年，党的"十五大"指出对个体经济、私营经济等非公有制经济要继续鼓励、引导，使之健康发展。这对满足人们多样化的需要，增加就业，促进国民经济的发展，具有重要作用。

第一章
回溯：中国当代民营企业的发展足迹

2000年，中国民营经济迎来了它们的大发展，进而也开启了经济发展的第三个阶段。党的十八届三中全会上，非公有制经济被提到了更重要的位置。全会提出，要发挥市场的决定性作用，激发非公有制经济的活力和创造力。针对民营企业融资难的问题，通过取消和下放行政审批，允许设立民营银行，对民间投资政策落实情况进行第三方评估，等等，促进民营经济发展的改革。这让民营经济有望获得一个更公平的市场环境和更具活力的市场氛围。对民营企业投融资的窗口将进一步打开，一些高收益的垄断领域将会放松对民间资本的限制。

整个民营经济的开放大体上可以看作一个渐变式的国退民进的过程，民营经济作为社会经济的重要组成部分，吸纳了社会大部分的闲散劳动力，为社会带来更多的经济财富。民营企业主作为新的社会阶层，抓住了政策优惠的巨大机遇，通过合法经营、诚实劳动为社会的发展和生产力的提高贡献了力量。可以说，这是一个属于民营企业家的时代，他们乘风破浪，为中国长达30年的经济高速发展做出了巨大的贡献。

随"风"而动(1978—1988)

改革开放以前,中国的经济成分基本上是单一的公有制经济。中华人民共和国成立后对非公有制经济市场准入条件的高度限制,造成了众多行业的垄断现状,民营资本难以进入,然而,当市场对民营经济渐次敞开,民营经济便以迅猛之势发挥其在中国经济中的特殊优势。民营企业利用其机制灵活、勇于创新、自负盈亏、敢冒风险的经营理念来激发经济活力。1978年12月党的十一届三中全会召开,会上提出将全党的工作重心转移至社会主义现代化建设,发布了一系列有利于农业生产发展的措施,如"社员自留地、家庭副业和集市贸易是社会主义经济的必要补充部分,任何人不得乱加干涉"。十一届三中全会以来,有关个体私营经济的方针政策也随着实践的发展和认识的深化而不断完善。从1978年开始到1988年的十年间,由于政策允许和鼓励个体经济存在和发展,中小民营企业如雨后春笋般兴起。中国现代第一批民营企业家开始登上历史舞台。

第一代民营企业家的代表人物有年广久、鲁冠球等,他们代表着新中国对民营经济政策的巨大转向。他们是一个时代敢于闯荡的代表,也可以说是一个时代的宠儿。作家吴晓波在其著作《激荡三十年》中写道:"在1978年到2008年的中国商业圈出没着这样一个族群:他们出身草莽,不

第一章
回溯：中国当代民营企业的发展足迹

无野蛮，性情漂移，坚韧而勇于博取。"年广久正是其中很典型的一位。

年广久作为一个商人并不是当下意义上高学历、能力出众的企业家，他甚至不识字。然而作为全国知晓的第一代个体"暴发户"的代表，他的身上烙下了明显的草根企业家的印记。年广久出身寒微，身上满是劳动人民吃苦耐劳的不屈精神。他不懂什么叫政治，只在乎拼命赚钱从而养家糊口。作为那个年代里的民间小生产者，"敢"字可以代表一切。在全面封杀私营经济的年代，他不畏打压，坚持兜售用独特配方炒制的瓜子，攒下了百万家产，成为那个年代名副其实的富翁。然而年广久的人生并不是一帆风顺的，他几经曲折的人生恰恰是国家对民营经济政策不断徘徊的一个小缩影。年广久曾经三入三出监狱，他所犯的罪名分别为"投机倒把罪""牛鬼蛇神""流氓罪"，却又分别在1980年、1984年、1992年三次被邓小平点名，而这恰好是改革开放的三个重要转折点。

年广久子承父业，做生意遵循其父"利轻业重，事在人和"的遗训。他摆的水果摊，允许顾客先尝后买，有时称水果时明明已经够分量了，他还会再多拿一个给顾客。年广久自我吃亏的"傻子"似的做生意方式让顾客对他十分满意，日积月累地积攒了众多回头客。然而20世纪60年代末，许多批判个体户走资本主义道路的矛头对准了年广久，他因此被关了20多天。这次的打击并没有使年广久放弃。之后当大家都还在历史的旋涡中沉浮时，年广久便乘机悄悄发展他的瓜子事业。年广久曾经这样描述他早年的经历：每天要炒几百斤的瓜子，从头天晚上七八点一直忙活到第二天早晨五六点，睡两个小时就得起来，把刚炒的瓜子分成小包装好；到中午12点人们下班午休的时间把瓜子拿去偷卖，下午再包一批，到晚上下班时间再卖。如此日复一日地辛勤努力，年广久赚了100万元。之后，党的十一届三中全会的召开，使得民营经济的发展境况如大地回春。随着民营经济政策的明晰，年广久的胆子也越变越大，炒瓜子小作坊发展得很快，红极一时。

1979年，国务院首次提出要恢复和发展个体经济，并可根据当地市场需要，在获得有关业务主管部门的许可后，准许部分有正式户口的闲散劳动力开展修理、服务和手工业的个体劳动，给他们颁发营业执照，由街道和有关业务部门监督管理，并逐步引导他们走上集体化的道路，但还是不准他们雇工。之后便开始给本来就不是资本家的小商小贩摘掉"资本家"的帽子。在利好的政策下，从改革开放初期，年广久就忙着张罗自己的扩张计划，起先遭到了第一任妻子耿秀云的激烈反对："你坐牢还没有坐够吗？"年广久却丝毫不怕，这个毫无文化的徽商后人看准了时机就决定放胆做下去。"我相信邓小平，相信十一届三中全会的方针不会变。"年广久说。于是他冒着"犯法"的风险偷偷雇帮工。受人议论的富翁被举报了。但是当1980年邓小平看到杜润生送来的关于"傻子瓜子"问题的调查报告后，却对个私经济的发展给予了肯定，并就一些人对姓"社"姓"资"的争论，表示要"放一放"和"看一看"。这是邓小平最早谈到"傻子瓜子"的问题。这一"放"一"看"，让年广久放开了手脚，"傻子瓜子"厂遍地开花。

中共中央随后提出在国家统筹规划和指导下，实行劳动部门介绍就业、自愿组织起来就业和自谋职业相结合的方针，鼓励和扶植城镇个体经济的发展，支持个人或合伙经营服务业、手工业、养殖业、运销业等，还特别鼓励集体和个体工商户参与到人民群众需要的行业，如修理业、服务业、餐饮业和其他需要特殊技艺的行业中去，并且对这些行业予以政策上的宽

第一章
回溯：中国当代民营企业的发展足迹

限，允许带帮手、徒弟，以满足社会的需要，并将此作为扩大青年就业的重要途径。1983年，中共中央印发了《当前农村经济政策的若干问题》，文件准许农村个体工商户等带学徒，"农村个体工商户和种养业的能手，可以请帮手、带学徒，但是请帮手的规模要控制在规章制度允许的范围内"，对请较多帮手的行为也有所放宽，没有"一棒子打死"，而是要引导他们走向合理合法的发展模式。1987年，《关于把农村改革引向深入的决定》下发，该文件首次正式确定了"允许存在，加强管理，兴利抑弊，逐步引导"的方针，肯定了个体经济和私人企业存在的合理性，对它们在社会主义初级阶段中的作用予以了认可。至此，在法律范围内的城乡劳动者个体经济，作为社会主义经济的补充，终于受到国家的保护。

借着政策的东风，年广久的小作坊很快发展到100多人的"大工厂"。100多人的私人企业在改革开放初期的中国绝对是个不寻常的例子。雇佣请人在当时极其敏感，稍微越界就会被定义为资本家，然而当时的政策不允许出现资本家。看着"傻子瓜子"暴富赚了大钱，许多人眼红，议论纷纷，风言风语纷至沓来。1983年年底，有人将年广久雇工的问题向上面进行了反映。在紧接着的一次中国工商会议上，又有人提出年广久雇工的人数超过国家规定，对国营、集体经济造成不良影响，应当加以限制。当时社会上流传着的一种不成文的说法是，雇工20人以上就视为犯法。"年广久是资本家，想要搞'复辟'，剥削雇佣工"的说法开始广泛传播起来。最后，安徽省委派专人到芜湖调查年广久，并写了一份报告上报到党中央。这份报告受到了当时中央农村政策研究室的高度重视，他们将此事上报给邓小平。小小的"傻子瓜子"年广久惊动了邓小平。1984年10月22日，在中央顾问委员会第三次全体会议上，邓小平直言"傻子瓜子"并未伤害社会主义，提出给"傻子瓜子"经营的空间。不得不说这是具有前瞻性的。邓小平的点名鼓励使年广久振奋起来。在当时针对民营企业的政策还并不明朗的情况下，国家对于放宽市场的政策也还处于摸索阶段。如何解决雇工、个人财富，以及该不该鼓励个人通过努力获得财富的问题，需要领导人有坚持改革的毅力和冲出固有政策的魄力。在"傻子瓜子"年广久冲破底线的行为下，邓小平看到了中小企业发展的未来以及创造财富的可能性。

1986年是年广久的一个重要转折点，由于全国市场都不好，厂区的瓜子卖不掉。年广久看到很多人搞有奖销售，便决定参加并且力争做全国最大的有奖销售，以扩大"傻子瓜子"的品牌知名度。他将头等奖设置为菲亚特牌小轿车一辆。推出有奖销售当天，全国各地来电要货的顾客络绎不绝，"傻子瓜子"所有工厂全天不间断生产还是供不应求。年广久通过这次活动卖出的瓜子创造了其销售以来的年度最高纪录。但好景不长，中央勒令停止一切有奖销售活动，这打乱了年广久的销售计划，公司血本无归。当时的政府决策依然严格界定了政府和市场经济的边界，年广久却一再走到灰色地带触碰经济底线。他轰动一时的营销手段虽被严厉叫停，却也对政府强制管理下的市场监控行为形成了冲击。这些处于风口浪尖的企业饱受争议的问题也在某种程度上促使领导人对政府经济政策进行反思。邓小平于1992年南方谈话时，第三次提及年广久和他的"傻子瓜子"，彼时年广久因为贪污、流氓罪还在监狱中。邓小平说："农村改革初期，安徽出了个'傻子瓜子'问题，当时许多人不舒服，说他赚了一百万，主张动他，我说不能动，一动人们就会说政策变了，得不偿失。"这一次提及让年广久起死回生，芜湖市检察院主动撤诉，年广久因经济问题不成立而获释。

第一章
回溯：中国当代民营企业的发展足迹

作为第一代中小民营企业家的代表，年广久的身上承载了太多的时代印记。在他身上发生的故事存在于深刻的时代背景中，代表了无数的"个人问题"。作为一个时代里的个体，年广久不得不面对政府政策的影响；作为那个年代里为数不多的百万富翁，年广久作为所有中小民营企业家的代表站在风口浪尖，努力挣扎着不被政策完全牵制；作为行业领头羊的企业一次次地触碰政府经济政策底线，虽然饱受争议，却也最终在领导人的魄力和改革决心的鼓励下推动了经济改革的步伐。年广久命运的起承转合一方面契合了中国民营经济的发展进程，从另一方面看，他所代表的一代中小民营企业的发展也反过来推动和加速了经济政策的变革与实施。

这一时期中国民营企业的成长，或者说中国民营企业家的出现，很大程度上得益于政策松动，而那些具备商业嗅觉，能准确把握机会，大胆尝试并坚持的人则最先成为受益者。看似是偶然的机遇与个性的耦合，实则是第一代民营企业家对政策模糊地带（灰色空间）的准确把握。年广久的遭遇并不是一个成功的范例，却为我们揭示出企业发展中战略选择边界如何巧妙地把握与不断变化的政策边界关系的"情境相合"的逻辑。

西方学者曾经提出"共演理论"（Co-evolution theory），即企业不仅能够被动地适应其所面对的外部环境，同时亦可以对其施加影响。企业与环境可以同时发生交互作用。[①]

然而共演理论这种强调企业与环境交互的概括，在中国情境下对于相对弱小的企业和更加强有力的政府而言，显然是一种个案。企业应该更多地了解并尊重外部环境，尤其在政策边界及其变化节奏上予以准确把握，

---

① 孙金云. 一个二元范式下的战略分析框架 [J]. 管理学报，2011(4).

做到"既学习政策,又稳健经营"。这样的解读弱化了"相互影响,相互改变"的共演色彩,更多地强调"天人合一",即企业战略与环境能够和平共处,顺应和谐。正如孔子在《论语·学而》中提到的,"礼之用,和为贵",要做到企业与外部环境的"相合共生"。

/ 第一章
one / 回溯：中国当代民营企业的发展足迹 / CHAPTER

倔强成长（1989—2000）

20世纪80年代，中国的经济改革经历了十一届三中全会以来的第一波迅猛发展。在政策的支持下，1984年之后国民经济过热的迹象凸显，社会总需求与总供给之间的差距越来越大，投资消费快速上升，物价水平猛升。为了满足对社会固定资产投资不断增长的需求，解决企业流动资金稀缺的难题，国家财政赤字逐渐扩大；而为了弥补赤字，银行则超量发行货币，由此助推物价指数上涨。政府随之提出要整顿经济秩序、全面深化改革，并实行财政紧缩、信贷紧缩的"双紧"政策，大力压缩固定资产投资规模。从1988年9月实施紧缩政策以来到1989年第一季度，停建、缓建的固定资产投资项目共达1800多个。政府同时通过对经营不善、长期亏损的国有企业停止发放财政补贴，对落后的小企业采取整顿和关停并转等措施，削减财政投资支出，并大力压缩行政管理费支出。"双紧"的财政货币政策实施后，由于需求过快增长而导致物价飞涨的国民经济得到了控制，物价迅速回落到正常水平。但是在"双紧"政策实施期间，许多缺乏资金周转的民营企业却难以正常运转。1989年，刚刚回归正常的社会经济在当时的风波下又面临了一次改革危机，对民营经济的发展造成了很大的影响。1989年，个体工商户户数增长为–14.2%，从业人员增长率为–15.8%，注册资本仅增长11.2%，比上年的

32.2%下降了21个百分点。[①]然而，邓小平的南方谈话终结了这惨淡的局面。

1992年，邓小平南至武昌、深圳、珠海、上海等地，发表了著名的南方谈话。这次南方谈话加快了改革开放的步伐，进一步阐明了当时社会上普遍盲目纠结的姓"资"还是姓"社"的问题，并把改革开放扩展到更广阔的地区，推动全国上下齐心协力投身于现代化建设。此后，国家对改革开放的判断标准逐渐放开，并开始重视其有利于发展社会生产力的独特优势。在改革开放的支持以及经济特区发展的鼓励下，民营经济尤其是处于内陆地区的民营企业所受到的限制渐次松动，全国各地开始享受统一的开放政策，企业管理也不再局限于个人的胆识，而开始在科学管理层面达到高度的共识。于是，全国各地的民营企业开始在自己原有的基础上面向世界飞速发展。此时，有三个热点的经济区域成为这十年中民营企业发展的温室，在东部沿海地区出现了乡镇企业数不胜数的"苏南模式"，个体、私营经济蓬勃发展的"温州模式"，以及外向型经济主导的"珠江模式"（"深圳模式"）。

苏南模式

苏南地区作为历史上江南地区的富裕之地，资源丰富，人民生活安逸，是被历朝政府重视的"粮仓"。由于备受中央关注，苏南地区的乡镇企业也自然而然地走上了集体发展的道路，并成为中华人民共和国成立后积极响应国家政策的区域。在十一届三中全会对多种经济成分共同发展的号召下，苏南地区采取以乡镇政府为主的资源组织方式来建立当地的乡镇企业有其历史必然性。家庭联产承包责任制普遍实行以后，农村出现了大量剩

---

① 张厚义，明立志. 中国私营经济发展报告[M]. 北京：社会科学文献出版社，1999.

第一章
回溯：中国当代民营企业的发展足迹

余劳动力，人多地少的矛盾愈发突出，大批待业在家的人需要寻找出路。为了把大批农民从农业的束缚中解放出来，只有通过当地政府来大力发展乡镇集体工业，乡镇工业成为解决农村剩余劳动力的新手段。于是以江苏省的苏州、无锡和常州等地区为代表，农民在乡镇政府的直接领导下，通过发展乡镇企业来实现非农化发展，形成了著名的"苏南模式"。在苏南地区，政府负责组织土地、资本和劳动力等生产资料，并出资办企业。企业负责人也是全权由政府指派有能力的人来担任。通过将企业家和社会闲散资本结合起来，苏南地区的乡镇企业不久便越过了资本原始积累阶段，领先于全国其他地区的企业发展起来。

苏南地区积极创办乡镇企业，实现了先工业化、再市场化的发展模式。在改革开放的前半段，恰逢全国短缺经济时期，城市国有工商企业因体制束缚难以有效满足民众日益增长的物质生活需求，因此在计划经济向市场经济转轨初期，政府直接进入市场干预企业，动员和组织生产活动，形成了高效率、低成本的优势。尽管苏南模式存在一系列传统国有企业的固有弊端，但是在改革初期存在大量的市场需求，这是苏南地区政府干预色彩强的乡镇企业得以迅速发展并取得不凡成就的历史原因。然而，随着宏观经济环境的变化，尤其是个体经济的蓬勃发展，苏南模式的弊端日益显露，经济开始滑坡。之后，苏南模式开始走上渐进式改革的道路，在企业投资机制和经营方式上转向由政府所有到民营的过程。"红帽子企业"[①] 作为改革过程中的过渡产物，为当时初生的企业管理者群体带来了很多机遇。

---

① 1984年，党的十二届三中全会允许私营经济发展，但许多民营企业主还是惧怕政策的转向导致他们陷于被动不利的局面，于是很多企业主通过运作，在法律形式和名义上以集体或全民所有制的形式存在，以最大限度地获取政策庇护，也即所谓的"红帽子企业"。

1989年，中国社会科学院经济研究所在完成中国乡镇工业调研课题时，曾对江苏、浙江、广东等乡镇企业发展较快的省市进行调研，调查结果显示，1/3以上的企业是挂乡镇企业牌子的私人企业。中国社会科学院民营经济研究中心的另一份问卷调查结果显示，在1993年被调研的企业当中，私营企业主认为集体企业中50%~80%是"红帽子企业"[1]。20世纪90年代苏南地区乡镇企业"脱红帽子"的现象直接催生了像华西村这样的"明星"。在政商紧密相连的情况下，"脱红帽子"（即资产的转移过程）为乡镇带来了巨大的机会，企业产权渐渐明晰，民营企业家比起集体公有时更具有成本意识，更愿意承担开拓市场的风险，最终促进了一代民营企业的迅猛发展。

20世纪90年代开始，在改革开放的全面开展中，苏南地区的民营企业抓住时机大力建设开发区，并通过引进外资企业来为承接国际产业转移牵线搭桥。江苏利用外资兴办合资企业，与新加坡合作建设苏州工业园区，开发苏州、无锡、常州等高新技术开发区。政府还自掏腰包建设了昆山经济技术开发区，创造出令人咂舌的"苏南速度与规模"。建成的大批工业园区和开发区成为这一时期苏南经济发展的主导力量，当地的乡镇企业有机会大规模利用外资谋发展，打开更广阔的国际市场，在对外贸易发展中企业自身的素质也得到了整体上的提高。由于大量外来资本的流入，苏南乡镇企业的所有制结构开始逐步朝着股份制或混合所有制方向发展，并以产权制度改革为动力提升乡镇企业的竞争力，加快了苏南地区民营企业向现代企业的转变。1999年，苏南地区的中小企业全面完成了改制。2000年，大中型乡镇企业产权制度改革基本完成，并组建了一批乡镇企业集团。

---

[1] 戴园晨. 迂回曲折的民营经济发展之路——"红帽子"企业 [J]. 南方经济，2005(7).

第一章 回溯：中国当代民营企业的发展足迹

苏南模式作为渐进式改革的代表，见证了改革开放以来整个经济体制改革中"国退民进"的过程。不同于通过寻找"红帽子"庇佑才得以逐渐转型的苏南企业，温州模式从一开始就是"野蛮生长"的民营经济。

温州模式

温州模式被称作"狼群经济"，这用来形容温州遍地的小企业、小家庭作坊的场景再传神不过了。可以说，温州的经济发展就是草莽式的发展。在温州模式的形成中，市场机制发挥着巨大的作用。1979年，浙江省台州市椒江县海门镇出现了第一批非法运营①的非公有制的工商户，这是整个浙江省民营经济的开端。

浙江省东南部的温州地区由于地理位置偏僻且多山，交通不便，由此成了一个几乎封闭的小区域，阻碍了中央政府政策的及时通达。作为海防前线的温州，在发展初期缺少政策扶植，更别说外资投入了。由于少有国有、集体经济，国家的补贴也相对较少，再加上远离大中型工业城市，温州地区与苏南位于上海辐射区的优势无法比拟。在发展初期，温州发展经济主要就是自给自足，达到生存的初级目标。

中央政府政策无法及时通达使得温州的发展很难受到中央的统一指导，而外界也难以知晓温州在发展民营经济中正在经历的不同于时代浪潮的变化。地方政府在温州经济发展的过程之中，扮演了"无为者"的角色，更多的时候，地方政府对民间的经济行为采取"睁一只眼，闭一只眼"的态度。由于在温州地区可获得的集体资源有限，人们只能通过市场自发组织资源的方式来控制成本，因而主要采取家庭工厂的形式来配置有限的资

---

① 当时规定了三种合法企业组织：国有、集体、个体工商户（≤7人）。

源。彼时，温州地区的大量劳动力外出务工，获取了许多市场信息和技术，也实现了初期的资本积累，最终促进了温州民间资本的投资。1986年，温州在外流动的手艺工人数量已达22万人，其中经商人数约10万人。大批温州农民到外地去打零工，卖手艺，如修鞋、做木工、缝衣服、弹棉花等。这些人省吃俭用，把在外挣得的钱寄回温州进行资本积累，成为后来在温州一带发展家庭工厂的启动资金。[1]

由于温州民间资本的融资相当灵活，再加上天然的"抱团"习惯，形成了温州民间资本相对发达的优势，这为温州的专业化市场发展打下了坚实的基础。最终，这样一个"闭门造车"的小区域却在政策的空当下，通过家庭工厂和专业化市场的方式发展非农产业，形成了几乎完全市场化的、以商带工的"小商品、大市场"。温州模式的独特之处在于，它直接在生产者和消费者之间建立起一个民间自发的遍及全国甚至世界的流通网络。相对于政府组织资源的方式，在这种几乎"野生"的方式下，温州企业的规模比较小，技术含量和运输成本都较低，生产的产品也多以劳动密集型的小商品为主，但其可以凭借具有价格优势的产品在全国建立起广阔的市场网络，然后借由通达的运销网络出售家庭作坊的产品。温州模式实质上是一种放手发展民营经济的模式，该模式依靠农民个人的头脑开发中介服务，通过农民的家庭积累发展家庭工业，以劳动的投入代替资本，从而实现人力资本和收益的早期积累，完成农村工商业资本的原始积累。温州模式通过发展民营企业，在市场化资源配置下逐渐促进了工业化。

---

[1] 宋林飞. 中国"三大模式"的创新与未来 [J]. 南京社会科学，2009(1).

第一章
回溯：中国当代民营企业的发展足迹

深圳模式

可以说无论是苏南模式还是温州模式，无论是渐进式改革还是"野蛮生长"，其关键都是让市场的力量在经济运行中得到发展。被称为"春天的故事"的南方谈话则开启了深圳经济的腾飞，深圳一大批主流精英包括政府官员、教师和科研人员等开始下海创业。"下海潮"开启了珠江三角洲（以下简称"珠三角"）尤其是深圳的现代企业发展和全国经济变革的新篇章。对于彼时的深圳来说，"时间就是金钱，效率就是生命"，经济特区见证了三天一层楼的"深圳速度"。

1992年，全国人大常委会授予深圳市人民代表大会及其常委会和市政府制定地方法律和法规的权利，进一步确立了加速改革开放经济特区发展的决心。这一时期，深圳经济以年均30%左右的增长速度迅猛发展。以邓小平南方谈话和党的"十四大"为标志，中国改革开放和现代化建设进入了一个新的发展阶段。作为开放市场的先行区，深圳经济特区也进入了一个新的发展阶段。邓小平到南方视察后，广州与其他13个沿海城市一起，获得了更大的外贸和投资自主权，珠三角的经济开放区格局由此确定。广东先行一步的特殊优惠政策环境，使港澳资本连同劳动密集型产业、技术、管理等，借两地落差形成的势能，大规模地向珠三角地区转移，并吸引外国资本进入珠三角。这一阶段，珠三角在继续完善农村改革的前提下，进行了一系列的以市场经济为取向的经济体制改革，大力发展商品经济，大办乡镇企业，放手发展个体、私营经济和"三资"企业等多种经济成分，对国有企业进行体制改革，等等。之后，珠三角的改革开放继续向纵深发展，引进外资掀起高潮，基础设施和各种建设突飞猛进，经济发展加速，工业化进程加快。由于各级政府纷纷采取措施鼓励民营经济的发展，民营经济在20世纪90年代迅速发展壮大。深圳特区则开创了"贸工技模式"[①]。20世纪80年代中期,深圳特区开始由贸易转向大规模投资工业。深圳民营经济通过承接香港制造业、科技产业的转移,为外商做产业配套,发展成为香港的腹地。20世纪90年代中期,在"下海潮"的人才优势下,深圳开始实施发展高科技产业的计划,产业重心由工业向科技产业升级,原有的加工贸易业向关外地区迁移,逐渐出现了一些民营创新科技企业群体,形成了具有活力的自主创新方式。

回首这一阶段三个经济热点区域经济的"疯狂"发展,可以说是基于人口红利的补偿式发展。当所有人都处于"饥饿"状态时,突然有人发现市场开放可以解决很多问题并产生大量的机会,于是市场便出现了全面无序的繁荣。在此之前,由于政策的束缚和经济资源的统一分配,民营经济无法在平等的机会下得到全力发展。随着政策的松动,三个经济热点区域甚至全国上下的发展模式是毫无章法的。粗放的发展方式中,民营企业家无论是作为技术员还是销售员,只要有胆识扮演好其中一种角色就可以闯出一片天。他们不懂怎样管理企业,而仅凭一两招就能有效打开销路。当政策全面开放,并逐渐回归到市场经济的轨道时,众多的廉价劳动力成为中国在20世纪末的竞争优势。可是,人口红利的竞争优势是不可延续的,随着中国经济的飞速发展,劳动力报酬日益上升,廉价劳动力所带来的优势随即消失。在没有新的核心竞争力出现的情况下,中国也有落入中等收入陷阱的可能。如此,20世纪末民营经济早春式躁动的发展注定在未来难以为继。

---

① 针对一家企业是以技术优先还是以贸易优先而言,贸易优先就是"贸工技",反之则为"技工贸"。

第一章
回溯：中国当代民营企业的发展足迹

阔步前行（2001年至今）

进入新世纪，相比上一个十年，民营企业的境遇随着国家政策的转变大有好转，开始进入发展的转型期；而反过来，民营企业也通过自己的发展壮大，不断促进政策向着对其利好的方向转变。全国各地的民营经济逐步置于统一的政策下，获得了更多的发展机会。面对整个全球化的市场，灵活多变的民营企业拥有更多"走出去"和"引进来"的机遇，以及更广阔的资源和市场。2000年，新世纪第一声钟声敲响，中国民营经济迎来了它们的大发展。

2001年，国家首次肯定个体户、私营企业主通过自我诚实劳动和合法经营为社会主义生产力的发展做出了贡献。这是新世纪后吹向民营企业的第一股暖风，明确肯定了中小民营企业主在国家发展中不可或缺的作用。在"十五"期间，对民营经济而言出现了三大机遇：一是2001年中国加入世界贸易组织（WTO），中国在过渡期内有步骤地开放了对外贸易、批发零售、文化产业等不少领域，这对于在上一个十年还受益于人口红利的中国来说实在是一个好消息。人口红利的逐渐消失使得中国经济面临发展瓶颈，劳动密集型产业的优势在这一波开放浪潮中让中国得以站在更广阔的世界市场上。二是2002年党的"十六大"和十六届三中全会以后，发展的重心转移到了打破市场垄断、寻求公平竞争等领域，砸碎了非公有制经济的枷锁。2003年国家提出"科学发展观"以及实施宏观调控，开始放宽市场准入条件，允许非公有资本进入法律法规禁入的基础设施、公用事业及其他行业和领域。三是2005年年初国务院发布《关于鼓励支持和引导个体私营等非公有制经济发展的若干意见》（以下简称"非公36条"），为民营经济带来了前所未有的发展机遇。国家开放并允许非公有资本进入电力、电信、铁路、民航、石油等垄断行业和领域，通过引入竞争机制来促进市场的全面发展。与此同时，政府支持、引导和规范非公有资本投资教育、科研、卫生、文化、体育等社会事业，并在加强立法、严格监管以及有效防范金融风险的前提下，允许非公有资本进入金融业。

在这三大机遇的交互作用下，民营经济得到了迅猛的发展，开始呈现出新的发展态势。经过"十五"期间整体经验和财富的积累，民营企业基本完成了原始积累，普遍开始从创业期进入新一轮的扩张或转型周期，形成了"重工业化"和"房地产化"的时代特点。

2012年，党的十八大提出权利平等、机会平等、规则平等三个平等的理念，三中全会把这些理念推向制度建设，强调非公有制经济是社会主义市场经济的重要组成部分。中国的经济政策逐渐走上观念和政策的双向改革，通过摆正社会制度和市场的关系，为民营企业的发展树立平等的市场地位，以完善中国市场经济体系。公平是经济增长的基础。对于民营企业来说，能够参与公平竞争，便可以逐渐打破其发展过程中的层层玻璃门，并激发其市场活力。与此同时，政府极力打造良好的营商环境以促进经济发展。作为世界第二大经济体，中国的经济改革有利于提供一个更具竞争性的商业环境，给初创企业和中小企业以市场准入权、和顾客接洽的机会、便捷的行政服务，使民营企业家开始创业和结束经营变得更容易。法治和行政领域的更加透明、简化和稳定为促进民营企业的持续性健康发展提供了坚实的基础。民营企业在开放的市场和不断提升的营商环境中充实、发展和壮大。作为社会主义市场经济重要组成部分的民营经济，受益于全面深化的改革，地位将更加巩固。2012年，中小微企业的数量占到中国企业总数量的99%，创造了中国60%的国内生产总值（GDP）、50%的税收和66%的发明专利，特别是提供了80%以上的社会就业岗位。它们是数量最大、最具活力的企业群体，是中国实体经济的重要基础，更是应对目前严峻复杂的经济形势，实现经济稳中求进的重要途径。

区别于以往的粗放式发展，民营企业在利好的政策和全球化的大潮中开始寻找适合自己的长期发展战略。民营企业家不再只依靠自己的胆识闯天下，而是更加注重企业的科学发展。在愈发有序的市场经济环境下，民营企业家格外关注企业的技术水平、设备引进以及人员素质。他们不仅重视个人的能力培养，提升自己的管理素质，也加速雇用大量的职业经理人。众多职业经理人和中小企业主经过专业的MBA教育培训，以及社会上各种相辅相成的培训项目，为企业提供了更科学的管理模式和管理手段，为民营企业的发展以及"走出去"战略做出了巨大的贡献。联想、华为、TCL、天狮等一批大型民营企业集团率先开展跨国经营，为其他企业做出了良好的表率，成为"走出去"战略积极的实践者。不仅如此，民营企业也利用自己的资本积累大力发展科技，探索新的经营模式，改进营销战略和战术，形成了许多"中国制造"的典范，在家电等行业和部分服务领域拥有"世界工厂"级别的生产和竞争实力。

第二章

初探：中国当代民营企业成长之路

整个民营经济的开放大体上可以看作是一个渐变式的"国退民进"的过程，民营经济作为社会经济的重要组成部分，吸纳了社会大部分的闲散劳动力，为社会带来更多的经济财富。伴随着政策的几次松动，行业准入限制的放松，民营资本顺势进入一些垄断行业和领域。然而，在整个民营经济的发展过程中，行政垄断和国企垄断始终像两座大山，压在民营企业家的头上。

第二章 CHAPTER two
初探：中国当代民营企业成长之路

民营企业生存之困

2005年，距改革开放已过去了27年，中国加入WTO也已有4年，做任何生意都要先问"姓资姓社"的时代已经一去不复返，计划经济的色彩也在逐渐消退。同年，国务院发布"非公36条"，明确要求放宽非公有制经济市场准入条件，并提出"允许非公有资本进入垄断行业和领域。加快垄断行业改革，在电力、电信、铁路、民航、石油等行业和领域，进一步引入市场竞争机制"。

折翼的民营航空

2005年3月11日，国内首家民营航空公司奥凯航空有限公司（以下简称"奥凯航空"）在天津实现首航。另两家民营航空公司——春秋航空股份有限公司（以下简称"春秋航空"）和鹰联航空有限公司（以下简称"鹰联航空"）在7月相继实现首航国内航线；2006年5月19日，东星航空有限公司实现首航武汉—上海航线。[1]春秋航空总裁王正华表示，仅2005年7—10月这四个月的时间内，公司安全正常执行436个航班，输送旅客74

---

[1] 冯兴元，何广文. 中国民营企业生存环境报告（2012）[M]. 北京：中国经济出版社，2012.

552人次，平均客座率95%。① 这个成绩，是在整个航空公司的运营只靠一架飞机承担的情况下实现的。仅一年时间，中国民营航空公司已增至14家②，民营资本争相涌入中国民用航空市场。

这一年，我们后来称之为"中国民营航空元年"。

因为打破了中国民航半个世纪的垄断状态，民营航空公司初生伊始就备受瞩目。但在备受瞩目的同时，没有政府注资，缺乏制度跟进，民营航空公司草创未兴，就屡屡碰壁。

2005年6月，春秋航空旅客服务差异化方案听证会上，国有航空公司与机票代理点明确表态：不与低价航空公司合作。鹰联航空很快从中捕捉到了国有航空公司的强势态度，故在首航时就宣布：经营初期不考虑低票价策略。春秋航空则"一意孤行"，进行了两次创新——开放特价票，不收取燃油费。然而仅过了4个月，迫于同行压力，春秋航空的这两次创新接连夭折。事实上，无论是飞机数量、航线还是票价，民营资本都无法和国有企业抗衡。

四年后，鹰联航空也由于经营不善，被国有企业四川航空集团公司收购，获得注资2.3亿元，后者由此成为前者的绝对控股股东；同年8月，湖北东星集团有限公司由于资金链断裂以及和政府关系处理不善而宣告破产，创始人兰世立沦为阶下囚；而王正华一贯秉持着"低成本运营"的方针，虽屡屡碰壁，却依然在茫茫大雾中踟蹰前行。

耐人寻味的是，申请7年，当王正华好不容易拿到一条半夜12点起

---

① 钱春弦. 年终特稿：中国民营航空"搅皱池春水" [EB/OL]. (2005-12-28). http://news.china.com.cn/txt/2005-12/28/content_6076601.htm.

② 同上。

第二章　初探：中国当代民营企业成长之路

飞的京沪线（国内最繁忙、利润最高的空中航线）时，中国民用航空局相关负责人却因此被人四处告状，声称一定有内幕交易，否则一家民营企业如何能拿到京沪线？这位负责人找到告状者质问："你们十几条航班在那里飞，人家就一条，还是半夜飞，你们就四处告状，说有猫腻，这世界还有没有'公平'二字？"[①]

"公平"，这两个字对于一家民营企业而言何其珍贵。

1988年6月，《中华人民共和国私营企业暂行条例》第十二条规定，私营企业不得从事军工、金融业的生产经营。这意味着民用工业企业无法公平享受军品免税政策。1990年1月，国务院下发了《国务院关于促进个体和私营经济进一步健康发展的若干政策规定》，对个体和私营经济的经营领域进行了限制，包括房地产开发、对外贸易、金融、铁路运输等在内的多个重点行业被列入禁入名单。在1992年之前，民营企业其合法地位甚至不被承认，仍然被很多人认为是资本主义的特有产物，直到邓小平南方谈话再一次申明"搞改革不要问姓资还是姓社"，并在同年秋召开的党的"十四大"会议上，确定了市场经济体制改革的方向，民营经济的地位才开始得到认可。然而，在整个民营经济的发展过程中，行政垄断和国企垄断始终像两座大山，压在民营企业家的头上。

熄火的民营油企

值得一提的是，民营航空公司的经营惨淡并非个案，历史总是以一种奇怪的循环将悲剧重演，而先驱者往往遍体鳞伤。

在1992年掀起的改革开放的浪潮之下，国务院号召民间资本进入石

---

① 房煜."夹缝"中的春秋[J].中国企业家，2012-03-20.

油市场。许多民营企业纷纷自筹资金，下海冲浪。到1998年，人们普遍认为开加油站，搞石油批发是最能赚钱的活计。同年，中国石油天然气集团公司和中国石油化工集团公司（以下简称"中石油"和"中石化"）成立。1999年，国务院办公厅下发《国务院办公厅转发国家经贸委等部门关于清理整顿小炼油厂和规范原油成品油流通秩序意见的通知》，即"38号文件"。该文件规定成品油必须全部交由两大集团的批发企业经营，其他企业不得批发经营，各炼油厂一律不得自销。大刀阔斧的改革之下，大量企业的经营资格被取消，很多企业被收购兼并甚至直接划转；在税收以及贷款政策方面，存活下来的民营油企也无法享受与国企同等的优惠待遇，这一切无不让民营油企痛心疾首。根据中国商业联合会石油流通委员会统计，1998年后，民营油企每年上缴国家利税已由1000多亿元下降到600多亿元；2006年年底，民营石油批发企业由1998年的3340家下降为663家，民营加油站45 064座。到了2008年，民营石油批发企业关门、倒闭，加油站关门、倒闭1/3，100多万就业人员已有数十万下岗失业。

2005年，"非公36条"出台，同年6月，商务部又下发了《成品油批发企业管理技术规范》和《成品油仓储企业管理技术规范》的征求意见。两份文件中提到：第一，石油批发企业要有30个以上自有或控股加油站；第二，要有两年以上的成品油零售业务。这简直是一个晴天霹雳，彼时80%的民营油企都不符合此规定，生存空间已经被重重压缩的民营油企处境更加艰难。经过调整，在2006年出台的《成品油市场管理办法》中，要想申请成品油批发经营，企业的注册资金至少要有3000万元，库容至少要达到1万立方米，企业在此之前要整改、达标才行，不符合标准依然要被取消经营资格。

第二章 初探：中国当代民营企业成长之路

在传统垄断性行业如此，在一般竞争性领域，"国进民退"的现象也时有发生。一般竞争性行业主要以劳动密集和资金密集型产业为主，包括运输业、加工制造业、采掘业、批发零售贸易业、建筑业、餐饮业和社会服务业等。民营企业在进入这些行业时由于政策限制少以及产业成本相对较低，因此进入难度相对较小，并容易形成竞争的局面。

尽管表面上在一般竞争性领域，民营企业并没有遭遇很大的进入障碍，但政府宏观政策的调整、产业政策的变化、税收政策的倾斜，以及国企势力和地方保护主义的存在，都构成了重重壁垒。2011年8月10日，国务院法制办发布《房地产开发企业资质管理规定（修订征求意见稿）》，该文件提高了整个房地产企业的开发资质认定门槛，将一级资质的注册资本从不低于5000万元提高到不低于2亿元。

国企一方独霸，民企艰难生存，不平等的市场竞争环境也遏制了市场充分公平的竞争。根据年报数据，2012年，中国石化汽油平均批发价为8182元/吨，而同期纽约汽油的零售价仅为7905.4元/吨。换句话说，中国汽油的批发价比美国的零售价还要贵近277元/吨，如果加上零售环节的费用，中国消费者支出的最终价格比美国高16%~30%。顾客满意度和国民福利在国企的垄断之下也被忽视。

2010年，继"非公36条"发布的五年后，国务院发布《国务院关于鼓励和引导民间投资健康发展的若干意见》（以下简称"新非公36条"），在"新非公36条"中，国家鼓励和引导民间资本进入基础产业和基础设施领域、市政公用事业和政策性住房建设等领域，同时积极推动民间资本进行重组联合，并参与国有企业改革，提出要制定优惠政策，鼓励民营企业加强自主创新和转型升级，积极参与国际竞争，并为民间投资创造良好的环境。然而民营资本进入了一个竞争与利益格局已定、强手林立的行业，要想杀出重围谈何容易。

冯仑曾在《跨越历史的河流》一文中感慨："民营资本从来都是国有资本的附属或补充，因此，最好的自保之道是：要么远离国有资本的垄断领域，偏安一隅，做点小买卖，积德行善，修路架桥；要么与国有资本合作或合资，形成混合经济的格局，以自身的专业能力与严格管理在为国有资本保值增值的同时，使民营资本也获得社会主流价值观的认可，创造一个相对安全的发展环境。"[1] 民营资本是最容易被国有资本湮没的，在他看来就是擅自闯入国有垄断部门，如电信、能源、金融等。他没有提到的是，即使在一般竞争性领域，民营企业家也要拼尽全力才能分上市场的一杯羹。

---

[1] 冯仑. 跨越历史的河流 [J]. 发现，2007(4).

第二章 CHAPTER two
初探：中国当代民营企业成长之路

草创企业的生存法则：与强者同行

20世纪90年代，《中华人民共和国公司法》颁布之后，一股"全民经商"的浪潮在全国掀起。国有企业不再完全主宰经济命脉，新的秩序开始建立。在20世纪70年代末到90年代初这段时间里成长起来的个体户，因为无法跟上财富积累的脚步，开始渐渐游离于经济大潮之外；反观原本走在大潮边缘的一些人，如技术人员、机关干部等，却选择在这一时间节点上投入到市场经济的洪流中——张轩松就是其中的一位。尽管在这一时期，资源的市场化和制度的规范化使得创业精神、专业知识和管理能力的作用开始凸显，但个体的冒险精神仍然至关重要。20世纪90年代初的张轩松便选择了放弃学业，投身商海。

覆盖福建、重庆和北京三地市场区域，拥有150多家大中型连锁超市（不含便利店），占据超过60万平方米的连锁经营面积，截至2009年7月，永辉集团已成为国内零售业大型企业集团。此时距张轩松开始下海创业已经过去了19个年头。同年，永辉集团"傍"上了商业地产大鳄万达集团，在重庆开业。截至2013年9月，永辉超市已经有16家门店位于全国的万达广场,平均每年五六家进驻万达广场。[①]搭乘万达集团这辆"顺风车",永辉超市成功进驻东北三省、华东等地;在同行净利润出现大幅度下滑时,永辉超市在2013年上半年净利润依然实现翻倍增长,营业收入达144.13亿元,同比增长23.06%,净利润3.89亿元,同比增长102.37%。[②]

并不是每一家企业都有万达集团这样的"大款"可傍,在永辉集团稳定快速发展的时候,无数家零售企业在沃尔玛、家乐福等国外零售巨头的强势冲击下一败涂地。永辉集团能和万达集团合作的基础首先也在于自身较强的实力以及相对强大的生存能力,而这条路,张轩松走得崎岖而漫长。

从批发啤酒开始,张轩松花了5年的时间在福州啤酒批发市场站稳了脚跟,并开始经营零售超市,生意一片大好。然而在1996年,一个错误的决策让公司几乎血本无归。当时的张轩松实行超市经营和啤酒行业两手抓,不满足于仅仅做啤酒批发的他,开始介入啤酒生产环节。5年前提出"送货上门、服务到家"口号的勤勉小伙摇身一变成了啤酒公司的大股东,不免有些飘飘然的他没有想到,这一次的投资非但没有实现由销到产通吃,反而给了他一个惨痛的教训。由于地方上另两家啤酒厂家的紧逼,公司市场份额不断缩水,资金被套,几百万元付诸东流。如果不是亲戚伸出援手,他将直接面临破产的危险,连超市也保不住。痛定思痛,1998年之后,张轩松开始全心投入于对超市的经营。2001年3月,福州永辉屏西生鲜超市开业,作为福州首家"农改超"超市广受关注。同年4月,福州永辉超市有限公司(以下简称"永辉超市")正式成立。

[①] 陈巧明. 永辉罗雯霞:"傍"着万达开店,物流基地保障生鲜优势 [EB/OL]. (2013-09-23). http://news.winshang.com/html/019/0642.html.

[②] 同上。

第二章
初探：中国当代民营企业成长之路

在此后的 8 年里，无论是与地方龙头企业的较量，还是同国外零售业巨头的竞争，永辉都凭借其独特的生产销售定位平稳度过。

同样是在 20 世纪 90 年代初，和张轩松一样，高军（化名）也选择了下海。但和张轩松"傍"着万达集团一路顺风不同，高军的"傍大款"之旅显得并不那么一帆风顺。

多年以后，已经成为衫达集团（化名）董事长的高军还能清晰地回忆起 16 年前的那个深秋，一名站在宜昌市街头的瘦削青年，操着一口不太标准的普通话，向往来的路人兜售皮包的场景。彼时，刚刚舍弃了国有企业的"铁饭碗"的高军，找到了自己的两个朋友，信心满满地一起下海做起了皮包生意。

宜昌，三国故地。古荆州的风云已经消散，征伐的号角却经年不息。20 世纪 90 年代初，在国有企业看不到机会的底层员工，看到了市场经济的机会和行业准入限制的放松，看到了一派风光的民营企业家。是选择碌碌无为还是选择放手一搏？年轻的高军毫不犹豫地选择了后者。当时的他，想得很简单——民营企业虽然不如国有企业规范，但在用人机制和经营方面都相对高效灵活，要做得好并不难，不妨闯一闯，谋他个衣锦还乡。

一片没有硝烟的战场在高军面前缓缓拉开序幕——变幻莫测的政策，政府扶持力度的波动，以及对于市场把握的生疏……，在同两个朋友投身贸易行业的初期，高军一直在寻找市场。很多事情他都做过，却始终不知道到底要进入什么行业，库存积压，融资困难，订单匮乏，一路磕磕绊绊，"摸着石头过河"的高军最后把目光锁定在了门槛较低的服装制造行业上。

当时的服装行业以面向普通消费者个人的市场服装为大头，人力成本还算低廉，大量市场服装单纯依赖低价战略打入国际市场，服装出口额急剧增加，一大批民营企业家在低值却高效的流水线生产中获取了大量收益。然而2011年后，受到欧洲、美国金融危机的影响，出口企业接单越来越少，面临的压力越来越大，无论好坏，民营企业都企图通过转型来谋求一线生机。大量的副品牌因此产生，人才压力越来越大，高薪挖人，盲目营销，不公平竞争成燎原之势摧毁了中国服装行业脆弱的市场生态，破产者比比皆是。恶性循环之下，即使你不跟风而动，面临的也是一片满目疮痍的"战后"荒田。直到现在，高军依然很庆幸自己当初做出的公司定位：做行业服装、职业服装，不做市场服装。20世纪90年代的职业服装还没有形成规范的市场管理，都是央企等大企业或者政府直接进行采购，比如中石油的服装当时就由每个加油站各自采购。如何把握好这个规范尚未建立起来的机会成了高军的心头大事。他预感到，机会稍纵即逝，如果能顺利打进职业服装市场，公司或许就可以一路高歌猛进。

那些天，高军每天都要在好几个加油站之间来回奔波，极力向采购人员推销自己公司的服装，对方的冷言冷语和百般挑剔他都一概忍受了下来，这个加油站推销不成，就到另一个加油站试试。高军心里想的是："只要成功一个，打开一个缺口，我就可以被带入市场，一步步做大，所以一定要抓住这个先机。"皇天不负有心人，高军从一个加油站做起，成功进入了这个行业。在市场逐渐向规范化转型，即中石油、中石化开始集中采购职业服装时，在其他服装公司争先恐后地试图挤入市场分一杯羹的当口，衫达集团凭借早先已经打下的合作基础轻松入围。

面对这样漂亮的开局，高军却丝毫不敢懈怠。接踵而来的资质审查和

第二章
初探：中国当代民营企业成长之路

全部市场的开放让他看到了更多的机会和可能。长时间对订单生产的经验积累让高军把视线瞄准了有更高要求的公安、部队等制式服装，如果能吃下这一块"蛋糕"，毫无疑问会让公司盈利更加趋于稳定。2005年，公司成功地渗透进了公安、部队等制式服装的订单生产。在接受访谈时，衫达集团的一名高级管理人员感慨万分："民营企业要想生存得很好，一定要'傍大款'。就是我理解的我们国家的主体还是国有企业，而且这届政府这种趋势更为明显，就是所有资源向国有企业倾斜。所以民营企业必须'傍大款'才能生存和发展。"

然而，"傍了大款"，并不意味着企业就可以一劳永逸。

金融危机爆发的2008年，在高军看来是公司特别难挨的一年。在惨淡的市场环境之下，即便有对于市场的良好把握，也无法让衫达集团避开其他民营企业遭遇的巨大冲击。"一个大订单也没有，一个几千万的订单都没有。"高军神情激动，右手在空中比画着一个"1"字。

一边是在市场大环境下一样资金紧张的国企客户，一边是因为市场资金紧张程度高而导致企业信用普遍降低的情况下，对企业信用估值较低的供应商，即使长期和国有企业合作，衫达集团依然面临着和许多其他民营企业一样的困境。2009年，临近年关，宜昌市大街小巷都弥漫着浓浓的年味，处处欢颜。可对于衫达集团来说，这个年，却并不好过。彼时，金融危机才刚过去不久，公司元气尚未恢复，刚把厂房兴建起来，可是拖欠了建筑方的资金，建筑方的态度很强硬："过年了，民工要回家了。"意思很明白：你要是不给我钱，我就让我所有的民工都到你这里来。他们要是闹，那只能怪你自己发不出钱。当时公司的资金没有回笼，银行的贷款也没下来，在这个节骨眼上建筑商和政府都给公司施压，资金周转不灵，确实到了走投无路的地步。高军无计可施，只得在外面高息拆借了 500 万元暂时渡过了难关。

订单的周期性也让衫达集团时而面临青黄不接的窘境。衫达集团做央企服装的周期，一般不会超过 3 个月。在信贷担保的过程中，跟国有企业签订的大额订单也并不能作为有效的抵押凭证。高军告诉笔者："银行必须要客户那边有承诺，需要签三方协议，然后客户打款到银行。但客户一般很难跟你签这种协议。比如说部队，投标的时候就要求你提供资料，说明你有多少自有资金，签订单的时候本身就需要考察你企业的资金状况，这是一个矛与盾的问题，他的前提就是你要有这笔钱。"在强势的客户面前，你首先要有资本，否则就没有入围的资格。无论在哪里，这都是通行的丛林法则。

然而和其他民营企业相比，高军依然觉得自己幸运："通俗一点讲就是不太愁订单，订单多少只是关系到年底效益的问题，不存在生存的问题，企业相对稳定。"

经典的战略理论把企业的成长归因于外部的机会和内部的核心能力两个方面。外部机遇源于产业组织理论对于外部环境的分析，然而机会面前人人平等，能够脱颖而出的草创型企业必须具备独特的能力，这与资源基础观的观点是吻合的。然而综观中国草创型的民营企业，在成立初期并不具备组织层面的资源和能力。要想在市场中站稳脚跟，仅依赖于领导人对于商机的调整和坚韧特质并不能保证组织的持续发展。因而，采用合作，而不是纯竞争的思维，依附于大型组织，尤其是对于灵活的经营手段和较强的个人关系维系更加敏感的大型国有组织成为他们规避市场风险、降低

第二章 初探：中国当代民营企业成长之路

交易成本的有效手段。[①]

通过成为大型企业产业链上的合作伙伴，民营企业获得了稳定的订单来源，即使行业不景气，也可以保证生存下去；长期的合作在免去不断寻找合作伙伴烦恼的同时，企业营销费用得以大幅度降低；而伴随着大型企业合作伙伴的稳定、持续发展，民营企业也就拥有了一起获得成长的机会。但要在众多企业中获得合作资格谈何容易，拿万达集团来说，它愿意与之合作的企业必须是行业排名靠前，因此，事先筛选出强大的供应商保证了企业实现利益最大化的可能。同时，面对强势的"合作伙伴"，谈判能力的低下也会削弱企业的利润率，而一旦对方拖欠资金，马上又会导致企业现金流的紊乱。

不仅如此，民营企业采用这种合作成长战略面临的最大问题在于，一旦大企业失势，企业将如何自处？在访谈中，四川蜀味食品有限公司负责人的一句话，或许道出了许多民营企业家的心声："企业规模小，生产量也小，跟他谈他也不会理你，因为你没有讨价还价的资本。"

无论如何，选择一个强大的合作伙伴一路同行，虽然会付出一定的代价，但作为在企业规模较小、能力较弱时的权宜之计，不可否认是十分明智的成长策略。

---

① 在我们的调研问卷中，2013年上半年企业运营数据显示，调查企业中有18.2%的企业的主要客户为国有企业，11%的企业的主要供应商为国有企业。调查显示，主要客户为国有企业的企业在销售额和净利润方面比与国有企业没有合作关系的竞争对手分别高出0.19%和1.36%；主要供应商为国有企业的企业销售额和净利润比与国有企业没有合作关系的竞争对手分别高出4.60%和2.71%。

转制企业的迷思：公平还是效率

2008年1月30日上午9时30分，广东省佛山市中级人民法院的法庭外被围得水泄不通，工作人员费力疏解着从全国各地蜂拥而至的记者；法庭内，一片肃穆。公诉人的声音清晰可辨：法院以虚报注册资本罪，违规披露、不披露重要信息罪，挪用资金罪数罪并罚，判处顾雏军有期徒刑12年，执行10年（此前已被羁押2年），并处罚金人民币680万元。

2009年4月，法院终审宣判，维持原判。

至此，一场历时三年半的审判尘埃落定。

2004年8月郎咸平的一次演讲引发了这样一场轩然大波。郎咸平将矛头直指顾雏军，指斥他在"国退民进"过程中，通过掌控资产转让的定价权并得以压价卖给自己，由此侵吞国有资产，并且强烈建议停止民营化产权改革。此前，郎咸平也对TCL集团和海尔集团的股权分配制度提出质疑，但对方没有给出实质性的回应。可顾雏军坐不住了，8月17日，顾雏军正式向香港高等法院递交诉讼状，以个人名义控告郎咸平对其构成了"诽谤罪"。由此引发了"郎顾之争"。

顾雏军是格林柯尔集团的创始人，曾经担任过格林柯尔科技控股有限公司董事会主席、广东科龙电器股份有限公司董事局主席等。一长串头衔

第二章
初探：中国当代民营企业成长之路

的背后，他还有一个"国企拯救者"的名号。

2001年年底，顾雏军控股国有企业科龙电器。科龙易帜，科龙的"老东家"顺德市容桂镇政府退出。次年，顾雏军大刀阔斧地对科龙进行民营化重组改制，公司当年扭亏为盈。随后的2003年5月，顾雏军收购美菱电器20.03%的股份；11月，收购亚星客车60.67%的股份；2004年4月，收购襄阳轴承29.84%的股份。在对国有资产进行并购的过程中，一个庞大的"格林柯尔系"也在逐渐形成。

2005年4月4日——"郎顾之争"爆发8个月后，由广东、江苏、湖北和安徽四省证监局开展的联合调查工作正式启动，对格林柯尔集团违规挪用科龙电器资金，收购美菱电器、襄阳轴承以及亚星客车三家上市公司的事件展开调查。早在2004年11月，深圳证券交易所联合香港联合交易所就开始进驻广东科龙总部对其财务问题进行集中核查，并针对广东科龙电器7位前执行董事进行监控。2005年5月10日，科龙电器公告称，公司因涉嫌违反证券法规已被证监会立案调查。

2005年7月底，包括顾雏军在内的9名科龙及格林柯尔高级管理人员被警方逮捕，随后因涉嫌虚假出资、虚假财务报表、挪用资产和职务侵占等罪名被警方正式拘捕，同时科龙电器也由当地政府正式托管；格林柯尔集团持有的亚星客车1.15亿股股权被司法冻结，襄阳轴承与格林柯尔集团解除收购合同；11月6日，G长虹接手格林柯尔集团持有的美菱电器股份；2006年12月15日，海信集团接手股权手续办理完毕，正式成为科龙电器的最大股东。

这是一个发生在21世纪初中国资本市场的真实故事。其间，国有资产的流失、各方舆论对于国企改制的质疑从未间断，但没有任何一场争论会比2004年的"郎顾之争"来得更为激烈。

从计划经济过渡到市场经济，国企改制是一个关键节点。原来在计划经济时代有太多的企业由国家包办，而计划的方式并不能充分发挥组织的效率。

尽管"姓资还是姓社"的问题在政府不断往前推进的过程中已经被弱化，可是否公平以及由谁主导的问题却悬而未决。顾雏军提出了"冰棍说"：国有企业经营不善导致资产不断流失，就像一根冰棍不断融化，我把它做大，所以我做出了贡献。相应地，郎咸平提出了"保姆说"：你是这个企业请来的保姆，你负责把它养大，但企业本身不是你的，结果你把孩子养大把他抱走了，这不对。

如果追求效率，一个企业家通过转制使得企业焕发出了生命力，员工也因此得到稳定的收入，甚至比原来的收入更高，那么客观地讲在这个过程中每一方的利益都得到了增加，持有一定股份的国有企业还实现了增值；但是因为在计划经济时代没有职业经理人和企业家这两个阶层，所以由谁来扮演未来企业家的角色，由谁来扮演大股东的角色就变得尤为重要——由此衍生出公平性的问题。一个计划经济时代的工厂厂长，蜕变成市场经济时代下的新兴企业家——股东和雇佣关系的确立导致其身份的转变，同时也引发了人们对其新身份合法性的质疑，而个别嗅觉敏锐的国企经营者刻意做低业绩以谋求尽快转制的机会主义行为则让这场身份转换的争议蒙上了"阴谋论"的色彩。

效率和公平能不能兼顾？很多人做出了尝试。

2000年伊始，钢铁行业进入了一个大爆发的阶段，整体效益良好。王华（化名）当时还是沿海地区某国有钢铁公司的销售处处长。这一天，王

第二章
初探：中国当代民营企业成长之路

华早早地来到办公室，开始收拾东西准备离开，但他并不是打算离职。由于整个钢铁企业的技术水平提升非常快，导致人员冗杂多余，大量员工被闲置到企业的后勤岗位。鉴于市场条件的成熟，同时也为了安置企业闲散人员，企业经过内部讨论决定尝试改制，成立一家钢材贸易公司，由王华担任新企业的董事长兼总经理。

后勤体系当中300多名员工从原企业剥离出来，新企业独立运营并自负盈亏。员工在签署了一份保证"三年之内待遇不下降"的协议之后，也都心甘情愿地加入了新企业。原本就身处行业多年且扎根销售领域的王华，在市场化的新企业中如鱼得水。企业迅速发展扩张，不仅企业运营步入正轨，原来一些有能力的青年干部也得到了培养，成长为业务骨干甚至成为股东。由此，王华逐步搭建起了一个非常强大的高层管理团队。仅仅用了短短三年的时间，王华领导的新企业就成功锁定了中国钢铁贸易行业的五强席位。

然而并非所有企业都能在转制过程中一帆风顺，浙江廊桥建设公司（化名）就走过弯路。在国企改制的过程中，为了兼顾公平，公司实施了股份制改造，即每一位员工都能平均分到一定的股份，即使是董事长，持有的股份也不到10%。这种股份分配上几乎绝对的公平却并没有为公司带来欣欣向荣的发展，事实是，公司效益因此急转直下，利润接近于零，前景极度堪忧。

原企业员工张建国（化名）后来回忆说："实行了这样的股份制改造，结果股东会、董事会、总经理班子、党委会甚至监事会都是原来的高级管理人员参与组成的，形成所谓'五会合一'的高度集权决策机制，整个总经理班子都在想方设法地为自己加工资，买豪车，装修办公室，公司效益下滑，利润也没有了。"既然大家都是拿这么多股份，那我何不提升自己各方面的待遇？所以到最后，小股东没有发言权，也拿不到分红，只能把手里的股份再次卖给大股东。

这就导致二次的股权归积，公司股权还是回到了原先的状态。[①]

回顾近十年来国企改制的历程，我们发现其历程和舆论导向始终处在一种跷跷板式的往复摇摆中。一端是市场化带来的效益提升，另一端是如何保持分配的公平。在提升效率的同时如何兼顾公平，是企业发展过程中一个无法回避的问题。但无论如何不能因为无法达成这两者绝对的平衡而放弃转制，这将是一场长期的博弈，而终点却毋庸置疑。

与草创型企业不同，从国企转制而来的企业本身具有一定的规模。成熟的运营管理模式，稳定的客户基础，尚存国企色彩和方方面面的关系仍然能够成为企业的信用背书。毋庸置疑，它们相对而言的确具有更好的资源能力基础。然而，从国有治理结构向民营治理结构的转变，同时也成为企业成功转制所必然面临的重要挑战。善用已有资源，积极培育能力，在有限的资源基础上通过组合逻辑寻求阶段性竞争优势，逐步走向更广阔的市场，成为一条共同的成长路径。

---

① 在还没有建立完善的公司治理结构的时候，把股份平均分配到企业原来的员工头上这样看似公平的做法，必然会导致代理问题的恶化。主要体现在拥有企业股份数量占比并不高的管理者实握着企业决策权限，所以他们上台以后会出现代理问题：一是领导人加薪。按市场化标准定工资，先涨自己的工资，同时该项权限不受监督。二是领导人的待遇无休止地提升。给自己买车，扩建办公室成为常态……，大量的不公平导致股份制解体，公平和效率的平衡也不复存在。

第二章 初探：中国当代民营企业成长之路

海归创业企业的法宝：技术和商业模式

1999年11月，当汽车堵在上海拥挤不堪的公路上时，周围的喇叭声此起彼伏，嘈杂、喧闹。坐在驾驶座上的唐海松深深呼出一口气，合着眼，每一根神经都处于极度兴奋的状态。毕业不到两年的他已经很久没有想起在哈佛商学院读MBA（工商管理硕士）的那段时光了，所有的注意力都被创业进度牵扯着：1999年年初辞职回国做互联网行业市场调研，5月制订创业方案，6月从两家著名美国风险投资DFJ、Sevin Rosen手中拿到两期共4700万美元左右的融资，7月在上海开始筹备工作，到11月1日，拥有2000多个网页的亿唐网站正式开通。在现实世界，亿唐正式落户上海市静安区梅龙镇广场写字楼。

亿唐网（www.etang.com），其创始人是由5个哈佛大学MBA和2个芝加哥大学MBA组成的合伙人团队，员工大多来自国内外知名高校的初创企业，就在1999年初冬将至之际横空出世，并迅速在各大高校"攻城略地"，广招人才。

"etang"，"e"指电子网络，"tang"表示中国人。亿唐就是上亿中国人在互联网上的集合。唐海松所定义的亿唐，不仅仅是一个互联网公司，同时也是一个"生活时尚集团"——致力于通过网络、零售和无线服务等多种渠道引进高质量的生活时尚产品，如亿唐包、亿唐表、亿唐服装、亿唐食品等，竭诚为 18~35 岁、受过良好教育、对现代生活方式情有独钟、务实、有效率、有良好收入来源的年轻人服务。唐海松将这个群体称作"Yellow Generation"，中文译为"明黄一代"。

创业之初，唐海松曾在母校复旦大学做过演讲，满怀炽热的情感表达了自己对亿唐的期望。他曾深情地描述亿唐粉丝在日常生活中与亿唐息息相关的场景：从早晨起床洗漱用的牙膏、牙刷，早餐享用的牛奶，外出骑行的自行车，到中午用餐的饭馆，甚至在线浏览的网站都是亿唐的。唐海松将被他称作"明黄一代"的人群彻底纳入一种属于这代人的亿唐生活方式，并试图由此建立一个强大的亿唐品牌。用网页的点击数计算网站的影响力，并利用这些影响力拉广告，同时吸引风险资本来炒作自己的估值得以赚钱，这统统是唐海松筹得资金借以进一步树立品牌的前奏，他希望借此能形成一个良性循环，支撑起整个网站的运作。

1999 年 12 月，距亿唐网正式开通过去了一个月，网站浏览量已过百万人次，注册用户数也已达四五十万人。此外，亿唐还迅速在北京、广州、深圳三地建立了分公司。

一切的进展都近乎不可思议地顺利：堪称梦幻的管理团队，充足的启动资金，起点高，员工基数大。直到今天，亿唐网在当年拿到的融资依然是中国互联网领域金额最大的。在亿唐成立的前一年——1998 年年底，成功从四通利方改组成的新浪网，拿到的融资仅仅是亿唐的约 1/7（650 万美元）在互联网浪潮席卷中国的世纪之交，裹挟其中的亿唐拥有的是一个漂亮的开局，仅融资数量就让国内众多为钱发愁的互联网公司羡慕不已。

与此同时，国家对于科技企业的扶持同样不遗余力。在 1999 年召开

第二章 初探：中国当代民营企业成长之路 CHAPTER

的第九届全国人民代表大会第二次会议上，非公有制经济作为"中国社会主义市场经济的重要组成部分"被提出，而非国有经济的辅助形式。1999年7月26日，中华人民共和国科学技术部、中华人民共和国国家经济贸易委员会印发《关于促进民营科技企业发展的若干意见》的通知，力求吸引出国留学人员带着先进技术和管理方法回国创新创业。2001年对66名在中国开发区内工作的留学归国人员所做的初步调查显示，41%（66人中的27人）的人持有海外博士学位，而66%（66人中的44人）正在经营着自己的企业。[1] 冬去春来，坚持下来的企业和资本都变得更加理性，也更加无情！

当互联网行业逐渐走出2000年的寒冬时，在2001年中国信息科技和风险投资大会上，美国DFJ亚太地区主要负责人之一的符绩勋却公开表示，除非亿唐改变其一整套的运作模式，否则公司不会再砸钱进去。

亿唐网陷入了困境，而伏笔，早在2000年就已埋下。倚仗着充足的资金支持，亿唐在2000年开始了疯狂的"烧钱"。短短一年内，亿唐仅在宣传方面的投入就高达300万美元（约合2000万元人民币）随处可见的广告牌上，"亿唐"和"明黄一代"两个词被紧紧捆绑在一起。也就是在同年春天，创始人团队因不能达成目标上的共识而分崩离析，只剩唐海松和常东升两个人留下来苦苦支撑。与此同时，亿唐进行了大规模的裁员并逐一解散分公司，借此来降低人力成本。从2000年顶峰时期的300多人到两度裁员后剩下的30多人，裁员率高达90%。在网站设计运营方面，亿唐大而全却毫无特色的门户网站没有丝毫改变。

---

[1] 徐淑英，边艳杰，郑国汉. 中国民营企业的管理和绩效[M]. 北京：北京大学出版社，2008.

此后，亿唐的业务主要集中在三块：品牌消费，"etang"生活；提供互联网的解决方案；开拓亿唐卡业务。但提供亿唐特约商户优惠，标价高达188元的VIP购物卡却让消费者望而却步；所谓的"明黄一代"消费群体在国内也尚不成熟。在东碰西撞的过程中，亿唐如做"困兽之斗"，力求突围，却找不到方向。

与此同时，虽然有先进的管理理念，亿唐却很难找到合适的雇员。"互联网方面的技术中国只比西方落后5年，"唐海松说，"但在管理的专门技术方面我们至少落后了20年。"[1] 最致命的，还是源于亿唐战略上的决策失误。"明黄一代"在世纪之交的中国，尚构不成"中产阶级"这个群体，一味复制国外超前的商业模式，而缺乏合适生存的土壤，注定了亿唐最终的结局，而前期获得的巨额融资只是延迟了亿唐的"死亡"判决而已。

2005年9月，亿唐开始试运行名为Hompy的个人虚拟社区服务。

2005年11月开始，亿唐将大部分页面和流量都转向了新网站Hompy.cn，仅保留了亿唐邮箱（2006年12月1日关闭）。

2006年2月，亿唐旗下的无线增值业务（SP）上海亿之唐被刚刚崛起的奇虎网以100万美元收购——价格甚至不足当年所获融资的1/40，奇虎网由此获得了包括SP牌照在内的全部资产。

2009年5月，亿唐域名因不续费而被拍卖，最终以35 603美元的价格成交。

---

[1] H Beech. 中国：回到学校 [J]. 董桦，编译. 南风窗，2000(5).

第二章
初探：中国当代民营企业成长之路

"今天有否亿唐？"这句当年让人耳熟能详的广告词已经和亿唐一起，被互联网行业的洪流卷入了历史的尘埃。

然而就在唐海松刚刚走上创业道路的1999年，有"神童"之誉的邵亦波也刚刚获得哈佛商学院MBA学位，毕业回国。当时国内电子商务领域还鲜有人涉足，身披名校外衣留洋归国的邵亦波把目光投到了这一空白领域。

通过引进eBay模式，即通过提供网上拍卖服务，使拍卖这种古老的交易形式在互联网时代里不再局限于拍卖会或者清仓甩卖，使拍卖商的商品跨越时间和空间的两重限制，并在极短的时间里抓住潜在顾客，邵亦波和哈佛大学校友谭海音一起创办了易趣网。在搭建平台的两个月里，邵亦波和一起回国创业的谭海音，以及团队里大多数白天上班晚上才能来帮忙的兼职工程师们，在上海租赁的两室一厅的民宅里，集中精力，几乎彻夜不休地在电脑前工作，度过了近60个昼夜颠倒的日子。1999年7月，中华网在美国纳斯达克上市成功的消息，在国内互联网界一石激起千层浪，身处互联网行业的热血青年们多少都做着的一个"美国梦"，终于诞生了现实的样板。在这样的背景下，1999年8月18日，易趣网正式开通，成为国内首家C2C电子商务平台。

易趣网的迅速成长甚至超过了邵亦波和谭海音的预期。截至2000年10月，网站注册用户已超过300万人，在线拍卖物品高达5万余件。以当时网上活跃竞标指数计算，易趣网在国内市场的占有率超过50%，而此时距易趣网正式开通，才刚刚过去一年的时间。网站的活跃度也刺激了投资方的热情，从开始40万美元的天使轮投资、IDG资本的10万美元，到网站建立四个月后纷至沓来的三家创投高达650万美元的投资，再到2000

年 10 月由路易威登领投的 2000 万美元融资，易趣网在不到两年的时间内，就先后获得了 6000 万美元的投资。2002 年 3 月，全球最大的交易网 eBay 更以 3000 万美元购买了易趣 33% 的股权。易趣在中国 C2C 网站的圈子一时风头无二，稳居龙头宝座。

2003 年 7 月 eBay 斥资 1.5 亿美元高价收购易趣全部股份之后，就是另一段故事了。邵亦波在 eBay 对易趣网实现全面控股之后失去了领导地位，之后，淘宝逐渐取代了易趣的龙头地位，马云也逐渐取代了邵亦波，成为电子商务领域新一代的传奇人物。

在身处上海的邵亦波和唐海松行进在创业道路上的同时，在中国北方，仅在 2001 年 1—8 月，留学人员到中关村科技园区咨询的人数就达到 3140 人，其中有创办企业意向的 1400 人，着手创办企业的有 725 人，已领取营业执照的有 261 户，注册资本金总额达到 3.63 亿元人民币。[1] 为了吸引留学归国人员创业，2001 年 9 月 26 日，中关村科技园区管委会设立了数千万元的归国留学人员创业基金，用于建设留学归国人员服务创业体系以及资助留学人员到园区创业。

这些人当中，有像刘昊原的思智科技那样成功存活下来并稳健发展的，也有像赵敏哲的达泰维迪软件技术有限公司那样黯然退场的。即使有"三减两免"的优惠政策，"海归"们也或是因为启动资金的不足，或是因为管理经验的缺失，抑或是对中国特色的营商环境如程序烦琐的工商年检、饭桌上与政府人员推杯换盏的不适，而从中关村消失。赵敏哲就曾直言不

---

[1] 中国新闻网. 中关村"归国留学人员创业专项资金"十月启动 [EB/OL]. (2001-09-28). http://tech.sina.com.cn/it/c/2001-09-28/86325.shtml.

讳，说谁都是你的婆婆，谁都是神，都要拜。一些项目招标过程中的不公平竞争也很严重，小公司没有钱做公关，请吃饭，去歌厅。即使你的价格比别人低，别人还能把标拿走。"① 对100家本土人士创办的企业和100家留学归国人员创办的企业进行的一次调查结果显示，与本土人士相比，留学归国人员对与人事部门、高新技术管理部门和政府办公部门之间的关系持否定的态度；而企业成立相对较晚的留学归国人员对与他们企业最为重要的局级机构的关系尤为不满，对于中国官场的行政作风，也感到相当不满。②

迄今，距国务院发布关于实施《国家中长期科学和技术发展规划纲要（2006—2020年）》若干配套政策的通知已逾10年，对归国创业的行业扶持出现了前所未有的大发展。移动互联时代的到来降低了进入的壁垒。各地孵化器、创业园在近两年的时间内涌入大批海归创业者。与草创型和国企转制型企业相比，海归创业型企业的发展历史相对较短。然而就像出身优越的贵族，他们从一开始就由于掌握了一定的技术或管理理念，头顶高学历的光环③，拥有了企业建立、资金、税收、信息等各方面的相对优势。

我们可以简单地将海归创业划分为两个类别：一是技术产品类，二是

---

① 林涛. 创业"海归"游中关村[J]. 中国企业家，2004(6).
② 徐淑英，边艳杰，郑国汉. 中国民营企业的管理和绩效[M]. 北京：北京大学出版社，2008.
③ 一项基于200家企业的调查显示，相对于本土创业者，海归创业者往往具有更高的知识水平，出身于知识分子家庭，在读书方面也相对花费了更多的时间。在所获得的最高学位方面，34%的海归创业者获得了博士学位，且22%的人在海外获得博士学位，本土人士中则没有一个。在利用外国开发的技术方面，本土人士占16%，海归创业者的这一数值则高达46%。57%的海归创业者将"我拥有一项我认为在中国将会有较好前景的技术"作为回国创业的第一或第二原因。

商业模式类。事实上，还有一些打着"海归"旗号为了获得各类优惠政策"出口转内销"的企业，我们暂时不予讨论。

对于技术产品类海归创业企业，它们拥有一些专利、生产许可、授权等。这类企业的战略风险主要集中在产品从实验室到生产的过程中，而一旦产品生产出来，由于其本身是工业品或能够相对直观地看到市场容量与客户需求的消费类产品，因此在内部管理方面和市场推广方面的难度并不大。相对而言，中国市场与国外市场存在的经济、社会、文化差异对技术产品类的影响并不大。这类企业的成长更多地依赖"模仿式创新"，即将先进国家已经开发甚至发展成熟，但国内尚处于空白的产品、技术引进来，并利用国内的低成本优势，投放到国内巨大的市场中。这种企业战略发展路径在后期将面临两个挑战：一是本土其他企业的同质化模仿，二是企业本身的后续研发升级能力。

对于商业模式类海归创业企业，并不是说它们不生产产品，而是对于企业而言，其核心能力更多地来自管理模式、生产运营组织方式、市场定位、品牌营销等。因而，许多互联网企业、服务类企业都属于后者。这类企业与前者相比，虽然也掌握了一些先进的模式或理念，但相对而言，中外市场环境的差异，如文化背景、经济发展水平、支付能力、制度环境、人力资源供应水平等都有可能导致其水土不服。事实上，在对海外商业模式的全盘因循中，许多海归创业者因水土不服而付出了惨痛的代价。因此，对本土市场的研究和洞察就变得至关重要。

two / 第二章
初探：中国当代民营企业成长之路 / CHAPTER

企业导向的和谐战略：兼顾短期绩效和长期发展

2013年，以哈佛大学的 Christopher Marquis 和 Andras Tilcsik[①] 教授为代表的学者借用动物研究领域的概念，提出了组织发展的基因理论（imprinting theory）。该理论认为，企业在某些特定的环境作用下，将呈现出一定的特征，尽管外部环境会发生变化，但这些特征将持续性地存在。在中国的情境下，体现为企业的出生环境对其战略路径和战略决策的影响。

中国的民营企业按照出生环境可以划分为草创企业、转制企业和海归创业企业三个类别。尽管2015年国家提倡在国有企业实现股权多元化，也有一些企业开始在股权层面融合不同的资源，甚至还有一些企业上市成为公众企业。但从企业的成长而言，它们与生俱来的资源能力配置、对外部环境机遇的解读偏好、决策偏好、领导风格和组织文化都自成一体。因此，按照这样的三分法对企业进行相应的研究依然有良好的解释力。

针对企业管理的研究通常以绩效（包括财务绩效、运营绩效、创新绩效等）作为判断企业优劣的标准，而在战略管理中，判定绩效是来自竞争优势的。哈佛大学的迈克尔·波特（Michael Porter）教授在30多年前写的

[①] Christopher Marquis, Andras Tilcsik. Imprinting: Toward a Multilevel Theory [J]. The Academy of Management Annals, 2013, 7(1).

《竞争优势》（Competetive Advantage）一书基本上是论述这个过程的。可是，竞争优势又是从哪里来的呢？通俗地理解，如果谁能够拥有一些特别之处，而这个特别之处既能带来收益，又不是其他竞争对手都能够轻易拥有的，则这样的企业就有了竞争优势。在战略理论研究中，我们可以将其划分为资源、能力和导向三个大类。[①]

对于不同类别的中国企业，它们拥有的竞争优势来源显然是迥异的。对于草创型民营企业，它们通常十分缺乏资源和能力，部分创业者可能具有一定的销售能力或技术能力，这也是从20世纪80年代开始，有人戏称民营企业家不是销售员就是技术员的原因。此外，它们通常对商机充满渴望，具有极强的积极主动意识，这在战略理论中，被统称为"创业导向"（entrepreneurial orientation）[②]。毫无疑问，战略导向中包含的信息获取、解释、实施等要素恰恰是那些草创企业能够脱颖而出的根本原因，而创业导向是能够培养出资源和能力的。

[①] 资源，从广义来说涵盖了一系列的个人、社会和组织现象，可以分为有形资源和无形资源。有形资源指的是那些可见的、能够量化的资产；无形资源则是指那些深深根植于企业的历史之中，长期以来积累下来的资产。

能力，由企业将有形资源和无形资源进行组合而形成，反过来，能力又可以用来完成企业生产、分配和售后服务所需的组织任务，从而为消费者创造价值。能力是建立核心竞争力以及预期竞争优势的基础，企业的能力通常在某个具体的职能领域（如生产、研发以及市场营销）或者某个功能性领域的部分领域（例如广告）得到发展。

导向，指企业的一切行动都必须在公司战略的指导下进行，换句话说，企业的一切经营管理活动都必须和企业的发展战略保持一致，其本质上是一种决策偏好。

[②] 创业导向是指企业层面为了有目的地建立组织目标，保持企业愿景，创造企业竞争优势，等等，而进行的一系列战略决策观念与模式，包含了自治性、风险承担和竞争主动性。

第二章 初探：中国当代民营企业成长之路

对于转制而来的国有企业，它们承袭了国有企业拥有的独特资源，这些资源可能体现为以往的销售渠道或客户，国有企业的合作伙伴关系，已经具有的规模，国企背书下的融资便利，等等。相较于导向，资源具有易损耗和行业属性强等特点，因此，转制企业在经营过程中，如何利用现有的规模逐步培养出战略导向和独特的能力就成为判断未来发展成功与否的重要标准，而不是永远躺在资源的基础上"吃老本"。

海归创业企业在能力方面，相对具有优势。无论是独特的专利、产品设计、研究成果，还是复制而来的创新性商业模式，这些都是依附在相应的能力上的；而能力不但不会损耗，还能通过不断地应用培养，积累一定的资源，那些具有较高学历的海归人员通常也具有或更加容易培养出清晰的战略导向。根据这样的判断，我们发现，中国民营企业的3个类别恰好在初生伊始就各自站在了不同的起跑线上。

企业成长的过程，伴随着无数的目标设立与决策导向。由于基因的不同，企业在目标和导向上也会有所差异，由此也导致企业在处理短期目标和长期目标时会有不同的斟酌与决策。

通常而言，在一些中国本土私营企业，企业家个体的冒险精神在企业的发展中扮演着十分重要的角色，受企业家个体传承观念的影响，企业会更加关注长期发展，选择与强大的伙伴一路同行便是出于这种目的的决策导向。张轩松的永辉超市正是在与万达集团的一路同行中实现了近20年的长久发展。在另一些国有企业的转制中，企业由于面临竞争者、股东乃至政府等多重压力，会更着眼于短期财务绩效，"冰箱大王"顾雏军当年的选择便可以为此做一个注脚。

然而，不同的基因导致的资源、能力和导向上的差异直接反映在组织目标的设定中，在战略语汇中，我们称之为愿景和使命的差异。更具体些表述，就是体现在短期生存和长期发展中的决策偏好不同。

事实上，对任何企业而言，短期生存与长期发展都是缺一不可的。一味追逐短期的高绩效，或许可以让企业的经营效益博得短暂一笑，同时也极有可能导致企业在研发、人力和品牌建设等方面的投入甚少，从而危及企业后面的建设与发展；但若是忽视当下的利润水平，在长期发展的项目上盲目投入资金，又会让企业陷入难以为继的经营危机。面临这样的两难境地，笔者曾经在《企业绩效测量方法的综合研究》一文中提出："绩效是企业长期时间内的变化，但从财务方面来衡量是不全面的，还应该从企业长期的成长方面，找到诸多管理决策与企业价值变化的因果关系。"[1]的确，单纯以财务指标，尤其是短期财务指标，去衡量企业绩效有失偏颇，唯有将企业的长期发展与战略性投入一并纳入考核范畴，才能助力企业走出两难困境，实现战略导向上的和谐共容。

追溯中国当代民营企业的成长路径，不难发现，在初始阶段，草创企业拥有的是创业导向，国企转制企业拥有的是资源，海归创业企业拥有的是能力，而在发展的过程中，它们各自结合自身的优势培养起对应的内部能力，建立起了不同的发展目标和决策导向。放眼世界经济环境，中国当代民营企业正处于一个快速发展的新兴市场，如何谋得一块属于自己的市场，如何经营好这块市场，成为不同发源背景下中国企业共同的追求。无论是具有创业导向的民营企业，拥有强大资源的国有企业，还是那些具有独特能力的外资企业，最终都将期望在不断的发展中，资源、能力和导向

---

[1] 陆雄文，孙金云. 企业绩效测量方法的研究综述 [J]. 经济管理，2009，31(S1).

实现全面建设、协同发展。因此,在这样的判断之下,企业需要掌控好天平的两端,一端是注重短期绩效的财务导向,另一端是追求长远发展的战略导向,两相平衡,既不能雄心万丈要成为行业的领导者而不顾眼前盲目地竞争,也不能只是关注当下的一时得失而失去对未来的考量。只有制定企业导向的和谐战略,才能持续健康发展;而这样一种兼顾两者的思维,是具有典型东方文化色彩的"双元"战略思维。

第三章

民营企业与制度环境

整个中国的每一片区域、每一个层级、每一座城市似乎都在兴起招商引资的浪潮。出于对资本的渴望，全国千千万万的民营企业家被各地政府在招商引资中做出的承诺吸引。然而就像无限膨胀的泡沫最终会破灭一样，若是价码超出了政府的承受限度，是否能够将这些价码一一兑现就成了一个让人心存疑虑的问题。但不得不承认，由于新生企业的相对弱小和政策主导的刚性，民营企业不得不借政策之势，逐"圈子"之利。圈子的存在对于中国绝大多数的企业家而言是一种无法拒绝的负担，在这个"圈子"里，某些不轨的政府官员与企业家之间维持着紧密而又暧昧不清的关系，而这种关系的基础则是赤裸裸的利益。

three / 第三章
民营企业与制度环境 / CHAPTER

招商乱象：未能兑现的承诺

李顺舟（化名）决定将自己的雄狮科技（化名）搬迁到东北某城市 A 市时是 2003 年，至今，他仍然在后悔自己 10 多年前做出的这个决定。

事实上，如果一切都按照最初的设想，2003 年的这次搬迁将会是一笔很好的买卖。

雄狮科技是李顺舟和他的合伙人于 1997 年在营口创立的。在此之前，李顺舟是一所大专院校的老师，授课方向是工业自动化。连续五年的答疑解惑让他注意到了这个应用性极强的领域里蕴含的商机；而年轻时对新挑战的渴望也给了他足够的动力。因此在毕业后的第六年，他毅然辞去了在学校稳定的工作，并顺利找到了有相同志向的合伙人。当时他们每人投资了 40 万元，建了一个工厂，生产的主要产品是自动化控制元器件。

这次的尝试是成功的。虽然谈不上有任何的技术创新，但产品稳定性的保证和极具市场竞争力的价格让他们很快吸引了一批稳定的客户，其中还包括好几家大型国有企业。进入 2000 年以后，李顺舟和他的合伙人发现，他们已经不需要费力地开拓市场就可以让雄狮科技活得很"滋润"了。毕竟，仅仅依靠稳定的国企订单就能给他们带来不错的营业额和利润。

2003 年春天，一次机缘巧合让李顺舟参加了 A 市市政府的招商引资座谈会。前一年的年底，几个李顺舟曾经的学生找上门来，向他推荐了一套从日本引进的新设备。在李顺舟的专业眼光下，这个名叫"数控铣床"的设备的确有着极高的技术含量，然而，其涉及的生产领域与雄狮科技原本所在的自动化控制市场并不相符。正是在这个过程中，得到消息的 A 市市政府邀请李顺舟参加次年召开的招商引资座谈会。就在这次座谈会后不久，李顺舟决定移师 A 市，准备采用"数控铣床"技术开创一片新的天地。

不可否认的是，李顺舟不断渴望挑战的那股冲劲的确又在背后推了他一把。不过，真正让他下定决心的，是那场招商引资座谈会上 A 市市政府某些官员对他的许诺。在座谈会上，某官员告诉李顺舟，A 市计划在市区新建一块产业园区，专门吸引全国各地的高新技术企业，让它们能够享受到聚集带来的规模效应。在基础设施方面，官员们也做出了一系列的承诺，诸如公路、铁路等交通设施，厂房、供电、高速互联网等一应俱全；而最吸引李顺舟的是，官员还向他承诺了一系列优惠政策，不仅包括税收的减免，土地使用费、市政建设费、水资源费等政府各类收费的免除和优惠，还有政府直接的财政补贴和对贷款融资的政府担保。

李顺舟心动了。代表政府的几位官员给他开出的价码比他想象中的要高得多，他甚至觉得，即使他的新设备没有预期中表现得那么出色，雄狮科技在政府的优惠政策下也能顺利地发展。事实上，不仅仅是李顺舟，全国千千万万的民营企业家们也年复一年，被各地政府官员在招商引资中做出的承诺吸引。从沿海的上海、广州，到身处内陆的新疆和西藏，从最北边的黑龙江到最南边的云南，从首都北京到地图上都无法找到的小县城，整个中国的每一片区域、每一个层级、每一座城市似乎都在兴起招商引资的浪潮。

three / 第三章
民营企业与制度环境 / CHAPTER

2013年，天津市的国内招商引资额达到3500多亿元[①]，吉林市全年招商引资额完成952亿元[②]，贵阳市仅贵安新区全年的引进投资总额就达到1036.6亿元[③]，而新疆2013年的招商引资到位资金也超过3600亿元[④]。无疑，这些巨额数字的背后，是数以万计的企业在中国城市间的迁移，而决定它们去向的，正是各地政府为招商引资所开出的价码。

为了引进文化创意产业，在北京市招商引资的网页上，政府承诺将每年安排5亿元文化创意产业专项资金，采取"贷款贴息、项目补贴、政府重点采购、后期赎买和后期奖励"等方式进行扶持。[⑤]

长沙高新区的招商引资网页上承诺对高新技术企业减按15%的税率征收企业所得税，同时纳税总额在500万元以上的外埠企业，自营运之日起3年内按其所缴税收高新区财政实得部分不低于10%的比例给予奖励。根据受贷企业新增税收情况，高新区财政还会给予不超过银行贷款利息额的

[①] 张建国. 2015年国内招商引资到位额力争突破4000亿元 [EB/OL].(2014-12-04).http://tianjin.mofcom.gov.cn/article/tjzsyz/201412/20141200821582.shtml.

[②] 和讯网. 2013年吉林市招商引资工作强劲有力 [EB/OL]. (2014-02-20). http://house.hexun.com/2014-02-20/162340544.html.

[③] 程曦. 贵安新区多举措推动招商引资，2013年招商引资总额突破千亿元 [EB/OL]. (2014-01-13). http://news.eastday.com/eastday/13news/auto/news/china/u7ai546420_k4.html.

[④] 陈蔷薇. 2013年新疆招商引资区外到位资金超3600亿元 [EB/OL]. (2014-01-14). http://news.ts.cn/content/2014-01/14/content_9191016.htm.

[⑤] 北京市促进文化创意产业发展的若干政策 [EB/OL]. (2014-06-18).http://www.bfa.edu.cn/cyy/2014-06/18/content_98454.htm.

40%的贷款贴息。①

在江西省赣州市定南县，政府在招商引资网上更是承诺软件生产企业自获利年度起，第一年和第二年免征企业所得税，第三年至第五年则减半征收，而固定资产投资额达5000万元的企业将会获得所缴纳税收的60%作为奖励。②

根据新疆维吾尔自治区招商引资政策，引进的生产性企业五年内免征企业所得税、车船使用税和房产税，而如果选择在贫困地区投资，免税期限可以延长到8年。③

……

值得指出的是，层级越低、地方越是偏远，地方政府优惠的力度也就越大。与此同时，明确公布在地方政府网站上的政策其实只是冰山一角，事实上，在实际与企业洽谈的过程中，地方政府还会向企业做出更多的许诺。税收减免、财政补贴、承诺贷款、免征土地使用费乃至环境保护费，为了吸引企业到当地来投资，各地政府竞相开出更高的价码。

然而，就像无限膨胀的泡沫最终会破灭一样，若是价码超出了地方政府的承受限度，是否能够将这些价码一一兑现就成了一个让人心存疑虑的问题。具有讽刺意味的是，越是低层级、地处偏远的城市，往往越是贫困，

---

① 长沙信息产业园2017年园区优惠政策.http://xxcyy.cshtz.gov.cn/art/2017/3/6/art_1646_150634.html.

② 关于印发定南县鼓励投资优惠办法的通知[EB/OL].(2013-02-22).http://www.dingnan.gov.cn/zwgk/zwwj/zfwj/201305/t20130510_213777.html.

③ 新疆维吾尔自治区招商引资若干政策规定[EB/OL].(2012-11-06).http://www.xjftec.gov.cn/root26/auto699/201311/t20131119_107506.html.

第三章 民营企业与制度环境

因而它们能够给予企业的优惠和补贴也就越少；然而也正是在这些地区，地方政府为了吸引投资往往会开出最高的价码和最具诱惑力的优惠条件。在某些情况下，地方政府做出的承诺甚至超出了其自身的权力范围，这为其能否实现承诺蒙上了更深的阴影。

不幸的是，李顺舟并没有意识到这一点。回到营口，他向合伙人提出了他的想法。谨慎的合伙人并不愿意贸然涉足一个新的领域，更不愿意放弃国企带来的稳定客源。然而李顺舟内心早已做出了决定，为此他甚至不惜让合伙人带着属于他的那一份资产离开公司。尽管失去了一个可靠的伙伴，但当他在2003年秋天自己开着车，带着资金和技术赶往新目的地时，心中仍然充满着自信——毕竟，他认为政府承诺了他那么多，对于新设备他又是那么的自信，觉得自己没有失败的理由。

然而，当他按照所给的地址一路不停地问路，终于找到那个"开发区"时，李顺舟意识到自己可能"受骗"了。在这个"开发区"里，只存在一家孤零零的企业，而自己则是前来陪伴它的第二家。放眼四周，在这个仅有几平方公里的狭小空间里，李顺舟只能看见几幢破败、低矮的小厂房，坑坑洼洼、从未平整过的土地，以及覆盖在它之上的满地的尘土。水和电是有的，但这基本上就是这个"开发区"全部的好处了：向"开发区"铺设的网络尚未完工，因此也就更谈不上"高速"了；而由于地处偏远，由该市市区开车寻找尚且不易，铁路交通更是毫无踪影；而园区内的企业总共也就两家，高科技企业间的规模效应更是无从谈起。

李顺舟感到十分愤怒，然而对他而言，这仅仅是噩梦的开始。他已经不期待自己能够获得税收优惠和财政补贴了——事实上他的确也没有获得任何优惠和补贴。不久，当他发现当地的工商局和税务局总是隔三岔五来他的企业查账时，他感到这已经超出了他的底线。最为严重的一次是，他遭到竞争对手举报并被请进了公安局，罪名是涉嫌发票造假。李顺舟在公安局里挨了三天三夜，经过各种审查，最终总算保持着自己的清白离开了公安局。这次事件之后他才知道，原来他的产品跟某位重要的人经营的工厂有着直接的竞争关系，而由于雄狮科技所采用的技术远远领先于竞争对手，这人最终选择了用"非竞争手段"试图将他挤出市场。

李顺舟至今也没有想明白，招商引资时承诺的诸多条件和优惠，为何与招商引资后的现实具有天壤之别。如果地方政府招商是希望引进的企业能够带动当地的经济发展和就业水平，甚至只是为了提高政府税收，那么政府也应该有动力为企业提供更好的环境和支持，帮助企业更好地发展。但李顺舟所感受到的现实却不尽然。

在一次跟他的老合伙人通电话时，他小声地嘟囔："我很后悔……放弃曾经的积累来到这里，现在看来是个错误的决定。"

然而，如果理解了某些地方政府招商引资的真实逻辑，困扰李顺舟的疑团也就能够解决。事实上，全国各地的地方政府近乎"疯狂"的招商引资的确有其内在逻辑，而这个逻辑也并不像李顺舟所以为的那么简单。

第一，地方政府会受到来自纵向的压力，这主要是源于政绩考核与官员选任制度。改革开放以来，"引进外资"成为中国经济发展的主要思路；而随着中国经济的增长，外资的重要地位开始为内资所取代。但从外部引入资本发展当地经济这种模式却仍然根深蒂固地保留着，这构成了中国地方政府热衷于"招商引资"的主要原因。正是由于上述特征，这种"热衷"不可避免地会成为对地方政府进行政绩考核的一项标准。事实上，人们越来越多地看到，有的地方官员受到表彰，正是由于他们在招商引资上取得了突出的成绩。在这些"先进分子"的模范带头作用下，每一个地区、每一个层级的地方官员都将把招商引资作为自己的工作重心，以及检验下级工作绩效的标准。在这种情况下，地方官员想出了各式的"奇招""怪招"①。这些"怪招"的频出让招商引资很大程度上变成了一场场闹剧。

让情况变得更糟的是，部分官员的选拔并不能充分听取来自民众或是企业家的意见，这就意味着地方官员只需要完成政绩考核标准就可以获得升迁，至于招商引资后企业的生存状况以及当地的经济发展往往不在他们的考虑范围之内。另外，地方政府官员的任期制同样加剧了这一问题：只要任期一到，官员们就将在下一个职位上走马上任，因而他们很难会真正关注一个地区的长远经济发展。事实上，盲目的招商引资一方面造成了大量李顺舟式的案例，即政府无法兑现它们在招商引资时给出的承诺，让被引进的企业蒙受损失；而另一方面，这也给当地的经济发展带来了混乱，造成地方税收、土地费用等财政收入的流失。②

---

① 例如，个人待遇方面，如果投资 500 万元以上，企业家个人可以享受"超国民待遇"，特权包括交通违规可以免于罚款等；土地费用方面，投资 100 万元以上可以"零地价"租用土地，而 500 万元以上则可以"零地价"征用土地；甚至投资额还可以和企业家个人的政治级别挂钩，如投资 300 万元以上享受副科级待遇，投资 500 万元以上享受正科级待遇，投资 1000 万元以上享受副县级待遇。

② 正是出于对这一现象的担忧，自 2003 年 7 月起，国家开始对全国的各种开发区进行整治。国务院接连发布了《国务院关于加大工作力度进一步治理整顿土地市场秩序的紧急通知》《国务院办公厅关于暂停审批各类开发区的紧急通知》和《国务院办公厅关于清理整顿各类开发区加强建设用地管理的通知》等一系列规定，拉住了各地创建开发区浪潮的缰绳。历时超过三年的集中整治并非只是对开发区的清理和整顿，同时也包括设立开发区规划与审核的标准。到 2006 年 12 月，全国各类开发区由 6866 个锐减至 1568 个，而规划面积也从 3.86 万平方公里缩小到 9949 平方公里。

第二，地方政府同时也面临着来自横向的竞争。全国范围内对招商引资的热潮使得各地政府不可避免地成为彼此的竞争对手。从 1984 年的大连、秦皇岛、烟台等 10 个经济技术开发区，以及 20 世纪 80 年代末的福州以及上海闵行、虹桥、漕河泾 4 个经济技术开发区开始，各地纷纷兴建以经济技术开发区、工业园区、产业园区、高新技术开发区等命名的产业集群，并以此作为各地进行招商引资的平台。从 20 世纪 90 年代开始的蓬勃发展让产业园区的层次一方面从国家向省、市、县扩散，另一方面也从沿海向沿边、沿江乃至内陆扩散。① 截止到 2012 年，国家级的高新技术开发区达到 88 家，而国家级经济技术开发区也达到了 146 家。②

值得一提的是，产业园区的发展的确涌现出一些成功的案例。其中，北京的中关村③是科技驱动发展模式的代表。它的发展背后依靠的是清华大学、北京大学两所高校的科研创新能力，以及大量高科技企业的尝试与探索。许多如今大名鼎鼎的高科技和信息技术公司发源于此，但同时也是它们支撑起了中关村产业园区的快速发展。尽管地方政府的扶持政策同样功不可没，但高科技企业的自发聚集使得政府更多的只是承担起"认可"的职责。

与此相对的是苏州的新加坡工业园区，它所代表的发展模式则是制度

---

① 刘群. 我国工业园区发展现状及建议 [J]. 中国国情国力，2011(5).
② 中国投资咨询网. 我国产业园区数量呈快速飙升态势 [EB/OL]. (2012-11-22). http://www.ocn.com.cn/market/201211/touzi221659.shtml.
③ 从 1980 年研究院陈春先创办的第一家民办科技机构，到 1985 年"电子一条街"上的 90 多家科技企业，再到 1988 年中国首个科技园区——北京市新技术产业开发试验区的建立，最后到 1999 年正式确立中关村科技园。

的驱动。作为中国和新加坡两国政府合作开发建设的产业园区，这里从一开始就打上了深深的制度烙印。园区从三个层次借鉴了新加坡的先进制度：一是新加坡的城市规划和管理经验，包括土地的利用和招商引资的组织方式等；二是经济发展方式的经验，即如何在经济活动中有序竞争并相互合作；三是新加坡的公共管理和法治制度，甚至在廉政制度方面也吸收了新加坡的经验。正是由于借鉴了新加坡先进的制度经验，产业园区在1994年至今的20多年间获得了巨大的成功。

然而，并非每一个产业园区都能像中关村那样具有两所著名高校以及众多高科技人才的支撑，同时也并非每一个产业园区都能像苏州的新加坡工业园那样有机会借鉴来自发达国家的先进技术和管理经验。事实上，对于中国大部分的产业园区而言，中关村与苏州新加坡工业园区的成功都是不可复制的。不幸的是，地区间的盲目攀比使得各地的产业园区一个接着一个地上马，而这不可避免地带来了各园区间的同质化竞争。

无疑，同质化竞争带来的直接后果就是各地间的互相压价。换句话说，这就是在已经过高的价码上继续增加价码，在已经无法实现的承诺上继续做出承诺。各地方政府不断地压低土地租金，给出更高的税收减免额度，承诺更多的财政补贴，发明出更怪的"怪招"。有些地方政府在将企业引进后虽然兑现了它们给出的价码，却极大地破坏了地区经济的可持续发展能力；而在更多的情况下，政府根本就无力，甚至无意实现它们所做出的承诺，因此才会出现无数像李顺舟那样的企业家，他们满怀着希望在全新的环境中奋斗，却不曾料到会被结交的"朋友"抛弃。

如何破解招商引资的乱象，寻求各地的差异化竞争优势极为必要。只有避免地区间的同质化竞争，才有可能实现地方经济的可持续发展。然而，相比之下更为重要的是,地方政府不再以招商引资作为政绩考核的标准。招商引资只是手段,而目的则是经济的发展和人民生活水平的提高。只有真正认识到了这一点,它们才会制定出能够兑现的政策承诺,而也只有这样才能惠及像李顺舟那样的企业家们。

three / 第三章
民营企业与制度环境 / CHAPTER

圈里圈外，力争成为"局内人"

过完 2006 年的春节回到公司，夏新建材有限公司（以下简称"夏新建材"）的员工们发现，他们的总经理夏武明在闲暇时间有了一个新的爱好：看官场小说。伴随着这个新爱好的另一个变化则是，总经理的闲暇时间也大幅度缩减了。那个平时工作清闲时也会坐在公司厂房二楼办公室里的夏武明已经不见了，取而代之的是从一个饭局匆匆赶往另一个饭局的忙碌的身影；而公司所有人似乎都为他们总经理的这些新变化所激励，开始更加努力地工作。

实际上，夏武明参加的这些饭局与宴请对他而言，与其说是一种享受，还不如说是一种任务。对于这种工作形式，他在三年前创办公司的时候是完全没能预料到的。

2003 年，已经是第三次创业的湖南株洲人夏武明来到南方某省的省会创办了夏新建材有限公司，公司的主要产品是路面井盖。在此之前，夏武明先是在株洲做汽车配件的代理，后来又去深圳第一次尝试做建材生意。可是两次孤身一人的打拼最终都以失败而告终，虽然并没有欠下任何债务，但近十年的努力也没有给他带来太多的财富。当对于创业有着执念的夏武明来到如今这个城市，并创立夏新建材的时候，他早已过了而立之年。

夏武明之所以选择做井盖是因为他看到了这个行业广阔的市场前景。作为一个正在迎来全新发展机遇的省会城市，面积不断扩张，道路持续拓宽，基础设施全面更新，这些无疑蕴含着极大的商机。但与此同时，井盖作为社会公共物品具有的另一个特点，是夏新建材的全部生意都必须要针对政府来开展。城市建设中所需要的井盖几乎都是通过政府招标来采购，而夏新建材想要开拓市场，事实上就只能打开政府这个唯一的销售对象的市场。

对于跟政府打交道，夏武明起先并没有觉得有多大的不同。2003年，他对公司刚成立的销售团队讲话时鼓励大家说："把产品卖给政府跟把产品卖给其他公司本质上是一样的，只要好好努力就一定会成功。"事实上，这的确也反映了夏武明对于整个公司发展战略的预判。对于这家新成立的公司，夏武明坚信，只要能够制造出高质量、低价格的产品，任何客户都会愿意选择它来进行合作。

于是在2003年公司成立的第一个夏天，夏武明把他绝大部分的精力都投入到了产品的生产和研发上。除了维持公司运转所必需的管理和财务工作，他会经常走下楼梯来到一楼闷热的厂房，穿着与工人们一样的工作服四处视察，与技工们一起讨论产品性能的改进。对于这位与楼上办公室的人相比更喜欢亲临现场指挥的总经理，公司的员工们私下里亲切地称呼他为"包工头"。

然而不到两年的时间，不仅仅是夏武明，公司上上下下的人都意识到了"包工头"模式并没有给公司带来预期的发展。井盖市场的确如夏武明预料中的一样在迅速发展。在这个飞速扩张的城市，几乎每隔一两个月就会有一个新的招标公告发布在政府公告栏或者网站上。然而，大部分夏新

第三章 民营企业与制度环境

建材的投标文件都石沉大海、杳无音讯。事实上，2003年这一整年，夏新建材只接到了三笔订单，而获得的收入在扣除了需要支付给员工的工资以及生产和管理成本之后所剩无几。"包工头"夏武明感到很费解，他对公司在自己监督下生产出的产品有足够的信心，同时他也相信自己制定的价格在市场上也足够有竞争力。无奈的夏武明只能把一切都归因于"运气"：也许只是恰巧有另一个竞标者开的价更低，也许只是恰巧有另一个竞标者的产品参数更高。连续两年的"时运不济"让公司的发展陷入停滞。

事情的转机发生在2006年的春节。在新年的大学同学聚会上，满脸失意的夏武明与一位当公务员的老同学聊起了他的困惑。几乎还没听完夏武明的讲述，老同学就表现出了对他"不谙世事"的惊讶。老同学毫不讳言地告诉夏武明，竞争激烈，要跟政府保持密切关系，这样"审核"的时候才会想起你。还没等夏武明从震惊中缓过神来，老同学就已经热情地向他介绍了好几位同事。于是，在接下来的几天里，夏武明推掉了所有家人和朋友的聚会，跟着老同学一连参加了好几个宴请，认识了好些他曾经觉得高不可攀的人。在饭局上，夏武明按照老同学的提示，第一次结结巴巴地向这些人提到自己的公司以及公司生产的产品。事实证明，老同学的面子是不小的。饭桌上的这些人在听完他的讲述后都无一例外地露出了笑容。他们有的与夏武明交换了名片，有的则是一边与他相互敬着酒一边向他保证："有什么困难来找我。"一直到正月十五，夏武明几乎所有时间都在忙着喝酒、寒暄，口袋里也已经装了一小沓各种各样的名片。

如果说此时的他还对这种"做生意"的方式存有疑问的话，半个月之后当第一笔生意主动找上门来时，他就已经彻底地"醒悟"了。实际上，就在年后夏新建材重新开始营业没几天，一位几天前在饭桌上认识的人就主动给夏武明打来了电话。寒暄了几句之后，这人巧妙地提起了开发区近期需要新采购一批雨污水井盖。夏武明立刻一边表达谢意一边重复着"到时候麻烦多关照"。几天之后，政府公告上果然贴出了这批雨污水井盖的招标启示。早有准备的夏武明早早地就把投标文件寄了出去，并开始焦急地等待。而这一次，他收到了期盼已久的中标通知。全公司上下都在为这次难得的胜利欢呼雀跃，而夏武明则在简短地向公司员工发表了几句祝贺语之后就匆匆离开了公司。此时他想，他应该向那位帮助他的人表达他真挚的谢意。

毫无疑问，这次的成功让夏武明看到了与政府人员保持密切关系的重要性。就如同他的员工所观察到的，他开始喜欢上了看官场小说，因为他觉得这样能让他更了解政府的运作方式。他所认识的政府人员也像滚雪球那样不断增加，每一位新认识的人又能将他的关系网进一步拓展。结果则是，夏武明发现自己需要花越来越多的时间来应酬这些人。如今，他彻底成为一个"圈子"里的人，在这个"圈子"里，个别政府人员与企业家之间维持着若明若暗的关系，而这种关系的基础则是权力和利益。

对于夏武明而言，"圈子"是一个展现在他面前的新世界。事实上，"圈子"的存在对于中国很多企业家而言却是一种常态。正如夏武明的老同学之前评价他"不谙世事"，也正是由于部分政府人员对于这种"圈子"的存在习以为常。

不可否认的是，"圈子"为圈内的企业家们带来了好处：他们的企业可以更加便利地获得大量掌握在政府手中的资源和信息。更不可否认的是，企业家们加入"圈子"往往是出于无奈：在崇尚"圈子"的环境里，想要获得资源就必须更好地适应这个环境。然而，我们同样也应该看到，这场

three / 第三章
民营企业与制度环境 / CHAPTER

交易获利的另一方,并非是国家或是政府,而是个别人。这些人利用手中的资源与信息,从企业家们那里换取经济利益,这破坏了公平竞争的市场环境并造成了大量社会资源的浪费。更为重要的是,"圈子"之中内部交易的存在使得资源往往无法配置到那些真正需要的人的手中,这种资源配置的失衡对于那些"圈子"之外的企业的健康发展是极为不利的。

尽管如此,夏武明仍然相信自己的决定是正确的。虽然他一年比一年忙碌,但他的投入却成功地让夏新建材从"圈子"外无法获得资源的企业,转变成了有权获得资源优先分配的"局内人"。从那以后,夏新建材的订单源源不断,工厂的产能也扩大了不止一倍。夏武明感受到了政府关系资源给企业带来的变化。

事实上,能够优先获得政府所拥有的资源与信息,只是成为"圈子"内一员的好处之一。与夏武明同年出生的山西"煤老板"王天兴对于"圈子"就有着与夏武明相似却又不同的体验。

自己曾经也是一名煤矿工人的王天兴并不喜欢"煤老板"这个称呼。如果不是一次偶然的受伤迫使他休养了半年,也许他会一直在煤矿中挖煤挖到退休,或者消失在某个随时都会出现的塌方或者瓦斯爆炸事故中。1998年的这次受伤让他认识了后来他承包煤矿时的合伙人。这位合伙人是王天兴同村的老乡,当时自己买了辆卡车,在做从山西向全国各地运煤的生意。彼时中国的煤炭行情十分低迷,政府仍在大力鼓励私人或企业对煤矿进行承包。即使是这样,山西大量的煤矿仍然无人问津;而正是在那个时候,王天兴与他的合伙人一拍即合,决定承包村中急于脱手的小煤矿。王天兴借了些钱,合伙人则卖了自己的卡车,两人又各自拿出多年来的积蓄,终于凑钱买齐了设备,与村里签下了承包合同。

比起毫无经验的王天兴，合伙人比他更了解与政府打交道的重要性。从他开车运煤的时候开始，他就认识到与各方保持关系是生存最重要的一环。自从开始承包煤矿之后，王天兴也迅速地体会到了他的合伙人在与地方政府打交道时的复杂情感。

这个新易主的煤矿刚刚开工的时候，政府部门对于它的关注还相对较少。税务部门每个月会按时上门来收税，环保局和国土局则是不定期地来煤矿进行环保和安全监察。每次有政府公务人员下到矿上来时，王天兴都会听从合伙人的建议热情招待他们。这并不会给王天兴的资金带来太多负担，反过来却让他们的煤矿免于过多的苛责和处罚。王天兴与他的合伙人都对这种"合作"模式很满意。

21世纪之初，随着中国经济的突飞猛进，煤炭的行情也水涨船高。在2000—2010年这个煤炭行业的"黄金十年"里，煤炭价格从不到200元/吨一路猛升至最高上千元。王天兴和他的合伙人也都凭借承包的这片煤矿率先成为百万富翁，随后又摇身变成千万富翁。然而，随着煤矿规模的扩大，当地政府各个部门对它似乎也越来越感兴趣了。除了一如既往的税务局、环保局和国土局外，安监局、煤矿安监局、公安局、煤炭局、质监局等各种各样的政府部门似乎都开始对煤矿的安全承担起了责任。有时，同一个部门的不同工作人员也会连着好几天到矿上进行"检查"。

这时的王天兴开始意识到这种"合作"方式带来的痛苦。每一个来到矿上的公务人员，他都无一例外地必须陪着。逢年过节，他和他的合伙人要连着花上好几个星期的时间，去登门拜访。曾经他们还有时间轮流打理矿上的工作，后来都已经忙得不可开交，不得不把日常工作全部交给矿上的三把手，而他们两人的全部工作则都变成和这些政府人员和检查人员打交道。

第三章 民营企业与制度环境

对于王天兴而言，维持这种与政府人员的"圈子"是一件理所应当的事。尽管几年下来，他已经记不得为此他已经多长时间没有同家人吃过一顿完整的晚餐，但如同十年前一样，他仍然对这种"合作"模式感到满意。王天兴心知肚明，要是不愿意花费这些打理"圈子"的成本，他的煤矿可能早就因为这样或者那样的原因消失了。即便这些年来，他的煤矿从来没有发生过任何安全事故，但他明白，如果严格按照政府的规章制度来检查，他能逃过处罚吗？话又说回来，即使真的做得完美无缺，如果有人诚心来挑毛病，谁又能保证他们不会以"莫须有"之名兴师问罪呢？王天兴不能确定，也不敢冒这个风险。

不仅仅是夏武明与王天兴，"圈子"的重要性对于中国大多数民营企业家都是不言而喻的。在2013年的交通银行—复旦大学中国中小微企业成长指数调研问卷中，在过去三年里，受访企业高层管理者与各级政府官员交往频率的平均得分为3.11分（满分为5分），其中11.4%的受访企业表示公司高层管理者与各级政府官员交往十分频繁；而这一频率相比于同其他专业服务机构的高层管理者，以及和其他政府职能部门（如环保、质检、安检、药检等）官员的交往频率分别高出1.22%和3.41%。

需要看到的是，"圈子"追根溯源是一种通过信息、资源以及利益的交换而形成的松散集合体，因而其本质上是中性的。事实上，由中国学者提出的"关系"（Guanxi）理论[1]，以及国外学者提出的"结构洞"（Structure

---

[1] 受中国传统儒家文化影响而提出的"关系"理论认为，互动交往过程中形成的人际关联呈现出一种网络状态，它们在特定条件下可能依循"情感—利益加权法则"进行非正式交换，而这种非正式交换有助于交往中的个体获得它们所需的资源。〈尹洪娟，等．"关系"对知识分析影响是研究 [J]．管理世界，2011(6).〉

Hole）理论[1]，就从两个不同的角度阐释了"圈子"的存在对于企业发展和资源获取的意义。在企业的交往过程中，占据"结构洞"的企业能够获得的收益包括获得更多最新的非重复信息，获取更多不同的资源，以及更快地获知机会与威胁，等等。

显而易见，政府人员与企业之间形成的"圈子"，也正是所谓"关系"以及"结构洞"的一种表现形态。"结构洞"理论所展现出的，在企业的交往过程中占据有利位置带来的收益，正是中国企业家们对"圈子"趋之若鹜的重要原因。近几年来，随着国家反腐的力度越来越大，对政府官员的监控越来越严格，曾经"搞定政府一个人就能在商场上畅行无阻"的现象已经越来越难以出现了。然而，如何更好地处理政府与企业之间的关系仍然是一个需要探究的问题。

由于政府在中国的资源配置中仍然是最大的主导者，同时对资源分配进行规定的法律、法规以及制度依然不完善，对于这些法律、法规、政策的执行更是漏洞百出。古今中外，只要存在法律、政策以及执行上的漏洞，"圈子"关系中的寻租与腐败就必然会在其中滋生；而同时，也正是这些漏洞使得"圈子"的存在对于企业来说变得合理。因此，只有真正填补这些漏洞，并用正式的制度来取代台面下的"潜规则"，贪污、腐败、寻租才会与"圈子"的负面性一道消失在人们的视野中。

---

① "结构洞"理论认为，如果一个行为体在交往过程中能够与许多彼此不重叠的群体保持联系，甚至能够成为这些不同群体之间联系的桥梁，那么它将在这种结构中获得最大的收益，而这个行为体所处的位置就被称为"结构洞"。〈Uzzi, B.Social structure and competition in intefrim networks: the paradox of embeddedness [J]. Administrative Quarterly, 1997, 1（42）: 35-67.〉

第三章 民营企业与制度环境

民营企业的"原罪":贪婪的反噬

在《圣经》中,"原罪"意指人类与生俱来、洗脱不掉的罪行。事实上,对私有企业"原罪"的探讨并非中国的发明,对于资本主义发展初期资本积累过程中所犯下的罪行,在西方国家已经有过深入的探讨。然而,在西方的资本主义原始积累已经过去几个世纪之后,改革开放才又重新将"资本"这一概念还给中国,而与之一同到来的,则是中国的新兴"资本家"攫取他们的第一桶金时所犯下的错误。改革开放已经走过40多年的历程,当最原始的资本积累在中国也已经基本告一段落,对于私营企业"原罪"的讨论不可避免地在中国上演。

不可否认,许多如今已然富甲一方的第一代中国民营企业家们是背负着"原罪"的。他们的"第一桶金"是黑是白,或者说他们的财富来源到底具有多少合法性,大多被打上巨大的问号。如果我们暂时抛开共同的时代背景以及各有差异的个人特征,仅"资本"一个因素,就足以诱惑无数处在不同国家、不同时代的人为它而疯狂。在由资本家演绎的世俗版《创世纪》中,"资本"既扮演着引诱人犯罪的蛇的角色,同时其自身又是那颗充满诱惑的禁果;而对于那些偷食了同样一颗禁果的民营企业家们而言,他们所背负的原罪却又有着各自不同的时代表现。

苏州人张荣坤曾经被形容为"外省青年于连",这无疑是在他从财富的巅峰重重摔下并沦为阶下之囚后,媒体对他恰如《红与黑》小说主人公的人生经历的描述。但在此之前,当他还牢牢占据着"《福布斯》中国富豪排行榜"上的一席之地时,人们对他的称呼却是"慈溪状元""公路大王"和"小苏州"。

出生于1973年的张荣坤在18岁高中毕业后就放弃了学业,开始在一家期货公司担任经纪人。当时的他就像是遇见市长夫人之前的于连,尽管出身贫寒,却总是能因为思路灵活、善于经营而吸引他人的注意。财富对他的吸引力让他不久之后就迫不及待地开始自己创业,但真正让他发挥出自己卓越的人际关系经营能力的地方是处在太湖之滨的东山宾馆。在那里,他结识了大量前来度假的上海政府高官和国企高层,其中也包括后来成为他人生中第一个"贵人"的韩国璋。彼时担任上海电气总公司办公室主任的韩国璋正是上海人际关系网的一个"节点",通过他,张荣坤结识了大量在上海滩有头有脸的权贵。利用这些权贵,张荣坤成功地实现了自己在上海的布局。尽管并无确切的证据证明他在这一时期就已经开始进行系统的钱权交易,但东山宾馆内发生的"恭逢其会、迎来送往"却并非难以猜测。无论如何,当时的他已然在上海政商两界赢得了"小苏州"的亲切称号。

1997年12月,张荣坤注册成立了上海同创企业发展有限公司;而他真正大举进入上海滩则要到2000年以后了。与苏州的"东山宾馆模式"类似,张荣坤将他在上海的据点选择在曾经用于接待高级干部的西郊宾馆。刚刚进驻这一在上海象征着权力与地位的国宾馆,张荣坤就拉开了权钱交易的大网,网罗了一批彼时上海的高官及企业高层。

毫无疑问,张荣坤用大量金钱换来的是遍布整个上海滩的灰色关系网,

/ 第三章
民营企业与制度环境 / CHAPTER

以及利用这些关系网所牟取的不正当利益。2002年,通过韩国璋的内部消息,张荣坤获知上海路桥发展有限公司想要转让其持有的沪杭高速上海段经营权。反应迅速的张荣坤立即于次月成立了上海福禧投资有限公司(以下简称"福禧投资"),并仅仅以32.07亿元人民币的低价收购了沪杭高速的经营权。其后,尝到甜头的张荣坤开始肆无忌惮地运用手中的高官资源满足其日益膨胀的野心。2003年,张荣坤以10多亿元的价格控制了嘉金高速BTO项目;2004年,又斥资5.88亿元收购了苏嘉杭高速公路有限公司20%的股权。一连串的收购给张荣坤冠上了"公路大王"的称号。[①]但事实上,张荣坤管理下的福禧投资涉足的领域远远不限于高速公路:在保险业,福禧投资持有中国财产再保险股份有限公司、中国人寿再保险股份有限公司以及中国保险报业股份有限公司各10%以上的股权;在电气领域,福禧投资是上海电气的第二大股东,而张荣坤本人也因此成为上海电气的副董事长;他甚至还成立了上海福禧置业有限公司,准备在房地产领域也开展布局。最终让自己搭建的商业帝国一夜之间崩塌的"上海社保大案"则是张荣坤利用灰色关系网收获的另一不正当利益。除了社保资金以外,张荣坤还通过他的关系网成功地让上海工业投资集团、上海广电集团、上海路桥发展有限公司等众多大企业成为其源源不断的资金来源渠道。[②]

向政府和企业人员行贿以寻求回报无疑是张荣坤"发家"过程中所犯下的"原罪"。如果没有张荣坤以金钱换来的信息、便利乃至直接的"融资渠道"作为其生意场上的竞争优势,很难想象他所建立的商业帝国能够

---

① 张荣坤.空手套白狼的"公路大王"[N].信息时报,2008-04-08.
② 罗昌平,陈中小路,赵何娟.还原张荣坤——"小苏州"张荣坤打通上海权贵之门的关系经营史财经,2008-01-09.

达到其案发前的高度。对于张荣坤个人而言不幸的是,他与政府官员的关系网维持得太过紧密,而他的"原罪"又表露得过于明显与直接。正是张荣坤在攫取财富过程中所犯下的"原罪"最终让他与一众上海高官一起遭到了法律的清算。2008年6月,张荣坤因犯单位行贿罪、对公司人员行贿罪、操纵证券市场罪、欺诈发行债券罪和抽逃出资罪,被判处有期徒刑19年。[①]如果将民营企业家"原罪"的表现形式分为显性和隐性两种的话,张荣坤所犯下的是显性的"原罪":不仅包括行贿和官商勾结,同时还有权力寻租、偷税漏税、虚假出资、非法集资、非法经营等。这种类型的"原罪"明显与法律法规相违背,往往是直接以非法的方式谋取利益。

事实上,如张荣坤一样因为显性"原罪"而遭到法律制裁的案例绝非少数。被称为"民企原罪第一人",因信用证诈骗罪而入狱的南德集团前董事长牟其中;因虚报注册资本罪而被捕的格林柯尔系的创始人顾雏军;因非法经营、内幕交易、单位行贿而被判14年的国美总裁黄光裕;同样因为涉嫌虚报注册资本罪而被捕的原上海首富、原农凯集团公司董事长周正毅……。尽管他们中许多人所犯的"原罪"与他们所处的那个时代息息相关,但无论如何,法律并没有对他们网开一面。他们中的每个人都为"原罪"付出了惨痛的代价。

与显性相对的另一类"原罪"是隐性"原罪"。这种"原罪"体现为一种过渡的、含蓄的、打擦边球的做法。在这种情况下,企业家往往采取某些"非正常"的渠道来获取利益,而这种利益则一般体现在资源、信息、技术以及订单的获取上。值得注意的是,"非正常"的利益渠道并不一定

[①] 邓学平. 外省青年张荣坤的红与黑 [J]. 法治周末,2014-10-15.

第三章 民营企业与制度环境

是违法的,它们往往游走在法律许可与禁止之间的灰色空间内。正是由于其并非直接与法律相悖,它们不能被划分为显性"原罪",但同时又因为它们往往是在打法律的擦边球,从而无法为官方所认可和接纳,因而也难以摆脱"原罪"之名。事实上,在上一节中谈到的"圈子"从某种意义上而言正是一种"原罪"的表现形式。

可以说,"原罪"的出现与那个时代的制度、法律和市场环境都是密不可分的。作为一家初创型的企业,其自身的规模必然很小,也难免缺乏资源和能力。因此,为了能够在市场上立足,这些初创型企业必然对资源和能力的获取充满了渴望。然而,在当时的市场环境下,制度建设、法制建设还相当不完善,企业家们往往发现自己难以通过公开的市场渠道来获得他们所希望拥有的资源和能力。更为重要的是,政府在许多法律法规上还尚未明确地界定哪些商业行为是合法的,哪些是不合法的。在这样一个规则和界限都尚不明了的市场环境中,企业家只能根据自己的商业意识,以及牟取利益的本能来行事,从而极可能因为一心追求利益而故意或无意地逾越法律的边界,犯下"原罪"。

"原罪"的根源在于两个方面:一方面,企业和企业家具有与生俱来的逐利本性。尽管这种本性本身是无害的,但由于市场机制的不完善,以及在合法与不合法之间的界限尚不明晰,企业往往会因为一心追求利益而故意或无意地逾越法律的边界。另一方面,政府在资源调节和分配中占据主导地位,但对于政府和政府官员权力的约束机制还远没有完善,这展现给企业具有巨大诱惑力的外部寻租空间。在制度层面,中国的经济体制和市场机制彼时仍然不够完善;而在具体的法规层面,中国法律规章的设计有些还不够严密;最后,中国经济和社会领域长期存在的权力寻租也为"原罪"的出现打开了方便之门。因此，我们可以清楚地看出，民营企业家的"原罪"毋庸置疑带有强烈的时代烙印。

那么，一个更加值得思考的问题是，我们是否应当追究民营企业家们在其初创阶段所犯下的"原罪"呢？

事实上，中国有关民营企业家"原罪"是否应该被清算的争论始终没有停止过，不论是主张可以宽容赦免，还是主张应当严肃追究，双方都在争论中提出了大量论据。但无论是否对"原罪"进行清算，首先需要理解的是民营企业"原罪"产生的时代背景，以及在这些时代背景下"原罪"存在的合理成分。如今处于日臻完善的市场环境下的我们不应该忘记中国在市场环境和法制规范上曾经极其不完善的一面。以往"适者生存"的企业本能和"劣币驱逐良币"的环境特征不应成为阻挡制度改进和企业发展的瓶颈。此外，在企业发展的过程中，许多民营企业家开始采用转换名称、转换注册地等方法让企业的"原罪"得到"洗白"，而这一过程能够让企业洗心革面，重新出发，从而为企业的后续发展提供新的动力。然而需要看到的是，仅仅从法人层面的"洗白"仍然是不够的。企业在未来发展中应当逐步规范化，能够根据社会环境的进步不断加强守法意识，采取合理、合法的手段来应对市场竞争。

毫无疑问，民营企业的"原罪"具有其特殊的时代特征。因此，对于处在当今社会中的初创型企业而言，它们所需要努力的方向则是尽可能地避免新的"原罪"，并采取合理、合法的手段，通过创新和明确战略定位来为企业找到合适的生存空间，从而从根本上避免企业发展的桎梏。

第三章 民营企业与制度环境

企业与环境的"共演":化被动为主动

早在2000多年前,孔子就提出:"礼之用,和为贵。先王之道,斯为美,小大由之。"(《论语·学而》)这里的"和"即适合、相合,强调与"礼"的匹配或适配性。对于身处快速发展变化的环境(如制度环境、产业环境、竞争环境)中的组织而言,有计划、有目标地协调、融合好各种重要的力量、因素和要求的行为或过程,对于企业的成长至关重要。产业环境对企业战略影响深远,要求企业做到能够与外部环境相互适应,共同变化。

20世纪60—80年代,随着产业组织理论的发展,外部环境开始被视为判断企业能否成功的关键因素。产业组织模型(I/O)中关于超平均利润的观点解释了外部环境主宰企业的战略行为。这建立在几个假定的基础上,如企业的无差异性和资源同构、资源的无障碍流动、组织决策的理性等。

在中国企业史上,改革开放前后的很长一段时间内,由于新生企业的相对弱小和政策主导的刚性,企业的确应该更多地了解并尊重外部环境,尤其是在政策边界及其变化节奏上要准确把握。无论招商引资狂潮里李顺舟的贸然搬迁,还是政商"圈子"中夏武明的身不由己,抑或是"原罪"关系网中张荣坤的商海浮沉,事件本身固然有其特殊的时代背景,但无一例外,它们都表征了在不同产业政策影响下,企业家趋向不同盈利模式的选择。

然而，在真正意义上，能够对上述变迁现象提供指引的，是西方"共演理论"的提出。20 世纪末，以 Lewin 等为代表的学者提出了"共演理论"：企业不仅能够被动地适应其所面对的外部环境，同时也可以主动地对其施加影响。在管理倾向、组织影响和环境变化中，这是一种同时发生的交互作用。环境与企业战略间，也同样存在双向的、交互的共同影响和演化。至此，从产业组织理论到"共演理论"，企业与大的产业环境之间的关系也从单向适配发展到了双向共演，企业不仅在战略上要与环境和平共处，顺应和谐，同时还可以对政策环境施加影响，发生交互作用。[1]共演理论的实质便是产业结构和政策与企业战略之间的双元互动。

这种双元式的思想与中国企业在改革开放后的发展不谋而合，从国企采用两权分离的思路进行所有权改革，到后期提倡建立现代企业制度，企业与产业机构的互动都扮演了十分重要的角色。现在，无论是包括宪法、成文法、正式合约等在内的正式制度，还是涵盖了价值观、文化传统、道德观念、风俗习惯、意识形态等的非正式产业环境，都处在渐进完善的过程中。这种企业发展的成长性与外部环境的动态演化结合在一起，使得我们必须用动态的观点看待企业与外部环境之间的关系，并随之不断调整，以帮助企业在相应的产业环境和政策下保持持续创造竞争优势的能力。

从 1987 年在北京前门开业的中国第一家肯德基餐厅，到 21 世纪初在大大小小的中国城市随处可见的西式快餐，"洋快餐"如雨后春笋般在中国迅速崛起。在带来不同饮食文化、管理模式、用餐观念的同时，也为中国民营企业的发展开启了一个新方向。位于河南的龙丰实业股份有限公司

---

[1] 孙金云. 一个二元范式下的战略分析框架 [J]. 管理学报，2011(4).

/ 第三章
民营企业与制度环境 / CHAPTER three

（以下简称"龙丰实业"）的发家史便跟"洋快餐"在中国的迅速崛起密不可分。创始人姬利强早年创业时就曾趁着"洋快餐"的东风，做起了著名快餐巨头的鸡肉制品供应商，2009 年还被中华人民共和国农业部认定为"粮食生产大户"。然而，进入 21 世纪后，随着生态环境的恶化和人们健康饮食意识的提高，"洋快餐"的发展开始面临巨大的挑战。2005 年，美国导演摩根·斯普尔洛克推出了旨在向"洋快餐"发起总攻的纪实电影《麦胖报告》，同年，"苏丹红"事件[1]和"绿风波"[2]更是在国内闹得沸沸扬扬，后续又发生了"隔夜油""豆浆门"等事件，"洋快餐"引发的食品安全事件层出不穷，媒体更是频频将矛头指向"洋快餐"的供应商们。于是，姬利强决定在 2010 年另起炉灶，成立龙丰实业。这家新成立的农产品生产企业主营健康食品，以生产生态牧养鸡蛋、紫薯食材与紫薯休闲食品为主。消费者可以在透明工厂或通过在线的方式了解产品的整个加工过程，公司还计划将 50% 的销量通过网上订购和电话订购来实现。短短三年时间，龙丰实业就成为天津股权交易所挂牌交易企业，实现年产鸡蛋 9 亿枚，紫薯制品 2 万吨。

龙丰实业的发展正印证了共演的必要性。外部环境是动态的，顾客需求是不断演化的，技术水平又在持续提升，政策还可能继续优化，对于中国的企业而言，变化所带来的机遇和威胁几乎同样剧烈，因此企业唯有秉

---

[1] 中国百胜餐饮集团于 2005 年 3 月 16 日下午发表公开声明，宣布肯德基新奥尔良烤翅和新奥尔良烤鸡腿堡调料中被发现含有"苏丹红一号"，国内所有肯德基餐厅已停止出售这两种产品。消息披露后，广州市内的肯德基营业额直线下降。

[2] 2005 年 10 月 31 日，广东省食品安全专家委员会做出评估分析，一致认为肯德基在售的"芙蓉天绿香汤"中的原料天绿香（守宫木）含有毒性，并建议居民不宜长期、规律食用。

持"共演"的思想，以不断创新的"生生之谓易"（《周易·系辞传》）来应对，毕竟"常一而变万，变而不失其常"（《周易外传》）。

如果说龙丰实业更多体现了企业能够被动地适应其所面对的外部环境，那么中国通信产业的发展则表征了企业在受产业环境影响的同时也可以主动地对其施加影响。

从21世纪初TD-SCDMA跻身国际三大主流3G标准，到今天的TD-LTE引领中国进入4G时代，一家央企在世界通信行业的大潮中激流勇进，上演了一出推动产业环境进步的"共演"大戏。15年前，为了打破国外的技术垄断，提高民族产业的核心竞争力，大唐电信科技产业集团（以下简称"大唐电信"）试图在WCDMA和CDMA2000两大标准之外，研发出中国人自己的3G标准。于是大唐电信与多方合作，承担起TD-SCDMA相关标准和设备的研发工作。2000年5月，大唐电信集团代表中国向国际电信联盟（ITU）提交的TD-SCDMA技术提案成为国际三大主流3G标准之一，实现了百年现代通信史上中国标准"零"的突破。然而，大唐电信在这出"共演"大戏里走得更远。2012年1月，核心专利归大唐电信所有的TD-LTE-Advanced技术标准提案，被国际电信联盟接纳为两大4G国际标准之一，这也标志着中国企业在移动通信行业迈出了历史性的一步：从产业环境中的顺势者到行业的弄潮儿。如今，当我们进入大唐电信集团的一楼展厅时，那面满是专利证书的"专利墙"格外引人注目：大唐电信累计申请专利逾16 000件，其中发明专利占90%以上，核心专利成果转化率更是高达80%。[①]

[①] 人民日报. 大唐电信推动3G、4G成为全球标准 [EB/OL]. (2013-12-13). http://www.chinadaily.com.cn/hqgj/jryw/2013-12-13/content_10808492.html.

在与产业环境的双元互动中，大唐电信完成了它的"共演"，也由此成为世界移动通信行业的领导者，它向世界证明，在行业大潮中，企业可以做的，远不止顺势而为，它还能承担起立"势"之使命。

中国企业与大环境的"共演"本质上是一种双元关系。作为一种企业战略，"共演"是基于对外部环境的分析，特别是对企业所处的产业环境的分析，是中国企业双元战略范式的一部分。"共演"包含两层意义：

其一，产业结构、制度环境、国家政策等外部经济环境深刻影响企业的平均盈利能力，唯有乘势而为才能有所作为。姬利强和他的龙丰实业，正是抓准了"洋快餐"产业崛起的时机，才得以赚得第一桶金，又是因为意识到"洋快餐"产业危机的来临和健康食品行业的蓬勃发展，才毅然转型做起了健康农产品，让龙丰实业做大做强。

其二，"共演"的"共"绝不是环境对企业的单向影响，它还指企业可以影响产业结构和产业政策。大唐电信对3G/4G标准的研发制定，对世界移动通信行业意义非凡，同时也为成长中的中国企业走向"中国创造"提供了优秀的先例。改革开放后的中国，经济发展取得了全球瞩目的成就，一个不容忽视的事实是，这样的成就是伴随着经济制度的不断调整、完善而实现的。作为本土企业，中国企业必然更有可能参与到经济政策的制定中，像大唐电信一样，在"共演"中，为中国经济环境造势，同时也让企业本身的发展受益匪浅。

第四章

竞争优势与成长困境

中国经济的开路先锋是制造业，凭借着人口红利的优势，中国利用大量廉价劳动力广泛发展劳动密集型产业，成为公认的世界工厂。民营企业在中国企业史上扮演了充分利用人口红利来承接劳动密集型产业的主体角色。伴随着基于劳动力成本优势的成本领先战略的逐渐失效，以及在经济危机的冲击下暴露出的产业结构问题，民营企业的发展走到了一个关乎存亡的十字路口。及时完成战略转向，寻找竞争优势，转危为机，成为这些企业绝境逢生的不二选择。

第四章 竞争优势与成长困境

不可持续的人口红利

2002年5月,中国国家足球队在日韩世界杯小组赛中三战皆败,创下9球之殇,然而,一个不容忽视的事实是,中国商品却在这一年的世界杯上抢尽风头。世界各国游客购买的30万只世界杯吉祥物来自江苏扬州的玩具工厂,助威时举起的225万面旗,戴上的数十万件形态夸张的彩色假发来自浙江义乌的服饰公司,球迷穿的百万件球迷服以及戴的足球配件来自福建的工厂。[①]这是开始于1998年前后的"中国制造"浪潮的一个缩影,同曾经的"日不落"帝国、当今的超级大国美利坚合众国、堪称"东亚奇迹"的日本一样,中国经济的开路先锋是制造业。凭借着人口红利的优势,中国利用大量廉价劳动力广泛发展劳动密集型产业,成为公认的世界工厂。也正是受惠于大量廉价的人力成本、优惠的政策和强大的加工能力,中国制造成为世界制造业的中坚力量。

由于制造业具有所需投资少、资金周转快、技术门槛低、对于劳动力技能要求不高等特点,民营企业很快进入以这个行业为代表的劳动力密集型产业。民营企业主要集中在轻型制造业,如服装、皮革、家具、玩具以及工艺品等第二、三产业细分的多个行业里。数十年来,中国制造几乎就

[①] 吴晓波. 激荡三十年[M]. 杭州:浙江人民出版社,2007.

是价格便宜的代名词。在很多国家的消费者看来，中国制造的服装、鞋帽、玩具、小家电等凭借廉价的劳动加工成本占据了大量的市场份额。劳动密集型企业不仅促进了中国经济的发展，还安置了大量的农村人口就业。截至 2013 年年末，中国中小企业注册数量超过 4200 万家，占全国企业总数的九成以上。[①]工业和信息化部中小企业司司长郑昕在介绍中小企业发展情况时曾明确表示："中小企业是中国数量最大、最具创新活力的企业群体，提供了 50% 以上的税收，创造了 60% 以上的国内生产总值，提供了 80% 以上的城镇就业岗位。"[②]回望 20 世纪 90 年代，在政府放松的市场经济政策下，民营企业在时代发展的浪潮中顺势而为，承接了发达国家转移劳动密集型产业的机会。自此，作为"金砖五国"之一的中国，走上了一条与其他四国相差甚远的道路。

通常而言，国家竞争的优势来源于三个方面：自然资源禀赋、科技创新能力与人口红利。自然资源禀赋是指国家先天拥有高价值的自然资源，例如石油、矿产、天然气等，具有自然资源禀赋的典型国家有俄罗斯、南非以及中东国家，它们凭借自然禀赋获得了对国家发展的有力支撑。然而受限于资源价格的波动以及有限资源枯竭的威胁，过度依赖于自然资源的国家也将面临比较高的风险。科学技术和创新能力是国家竞争优势的第二个来源。科技创新能力建立在一个国家科研教育体系的基础上，以美国、以色列和日本为典型代表，它们依靠自己强有力的基础教育研究能力和发

---

① 李佳霖. 中小企业如何更好适应新常态 [EB/OL]. (2014-11-11). http://www.ce.cn/cysc/newmain/yc/jsxw/201411/11/t20141111_3881260.shtml.

② 中国新闻网. 中小企业提供 50% 以上税收，提供 80% 以上就业岗位 [EB/OL]. (2014-05-27). http://www.chinanews.com/gn/2014/05-27/6215933.shtml.

第四章 竞争优势与成长困境

达的科学技术水平屹立于世界之林。然而对于缺少前两个竞争性资源的国家，倘若是人口大国且劳动力价格较低，则可以将人口红利发展为国家的竞争优势。中国、印度、土耳其、泰国等国家这几十年来经济快速增长的主要原因就在于，国家人口众多，劳动力廉价，低廉的人力加工成本在国际竞争中成为其优势。在"金砖五国"中，中国人口基数庞大，而其成本价格基础又偏低，在城市化进程中尚处于较早的阶段，因此在竞争中比较明显地依赖人口红利。不可否认的是，在发展的初期，人口红利可以为中国这类国家带来极大的推动力和机会，通过承接发达国家劳动密集型产业的转移来大力发展经济、解决就业等。然而，在早期依靠劳动力优势发展劳动密集产业的国家，其生产技术水平、劳动力素质等会在经验的日渐积累中有所提高，劳动力成本也会相应地增加，随之而来的便是人口红利优势的衰减，因而人口红利优势并非经济发展的长久之计。

当视角从宏观的国家范畴切换到微观的企业，不容忽视的是，民营企业在中国企业史上扮演了充分利用人口红利来承接劳动密集型产业的主体角色，它们也在实际上形成了国家发展的一个缩影。企业的创建自然离不开资本的流转，而融资难使得本来创业资金就不足的民营企业家不得不小心翼翼地经营，以求最小的成本投入。从中国的基本国情来看，因为中国存在大量廉价的农村劳动力，民营企业便可以集中有效地承接发达国家劳动密集型产业的转移，并通过发展简单制造业来赚取改革开放的第一波红利。于是，在这个人口众多、技术和资本都相对稀缺的国家里，产业结构自然而然地集中到了劳动力密集型产业。中国的竞争优势与大量的人口红利密不可分。[1]

得益于人口红利，中国企业制造的产品具有价格优势，在国际市场上可以依靠价格取胜。但小企业人均产值、人均主营业务收入、人均利润等效率指标均低于工业企业相应指标的平均水平。[2] 然而劳动密集型企业需要大量的劳动力，人工成本在劳动密集型企业的产品成本中所占的比重很大。例如在纺织业、食品企业、日用百货等轻工企业中，很小的生产车间里挤满了从事高频重复工作的工人。面对无处不在的低附加值竞争者，不具有产品差异化特点的中小企业只能通过一味地降低成本以追求低价格来扩大市场份额，从而赚取利润；而降低成本则是通过降低企业成本结构中占主要比重的人力成本，即通过盘剥员工、压榨劳动力来实现节约的。

过去二三十年来，劳动密集型产业克扣或拖欠员工基本工资，盘剥员工休息时间，提供恶劣的工作条件，逃避工伤补偿和职业病赔偿等的新闻报道屡见不鲜。2004年，两名年轻的女记者到当时"民工荒"比较突出的东南沿海地区，对当地部分企业的用工情况、工人的劳动生存状况等进行了调查。她们发现"劳动者的劳动尊严无法受到法律的有效保护，他们的生存条件超出人们想象地恶劣，合法的劳动报酬肆意地被他人盘剥，严重

---

[1] Taylor 的"科学管理原理"提出通过将工人操作的每个动作进行科学的研究和细分，可以对生产进行专业化的分工。如果一项生产过程通过细致的分工，使每个工作都能够相对简单，那么降低后的劳动力技术需求就使得发展中国家能够顺利承接产业转移并进行生产制造。由于专业化分工使得工作技能门槛相对降低，民营企业就会毫无顾忌地滥用中国众多且廉价的劳动力进行大规模的扩张和生产。

[2] 苏海南，胡宗万. 我国劳动密集型小企业劳动关系问题研究 [J]. 华中师范大学学报（人文社会科学版），2012, 51(2).

第四章 竞争优势与成长困境

的职业污染和作业危险导致他们获得低廉工资和所付出的健康甚至生命代价无法等同"。[①] 20世纪末，由于经济发展相对落后，人民生活水平较低，社会上普遍存在"有活就干"的情况。工人们无法享受像如今这样相对确定的雇佣关系和权利受保护的雇佣条例，因此在劳动合同签订率低，约束力弱，履约难度大的情况下，为了保住饭碗，员工通常怯于出声维护权益。因此中小企业主可以维持偏低的劳动报酬水平，将其员工工资的固定收入部分定在当地最低工资标准上下，以便最大限度地节省人力成本。有关资料显示，彼时全国城镇单位在岗职工年平均工资是29 229元，国有单位在岗职工年平均工资为31 005元，城镇集体单位为18 338元，其他单位为28 387元。这种低工资且不稳定的低水平就业人数竟多达6676万人，相当于现行劳动工资统计制度所包含从业人员的54.75%。在中国廉价劳动力市场长期供大于求的情况下，如果不进行适度监管，那么工人工资将长期处于低水平状态。

不只是工资水平低下，有些企业甚至存在约定员工随时可能加班的"霸王合同"，以强制剥削廉价劳动力。劳动合同中对工作和休息时间规定不明确且执行随意，劳动密集型产业中工人超时劳动成为常态。由于存在很多流动性外来务工人员，不少中小企业为员工提供包吃包住的待遇，使得员工工作和休息的时间没有明确的界限，很多工种甚至没有上下班之分，全天处于"待命"状态，每月只能得到2~4天的休息时间也成了惯例，而相对应的加班工资却分毫没有，员工应得的加班补偿更是荡然无存。

---

① 工人日报天讯在线. 对东南沿海地区部分企业用工状况的调查 [EB/OL]. (2004-12-06). http://news.sina.com.cn/c/2004-12-06/10334444726s.shtml.

不仅是制造业，在很多其他行业，同属劳动密集型、低附加值的企业中，员工生存状况同样令人担忧。劳动密集型产业中相当部分中小企业从事的是技术含量很低的苦、脏、累、险的生产型工作，员工所处的生产和生活环境不佳，总体的劳动条件较差，一味地追求低人力成本和利润最大化的企业大多会忽略对员工健康、舒适等情况的考量。① 很多中小企业的员工宿舍建在工厂旁，甚至与工厂在同一栋楼内，挖煤工人长年在空气严重污染、工作环境极其危险的瓦斯矿井下高强度工作；很多化工企业中，员工在高温、粉尘、噪音、辐射、有毒有害物质等极不安全的环境下劳动。此外，中小企业对于女职工的特殊保护非常有限甚至完全没有，不仅缺少女职工的生育保险，甚至因女职工孕期而解除劳工合同以获取最大效率的人力生产，并得以降低成本。

人口红利并非中国所特有，几乎每个国家都经历过利用人口红利、通过成本领先战略来发展经济的阶段，科技强国美国也不例外。20 世纪

---

① 迈克尔·波特 1980 年在《竞争战略》中介绍了三种颇有实用性的竞争战略，即成本领先战略、差异化战略及目标集聚战略。成本领先要求建立起大规模、标准化单位成本低的生产设施，在经验的基础上全面降低成本，通过对管理费用的严格控制，以最大限度地减少成本费用，从而降低价格，带来市场中的竞争优势。中国人口众多，相对而言拥有更为广阔的市场，收入普遍较低的消费者对于价格极其敏感，再加上中国企业的技术能力低，企业选择成本领先的战略更容易抢占市场。20 世纪末，由于遍地可得的廉价劳动力以及可控制的成本来源，几乎所有处于劳动密集型行业的民营企业都在抢着提供更具优势的低价格产品。企业通过建立良好的上游合作关系来控制原材料的稳定供应价格；通过建立大规模的生产设施来达到规模经济效益，并通过廉价人力成本的经验基础以全力追求简单制造过程中的零失误，最大限度地控制成本费用。成本领先战略一旦使企业赢得了大份额的市场，所获得的收入又可以再次投入，对设备生产进行维护、升级和扩张，从而巩固成本上的领先地位。

第四章　竞争优势与成长困境

二三十年代的美国正处于经济大萧条的低谷，每个人都在为自己的生计苦苦挣扎。就像卓别林的电影《摩登时代》所刻画的一样，那个年代里，生活在社会最底层的普通工人日复一日发疯般地在工厂里工作，获得的仅仅是能填饱肚子的微薄工资。工厂的管理层疯狂地压榨员工，使他们在生产流水线上昏天黑地地工作。卓别林饰演的查理成天挣扎在生产流水线上，不停地扭紧六角螺帽。最后，他的眼睛里唯一能看到的东西就是一个个转瞬即逝的六角螺帽。这是当时美国工厂里流水线上真实的写照，尽管饱受压榨，但是工人们仍然拼命地工作，不停地加班，以确保能在萧条时代养活自己。

改革开放以来，中国的劳动力特别是农民工资源丰富，价格低廉，这为中国制造业在国际经济竞争中提供了重要的人口红利优势。但随着人口红利的减少、农民工构成的变化、企业管理意识的提升以及社会责任的增加，企业在内外因素倒逼的情境下，不得不面临劳动力人工成本快速上升的巨大威胁。尽管过去的20多年中，成本领先的制造业企业占据了全球市场的半壁江山，但是面对生产成本大幅提高的现实，民营企业在提升产品价格的同时却并没有相应的质量升级来提高产品附加值。地价渐高，劳动力成本上升，汇率走高，等等，这些因素使得劳动密集型企业尤其是出口导向型企业遭遇了更大的集体困境。有的民营企业顶不住成本的压力不得不关门大吉，有的中小企业还在苦苦支撑，却看不到希望的曙光。

事实上，成本领先战略的确可以带来持续的竞争优势，只是这种战略需要一定的外部条件和内部能力的支持。从表面上看，这种战略的动机是希望用较低的价格来赢得竞争。因此，通过规模化扩张，实现大规模批销，在生产环节进行技术创新，用低成本的原材料来替代，较低的劳动力成本，等等，都有可能成为成本领先战略实施的基础；而大规模未开发的市场为这种战略的推行提供了规模化的环境，从而促进这种战略优势的发挥。问题是，在中国制造业企业的发展过程中，大部分企业简单地将成本领先的来源锁定在较低的劳动力成本上，而劳动力成本又与经济增长密切相关，因此，某种意义上，劳动力成本优势带来的成本领先战略注定是无法持续的。

更加糟糕的是，劳动力成本优势带来的低成本优势并非个体现象，而是整个中国制造业普遍具备的特征。这一特征构成了成本领先战略的另外一个弊端，即简单同质化的模仿。因此，对大多数中国的中小企业来说，企业采取成本领先策略很容易引起同行业竞争者的模仿，进而提供更低的价格导致恶性价格战。由于劳动密集行业中的绝大部分民营企业仅采取简单的同质化扩张战略，所以存在创新能力匮乏、产品附加值低、可替代性极高的风险。与此同时，成本领先战略不仅不能抵制资本雄厚的大企业或者劳动力更为廉价地区的价格战，也不能在新的消费特点已然凸显的中国市场和国际市场中形成品牌忠诚度，从而不能帮助中国企业保持竞争优势与市场份额。不仅如此，潜伏的危机也随时可能爆发：简单重复的低成本扩张相较于差异化战略，进入壁垒较低，风险也相对较小；而这种大规模的行业性内外部扩张同时带动了经济的粗放式发展，进而耗费了大量的资源，劳动者的福利待遇和幸福水平却并没有因为经济总量的上升而得到同步提高。随之而来的贫富差距更是滋生出大量的社会问题。当中国经济的列车沿着人口红利的轨道隆隆前行的时候，广大劳动者却与他们的幸福终点渐行渐远。

第四章 竞争优势与成长困境

"家文化"引发的企业危机

由于企业的发展很大程度上与企业家的个人素质紧密相连，因此缺乏管理知识和管理经验的企业家常常以短视的企业利益而牺牲了企业长远的发展，使得企业的发展缺少清晰的战略定位和战略规划。企业的发展离不开内部资源和外部机遇，当两者皆不具备的时候，企业的生产和发展则会陷入困境。在这样一个不成熟的民营企业发展体系中，广泛存在"创业容易，守业难"的瓶颈。于是，中小民营企业在发展过程中不断被卷入各式问题的风暴之中，不少草创企业奄奄一息，及时完成战略转向成为这些企业绝境逢生的不二选择，劲力公司和风远公司则是努力实现转向的典型代表。

劲力公司于20多年前在宁波市创立，是一家钢铁加工民营企业。当时，随着邓小平南方谈话精神的落实，各地尤其是长江三角洲地区纷纷开始试点乡镇办企业。宁波市在这方面走在了前列，劲力公司的前身就是一家小工厂。该厂在创办初期以生产加工机械为主营业务，早期的业务做得有声有色。劲力公司的总经理汪丰梁1984年毕业于东南大学机械系。当时一个名牌大学的高才生分配到乡镇企业是一件轰动的事情，乡镇领导和当时的厂领导也都很重视这个新分配来的大学生，甚至当地的报纸还为此刊登了一篇新闻报道。经过六年的锻炼，1990年他被正式任命为厂长兼书记。

上任以后，汪丰梁首先对劲力公司的产品结构进行了调整，将注意力由原先的各类矿山机械转到国内钢铁生产企业的某特殊部件的生产上。单一的产品生产使得机械加工设备、生产线工人以及采购、销售等各个环节都实现了真正的专业化，并且降低了综合生产成本，在行业内产生了一定的影响力。依靠低于同行20%的价格和良好的质量，汪丰梁迅速抢占了竞争对手的市场，并着手扩建厂房。同时，汪丰梁还意识到人才资源的重要性，从老牌国企挖来了经验丰富的总工程师蒋军。在提升产品设计能力后，生产质量控制和日常的管理也需要相应的人才。于是，汪丰梁又劝说在政府部门工作多年的远房亲戚李耀担任生产副厂长。到了21世纪初，劲力公司的业绩迅猛发展。2000年，公司实行了改制，从乡镇企业转变为汪丰梁个人绝对控股的民营企业。然而，快速地成长却为公司带来了许多以往不曾有的麻烦！

劲力公司的采购部门一直都是关系到生产经营和员工福利的重要部分。然而，由于该岗位容易滋生贪污腐败，在汪丰梁上任以后已经换了很多次采购经理。有一次，负责生产的副总经理李耀打电话过来说，由于工厂气温太高，按照规定，应该给生产工人每人发一瓶冷饮。但是负责采购的供应部长认为温度是可以适应的，拒绝采购，并且一定要汪丰梁亲自决定她才去购买。听李耀的语气，他对这件事相当不满。事实上，采购工作以前一直是由李耀负责的，但后来汪丰梁发现采购过程不够透明，并且部分采购材料的价格明显偏高。为了遏止采购过程中拿回扣等贪污腐败的问题以降低采购成本，汪丰梁只好请一向谨慎仔细的姐姐亲自担任供应部长的职位。至少，她是自己家里人，会想方设法地为公司节省费用。从供应部长上任以来的表现看，应该说喜忧参半。采购费用明显降低，每笔采购

第四章 竞争优势与成长困境

都是货比三家，取最低的价格然后再进一步洽谈。但是，也有生产线上的工人反映，采购来的材料尤其是一些易耗品质量太差，更换次数也随质量的下降而增多。因此，尽管采购成本降低，但由于产品质量差，公司的总成本反而上升了。

一言堂、决策盲目，制度不健全，缺乏监督约束机制，销售手段不规范，"裙带"关系，等等，是大量民营企业具有的共性问题，其产生与中国的"家文化"有着密不可分的关系。中国中小民营企业长期以来大多实行家族式管理。家族式管理从经营管理权限上界定，指的是"在家族企业中所有权和经营权为一体，全部或主要管理岗位都由家族人员把持。采用集权化的专断领导方式，企业行为以伦理道德规范来替代经济行为规范的管理模式"[1]。"家文化"是中国人自古以来根深蒂固的文化习俗，因此中国人的信任更多地建立在有血缘的亲戚关系之上。这样的信任关系放到现代企业管理中，很容易出现独断的企业模式，进而很容易掩盖企业发展过程中需要解决的问题，使之无法得到及时的解决。这样的"家文化"不但没有规避贪污腐败问题，反而让劲力公司的采购工作变得更加复杂，最终使得公司难以凭借家庭管理的方式摆脱发展过程中的瓶颈。以亲情为信任的纽带取代制度约束最终将带来人才匮乏、排他性文化、决策失衡等一系列新问题，甚至最终影响到信任本身。

除了"家文化"下企业制度的不健全而导致的一连串问题，中国私营企业中缺乏创业元老的退出机制也使得企业的发展障碍重重。张立新与妻子一起创业，在上海建立了麦蒂民营钢铁贸易公司（以下简称"麦蒂公司"）。

---

[1] 甘宗平. 我国中小民营企业现状及发展策略的思考[J]. 经济师，2012(2).

公司早期依靠创始人丰富的人脉资源、吃苦耐劳的精神和较低的价格，在前三年取得了非常快的增长。然而，由于在企业发展的过程中没有清晰明确的管理制度，麦蒂公司出现了各种各样混乱的局面。随着公司形势的恶化，在中国管理教育快速发展的契机下，张立新决定引进职业经理人，通过运用他们全面的企业经营管理知识，丰富的企业管理实践经验，以及企业管理的综合领导能力来扭转公司的无序发展状态，以科学的企业管理方式促进企业的改革，以实现企业资产保值增值。然而由于民营企业独特的管理模式，职业经理人很难在短时间内以一己之力在企业中建立起规范的管理模式。当所有权、经营权和最终决策权都掌握在企业家及创业元老手中时，他们对职业经理人完全不买账。这样根深蒂固的独断发展模式顽强地抵制着职业经理人的工作，使得他们的工作无法推进。没过多久，张立新已深陷元老抵制和职业经理人工作难以推进的两难之中。由于企业内部的问题全部交织在一起，为了企业的长远发展，张立新无奈之下不得不请创业元老们撤出企业，以推动企业的科学改革。创业元老们因为此事对于一同白手起家的张立新和企业发展渐渐失去了信心，却也迟迟不愿撤出，双方长期僵持不下。

所有这些积存的问题导致集中于劳动密集型产业的中小企业相对较短的生命周期和较低的利润。尽管对于中国民营企业寿命的说法一直缺乏权威统计数据，但从各类媒体报道中透露的信息来看，一般认为在平均2.5~4年这个区间，并且这样的判断在近十余年来没有变化。我们通过一些局部数据，可以进一步验证上述判断。如以浙江温州小企业为例，据温州市工商局对近几年吊销、注销的2410家中小企业进行的分析统计，这些"死亡企业"中，有44.52%的中小企业"生命周期"不超过4年，其中个人

第四章 竞争优势与成长困境

独资企业的"生命周期"最短,仅为 1.99 年。与此同时,低附加值的产品使得劳动密集型产业中的企业产值利润低。以工业企业中的小企业为例,小企业单位数占全部企业单位数的 90.49%,从业人员占全部工业企业从业人员的 45.29%,但是其工业总产值只占全部企业产值的 38.87%,主营业务收入只占企业全部业务收入的 38.11%,利润总额仅占全部企业利润的 35.54%。

企业家是引导企业发展的领路人,他们身上时而闪烁着的人格魅力和智慧的光芒,让人不由地为之心潮澎湃,但他们时而暴露出的自私和愚昧,也一次次让企业陷入绝境。改革开放以来,中国民营企业家在这段特定的历史洪流中成长,经久不衰的低成本优势,以及从未改变的企业及企业家弱能力的格局,让企业在战略适配中极易导向成本领先战略。然而,正如上一节所言,成本领先战略可以有很多实现方式,而不仅仅是低成本扩张一条路。尤其应该考虑到的是,这样的道路对于企业能力的提升效果是不显著的。当大量的企业痴迷于简单的规模扩张和资源积累时,往往会忽略组织能力的提升。资源与能力,是组织发展中内部分析[①]的两大重要内容,缺一不可。然而,资源与能力又具有截然不同的属性。一般而言,资源不会直接带来能力,并且资源较少具有可转移性,易损耗且难再生。能力则具有再生性,企业在研发、营销、生产管理等方面,越是擅长,就越有可能在应用中得到强化,更重要的是,能力具有可扩展性。一家企业强大的营销能力可以支撑组织进行相关多元化[②],领先的研发能力能够帮助组织

---

① "内部分析"和"外部分析"是战略分析的两大组成部分,后者包括行业分析和竞争分析,前者指企业内部的资源、能力分析。

② 相关多元化指组织从事与原业务存在关联性的新业务,包括横向一体化和纵向一体化。

推陈出新。

某种程度上，中国企业尤其是制造企业在发展中越依赖规模和低成本扩张，就越会限制组织能力的提升，而能力的缺失又将极大地压缩和降低企业做出战略调整的空间和可能性。这就好比自由式滑雪和轨道滑雪，在既定的轨道中，容易降低风险，并且一开始可以保持较快的速度，但是自由式滑雪更容易培养运动员的技能。当面对开放的竞争环境时，"轨道滑雪者"已经丧失了竞争能力。更加不幸的是，这条轨道上也许已经出现了严重的交通拥堵。

第四章 竞争优势与成长困境

寻找竞争优势，转"危"为"机"

2008年，美国次贷危机引发了全球性的金融危机。美国、日本分别从2008年第三季度和第二季度起正式陷入经济衰退期，其巨大的负面影响力使得世界各经济体的发展受到严重阻碍。美国次贷危机演变而来的金融危机快速传递并影响了全球经济的发展，作为世界上其中一个重要的经济体和人口大国，中国很快受到波及。这一年，国内经济在连续五年两位数高增长后首次降为个位数。尤其是8、9月份以后，经济开始出现快速下滑。以钢铁行业为例，上半年不少企业的业绩还在不断攀升，但从8月份开始，这些企业的销售量和销售价格双双下降，到了10月份，不少钢铁企业就基本上处于停产或半停产状态了，这一状况直到12月份才略有好转。2009年第一季度，全国税收总额完成14 063.9亿元，首次出现6.9个百分点的负增长，其中私营经济完成税收总额1441.82亿元，同比下降3.8个百分点。[1]

作为世界第二出口大国，中国在这场声势浩大的金融危机中也未能幸免，连连受挫，订单下滑，出口增速下降，发达国家接连不断的贸易保护

---

[1] 陈永杰，等. 坚持改革开放应对严峻挑战实现新的发展——2008—2009年中国民营经济发展报告[M]. 北京：社会科学文献出版社，2009.

壁垒等让制造型民营企业的出口境况雪上加霜。作为中国最大的外贸出口地，中国同美国的贸易顺差规模开始缩小。与此同时，与中国外贸紧密相连的欧洲、日本市场上出现了消费衰退的迹象，进口需求呈现明显的下降趋势。2008年5月12日，汶川爆发了世界罕见的大地震，中国遭受天灾人祸、经济下滑等多重打击。依托廉价劳动力的中国制造在经济危机的冲击下暴露出长期以来积攒的产业结构问题，中小民营企业的发展走到了一个关乎存亡的十字路口。

金融危机下，中小企业要承受原材料价格上升的压力，通过在市场上提价来转移成本上升又必然会导致销售量的大幅下滑。由于资源和市场双向的压力，中小企业大批倒闭。2008年上半年，由于国际需求急剧下降等多重原因，出口增幅明显缩小。国家发改委资料显示，全国约有6.7万家规模以上的中小企业倒闭。其中，以劳动密集型企业为主的纺织行业就占了1万家，还有2/3以上从事纺织的企业有重新洗牌或重组的危险。以浙江省民营企业为例，当年，企业融资景气指数不尽如人意，走进了"不景气"区间，2008年第二季度是98.5，同比下降22点，22.3%的中小企业表示融资难；企业家信心指数下降到122.4，企业景气指数为131.5，同比下降23.3点，处在全国平均水平以下。从事劳动密集型产业的中小企业，由于缺少核心竞争力，面对金融危机的冲击，无法以简单的人力劳动投入与产出来抵抗危机。[①] 严重依靠对外出口的中小企业在面临产品订单减少、产量回落、库存增加、出口下滑的情况下，不得不关停甚至破产。中小企

---

① 吴正懿. 浙江统计局辟谣"中小企业大批倒闭"不实[EB/OL]. (2008-07-23). http://vic.sina.com.cn/20080723/09055619.shtml.

第四章 竞争优势与成长困境

业产业链内部发生的经济震荡,导致中国制造业大面积的经济"滑坡"。2008年民营企业亏损面有所扩大,亏损程度进一步加深。从亏损面来看,2008年上规模民营企业中亏损企业为191家,占全部企业的5.94%,亏损面较2007年增加3.84个百分点。从亏损程度来看,2008年上规模民营企业中亏损企业户均亏损额达到4657.53万元,亏损程度为五年来最高。[1]

2008年10月,全球最大的玩具代工企业合俊集团在东莞的两家工厂倒闭,公司6000多人失业,这一事件被称为金融海啸中国企业倒闭第一案。在金融危机后大批东莞玩具出口企业陷入破产倒闭的困境,就在合俊之后,又有一些玩具厂步其后尘。直到2009年4月,位于东莞樟木头镇的合俊玩具厂仍然大门紧闭。从门外望去,厂区里到处是随意堆放的物品,看不到一个人影。合俊玩具厂的另一个分厂俊领玩具厂门口随处可见被丢弃的玩具,厂内也是一片狼藉。附近的一家工厂是成立于1996年的安年玩具厂,作为东莞最早生产玩具的民营企业之一,在金融危机的风暴中也早已是人去楼空。不远处的另一家玩具厂柏誉玩具厂也曾是当地颇具规模的玩具厂,然而工厂负责人在2008年年底突然人间蒸发。老板跑路之后,只有镇里给工人发少许工资。2008年金融危机以来,仅在柏誉玩具厂这一带倒闭的玩具厂就有五六家。根据外贸部门提供的数字,仅以外资玩具企业为例,2005年,东莞拥有外资的玩具企业共639家,2006年为630家,2007年陡降至500多家,2008年这一数字已降到500家以下。同时海关部门发布的数据显示,2008年,东莞出口玩具14.7亿美元,出口同比由2007年增长23.1%转为下降3.7%。尤其是第四季度以后,出口快速回落,12月份

---

[1] 欧阳晓明,罗力,等. 2008年度全国工商联上规模民营企业调研报告[C]. 2011.

出口额仅为 8899 万美元,同比下降 9.2%,环比下降 21.7%。东莞大量民营玩具出口企业的破产倒闭可以说是全国玩具产业甚至整个劳动密集型制造业危机的缩影。海关部门提供的数据显示,2008 年,中国有玩具出口记录的企业由 2007 年的 8610 家减少至 4388 家,下降幅度近 50%,2008 年 1、2 月份,玩具出口同比下降 17.1%,其中 2 月份出口下降 21%。玩具行业进入了十年来最冷酷的寒冬。[①]

惠州玉兴五金木器制品厂的张玉才从江西来广东打工已经快 20 年了。2001 年他用多年的积蓄开了一家五金木器加工厂,为当地几家家具出口企业提供配件。在惠州,他租下了 2 万平方米的山地,自建了 1000 平方米的厂房。然而,在 2008 年金融危机下,2 万平方米的土地上有一半的基建工程已经停工。在金融危机的狂风大浪中,张玉才只是千千万万毫无翻身能力的小鱼中的一条。"在 2003 年前生意很好,但是 2003 年下半年之后,到现在就慢慢地一直在滑坡。最厉害的就是 2007 年,基本上从 2007 年 9 月份开始,到 2008 年已经到了最危急的时刻。"张玉才所说的,正是出口企业面对的危机。前几年虽然国内同行之间的竞争也很激烈,时不时还会遇到一些国外的反倾销调查,但这样的小工厂因为拥有几个稳定的大卖家还是能活得比较滋润。张玉才的小工厂,每个月都能从几个大客户手中接到六七十万元的订单,每个月都能赚 5 万多元。可是金融危机以来的一年多时间里,出口订单大幅下降,人民币升值,原材料成本上涨的幅度和速度超出了很多中小企业可以承受的范围。张玉才客户中的 8 家大型家具

---

① 中国网络电视台(经济台). 再访东莞玩具:借危机"抄底"海外设计师 [EB/OL]. (2010-02-24). http://jingji.cntv.cn/program/jingjibxs/20100224/106378.shtml.

第四章 竞争优势与成长困境

出口企业的情况也很不乐观，还有 4 个客户比张玉才的工厂困境还严重。因此，这些企业原先所下的订单也不得不作罢，而剩下来的木料和半成品也堆在早已停工的工厂里。"已经倒了两三个，还有两家经济上不是很好，每个月的货款都不能准时付给我们。"出口企业是金融危机浪潮中第一批受到影响的中国企业，依附出口企业的上下游中小企业也成为连带效应的受害者。"光原材料有十几万块，投资的模具又花了十几万块，一来一回就二十几万块，将近一年了，都滞压在这里。很多同行都遇到类似的情况，客户下了订单又取消，导致我们这些小企业有资金压缩等各方面的困境，所以说很难维持。"

出口企业虽然面临巨大困境，但是仍在挣扎着不断给供应商下订单以减缓经济危机的致命性。相应地，供应商为了开工和生产，即使是赔本的订单也会接手。张玉才算了一笔账："这是我的客户的进货单。这种板材，我们的成本是 2020 元/立方米，加上 6% 的税，再加上搬运费、运输费（18 元/立方米），成本就要 2159 元/立方米，卖给客户是 2037.4 元/立方米，要亏 121 元。"从 2007 年 6 月到现在，三合板每立方米从 1600 元涨到 2000 元，每立方米涨了 400 元。几乎所有的订单，现在接了都会赔本。2009 年的前三个月，张玉才的厂子基本上全部停工，50 多个工人也都走得差不多了。"睡不着觉，整天都在考虑自己的生意，自己的工厂，周围的工厂，还有我的供应商。"100 多天过去了，张玉才还没有看到转机。为了能找到生存下去的办法，只有降低原材料的成本，哪怕在这个过程中一定会有亏损，这样张玉才依附的出口企业才会有国外订单，才能慢慢恢复出口创利以及对产业链上下游的辐射效应。我们发现，关门清算会使张玉才亏得更多。厂房的机电设备等都是一次性的固定投资，如果不再生产，关掉厂房，几百万的沉没成本就会全部变成亏损。"如果我现在冒险，亏几十万元，也许还有转机。"为了少赔点钱，张玉才的工厂重新开始生产，并用尽所有办法节省成本，减少亏损。"像是厨房，我原来请外边的人做要一千块一个月，现在就我老婆来做饭，降低成本，车间里我自己也要做事。"

对于张玉才来说，亏本生产苦撑的日子确实是他最艰难的时候。2009年第一季度他亏了15万元，不光是他，周围做生意的朋友也大都如此。"如果按这个状况，我估计最多撑到今年年底，之后我们就没办法了。"金融危机带来的物价上涨使得原材料和工人的生活费上涨，进一步加剧了工厂和员工的困境。[①] 2010年以来，经济逐步复苏，制造业开始出现民工荒，用工缺口进一步扩大，工人的抗争也更加激烈，涨薪的呼声此起彼伏。苏州联建爆发了大规模罢工，工人要求加薪，随后珠三角和长三角的罢工接连不断，掀起了席卷全国的涨薪潮。这些反抗事件引起了政府的关注，并极力推动中小企业保护员工权利政策的实施。在员工开始提升自我的谈判能力时，政府开始重视并干预对员工权利的保护，劳动密集型企业能够控制的人力成本空间越来越小。严重依靠人口红利的中国制造在金融危机、人力成本提升，以及产业向东南亚等地区转移等一系列的打击下更加难寻出路。

2008年的金融风暴就像一场蓄势已久的大雪，沉甸甸地压垮了中国民营企业本就岌岌可危的竞争优势。此前，中国制造存在的致命缺点为出口

---

① 央视《中国财经报道》. 东莞企业倒闭潮调查：出口大户1年内面临破产 [EB/OL]. (2008-07-16). http://news.sina.com.cn/c/2008-07-16/174915943889.shtml.

第四章 竞争优势与成长困境

的节节攀升所掩盖。金融危机中,由于国际市场对于产品订单需求的下降,中国出口大幅下降。中国民营中小企业40多年来积攒的所有问题都在这个时点凸显出来。面对外部巨大的危机,中小企业从一开始便存在的缺陷使得昔日辉煌的中国制造不堪一击。回过头来看,经历风波的这个过程也可以视为中小企业间一个调整结构的契机和优胜劣汰的过程。仅仅依靠人口红利的劳动密集型产业、无核心竞争力的小企业、行业过剩的企业都被一个个地淘汰。然而,当一阵春风吹来,危机开始平复并渐渐过去的时候,留下的是一个干净的世界。苦撑下来的中小企业,经历金融风暴出口的大幅下降之后,开始认真地思考如何才能在市场上长久地立足。当中国的制造业产品市场已经被充分占有,中小企业唯有通过战略转型,找到新的竞争优势的来源,才能在"危"中求"机",化危为安,同时,抓住每一次的机遇在国际上找到一席之地。

企业发展的竞合战略：走出单一竞争困境

中国企业的竞争优势普遍体现为成本领先战略下的低成本扩张。然而，这样的战略导致企业进入了三个习惯性决策误区：第一，成本领先战略看似企业的优先选择，实则不然，除此之外，还存在另外两种选择：差异化战略和目标集聚战略。差异化战略的优点是能够获得较高的议价，避开直接的价格竞争，但是对企业有较高的能力要求，不过会存在一定的进入壁垒。目标集聚战略则是一个较好的避开大企业竞争的中小企业战略选择，但是成长空间有限，需要在一定阶段调整组织方向，因而也对企业能力提出了相应的要求。第二，即使是成本领先战略，也可以有更多的路径选择，而不是单纯地依赖低成本扩张，否则在规模上快速地成长将消耗企业未来的生存空间，耗费大量资源，形成低效率的扩张，带来同质化竞争。第三，如果不同的企业都能够根据自身条件从以上三类选择中因地制宜地确定自身战略，则整个市场将由于多元化的竞争架构而更加稳定。成本领先战略并非不可选择，只是当所有的企业步调一致地采用它时，将不可避免地带来同质化恶性竞争。

然而，对于快速成长的中国本土企业而言，它们所诞生的土壤与发展的历程表明，立即要求大量中国本土企业直接提高技术含量，迅速培养能力,采用差异化战略或目标集聚战略,在资源条件和实施路径上,是有一定难度的。尤其是采用差异化战略去和欧美国家的领先企业竞争,中国企业是很难获得竞争优势的。因此,差异化的理想选择因其难度与成本领先的现实诱惑形成了企业战略决策的困境。企业想要实现战略的转变,应当另辟蹊径,谋求一种中国企业渐进式转型、分阶段发展的竞争思路。[①]

随着国际化进程的加剧,企业与企业之间的竞争不再局限于原有的战略集群(Strategic Group),远在地球另一端的企业可能同样成为重要的竞争对手;而专业化分工与企业网络组织的兴起,则为许多企业重构产业链以及打破组织边界,用一种虚拟组织群的形态参与竞争提供了可能。"合作"而非"竞争"逐渐成为商业思潮的主流。针对客户需求的定制化,与供应商之间通过信息系统的对接实现"零库存",与"互补品"供应商开展联合营销或实现互补性价格调整,与行业协会合作参与行业标准制定,与非营利组织开展合作提升企业形象,在一些转型国家与地方政府紧密合作获取信息优势、政策扶持等均成为企业战略发展中的重要策略手段,而这些手段都意味着企业必须懂得"合作"而不只是"竞争"才能适应未来发展的潮流。

以外包、众筹、众包、共享经济为代表的互联网时代企业战略新选择

---

① 在应对外部环境的战略分析上,波特曾提出五种力量的竞争模型,并成为各大商学院学习竞争战略的重要组成部分。该模型通过对进入壁垒、退出壁垒、可预见的反抗、上下游谈判能力等概念的诠释,描述了企业在竞争环境中面临来自竞争对手、供应商、顾客、潜在进入者以及替代品供应商的各种竞争压力。俗语云:商场如战场。企业与客户之间的谈判,与供应商之间的讨价还价,潜在进入者的进入与反抗,替代品的打压,等等,都与战争逻辑十分相像。因此,"胜者为王"成为战场与商场共同的语言。然而,事实上,商场与战场实际上仍有诸多不同。

的兴起，更是将"合作"作为一种十分重要的战略手段纳入竞争环境的研究，通过不同的合作形式，企业完全有可能获得比非合作状态更为出色的绩效表现。这种"竞合"思想超出了传统意义上割裂竞争和合作的看法，认为存在一种双赢的竞合状态：企业不再立足于从对手那里抢夺市场份额，而是构建在这样的基础之上，即横向上共同扩大市场总量，纵向上共同挖掘供应商和客户。这种思想为正处于快速发展阶段的中国企业提供了新的思路。

中国企业具有分布广、差异大和成长路径独特三个重要特点。这片960万平方公里的土地，在纬度分布、地形分布和生活消费习惯上存在巨大的差异。毫不夸张地说，随着改革开放而来的是翻天覆地的变化，更具有前所未有的复杂性。在当下的中国，既存在那些消费能力与非洲贫穷地区不相上下的落后偏远地区，也存在大量发展中的中西部省份，而在江浙沪和广东沿海区域，又出现了中产阶层群体甚至部分高财富阶层。这样巨大的收入差距，带来了消费水平、消费习惯和产品结构的高度差异。这种差异不仅仅体现在一般消费品领域，也逐渐渗透到了工业品领域。

因此，中国企业所应考量的竞合战略并非简单的竞争与合作重叠，也不仅仅是考量市场现存的五大力量。基于西方已有的竞争战略分析，至少应额外考虑"互补品""行业协会"和"地方政府"这三种具有微观竞争影响的力量，与原有的影响力量合计共八种不同的力量纳入新的竞合评价体系。具体来说：第一，行业中存在的竞争对手数量。其中，行业的密集度、竞争者战略、营销策略和研发等情况依然应当被考量。第二，替代品供应商。包括交叉价格弹性、技术发展趋势、客户行为、营销策略和非相关多元化的可能性。第三，互补品。同样应当考虑交叉价格弹性、技术发展趋势、

four / 第四章
竞争优势与成长困境 / CHAPTER

客户行为、营销策略,再加上联合营销的可能性。第四,买方。在市场细分、目标市场定位、转移成本、客户行为、产业集聚度、决策与影响力以及价格弹性上都要做出客观的分析。第五,供应商。应当考虑供应商所在行业的集聚度和研发情况,仔细对比设备的标准型和相关生产能力。第六,地方政府。企业的发展与它所定位的城市密切相关,因此,无论是公共关系,还是政策的稳定性,又或是地方的限制与优惠措施都是企业制定竞争战略的重要依据。第七,行业协会。在中国市场,企业不仅受到政府的影响,也常常与行业协会保持联系与合作,因此行业数据的搜集与分析、行业标准建设以及行业协调沟通方式都能助力企业分析。第八,潜在进入者。包括迂回进入渠道、进入成本和构建品牌的破坏力等因素都应当被考虑进来。

我们可以将这八种力量构成的分析思路称为"八力竞合",它与成本领先、差异化和目标集聚三种经典的竞争战略有着显著的不同,后者倾向于分类和分析的西方思维,而"八力竞合"则是典型的中国思维,更加倾向于整合和平衡。

以钢铁行业为例,历史上中国的钢铁行业存在广泛的内部竞争,然而,受到国际矿业巨头连年涨价的逼迫,在钢铁行业协会的协调下,几乎所有大型的钢铁企业都在铁矿石价格的谈判上进行了紧密的合作,以应对全行业所面临的危机。这种在研发、行业标准以及某些突发事件上进行合作,在共同产品的销售上存在竞争的现象已经越来越普遍。这背后正是对竞合的双元利用,竞争和合作是一对同时存在的力量,二者在某些条件下又可以互相转化。正因如此,竞争格局才应验了"分久必合,合久必分"的战略情境。

在企业实践中,对于中国这样的劳动力资源充裕但是技术却相对落后的国家，将企业的质量、人才、研发、品牌或市场响应等方面分开来看，它们并不具备优势，甚至是它们的弱项，如果选择差异化战略常常缺乏必要的技术、品牌和组织基础，选择战略聚焦又往往不能与庞大的中低端市场基础相适应，所以以成本优势为基础，将其他竞争手段有效地组合运用，并通过与同行、政府、协会及供应商等的通力合作，能够为企业的发展带来独特的优势，从而提供高性价比或实惠性的产品或服务。

回顾中国企业的成长道路，它们在得益于成本优势获得迅猛发展的同时，遭遇到因过度依赖规模和低成本扩张而带来的企业发展瓶颈，加上变幻莫测的外部环境带来了巨大的不确定性，这类企业唯有通过审时度势，运用"竞合"的战略手段才能获得长久的发展。《荀子·劝学》中提到："君子生非异也，善假于物也。"说的是那些优秀的人并非天赋异禀，只是更加善于利用外部资源而已。成长于中国土壤的企业所拥有的成本优势已是有目共睹，而历史也告诉我们单一地选择成本领先的竞争手段是自掘坟墓。中国企业更应该以成本优势为基础，在与利益相关者和其他组织的通力合作中，构建自己的竞争实力。当企业能够有效地利用市场机会，充分创造与外部市场有效资源的合作机会时，企业创造出更高的综合性价比、更快的顾客响应速度和更高的顾客满意度便指日可待了。

第五章

组织间关系

对于中国的大多数企业家而言，在他们创业初期，往往缺乏资源和匹配的能力，尤其体现在资金的匮乏上。绝大多数民营企业在求助亲朋好友无门后，马上想到的就是银行，但现实是银行为了规避风险将民营企业拒之门外。当以银行为代表的"国家队"无法通过市场的调节机制为中小企业提供充足的资金时，以民间贷款为特征的"游击队"也始终得不到正式的认可，监管法规的缺乏使得民间借贷良莠不齐。融资难成为民营企业发展过程中难以逾越的槛儿。

five / 第五章
组织间关系 / CHAPTER

企业与银行：遥不可及的互利双赢

西方社会的文明是建立在契约基础上的。契约（Contract）也可以译为合同，包括自愿、平等、信守和救济等内容。从亚里士多德、卢梭到康德，大批思想家推动的契约精神对西方世界影响深远。契约精神的建立与个体权利边界的界定和以个体为中心的价值观两者息息相关。反观中国，从《三字经》里的"身有伤，贻亲忧；德有伤，贻亲羞"开始，构建了一个以"关系"为联结的网络状社会结构。这弱化了个体本身的价值诉求，强化了个体与个体之间的联结以及集体的价值诉求。这种价值观渗透到中国社会的各个阶层。

对于中国的大多数企业家而言，在他们创业初期，往往缺乏资源和匹配的能力，那些有一技之长的技术员或销售员得以抓住机会创办企业；但是，单靠个人的力量是不够的，还必须依赖外部的各种关系，其中最重要的就是寻求建立与银行的关系。

1994年夏天，原本在国有企业搞技术的刘勇光决定创立一个属于自己的企业。当时的他还被叫作小刘，掌握着一项当时在国内还属于空白的"水溶布"技术。尽管彼时的他既没有资金也没有销售渠道，但产品技术的绝对优势让他无法扼制下海闯一闯的冲动。

"资金也许会是个问题，但总归会是个能解决的问题。"一直待在国企这个舒适环境中的刘勇光在那时并没有把融资想得太困难。毕竟，他长久以来在这里看到的，从来都是用不完的流动资金，花不掉的银行贷款，以及源源不断的国家补贴。当时的他显然还不知道，为了这些曾经似乎永远用不完的贷款和补助，他需要付出如此高昂的代价。

无论如何，属于刘勇光自己的海城星空水溶布公司在1994年的那个夏天成立了。除了生产计划当时还是由国家帮助企业来制订，其余的如产品开发、设备研制、销售渠道建立、资金筹备等一个新公司需要建立的，全都需要由刘勇光一手筹措。很快，他就感受到了资金稀缺给他带来的无止境的烦恼。

由于刘勇光对新公司的定位是以技术取胜，因此不断地进行新产品的研发就成为他工作的重心。按照刘勇光的设想，为了保持竞争力，公司必须至少每隔两年就推出一款新产品。因此，原本从国企带出来的技术和产品很快就面临更新换代的要求。于是刘勇光将公司的研发团队从一个人扩张到了十几个科技人员，并建立了自己的研究所。人手的增加必然导致工资支出的上升，更不用说管理研究所日常运行以及进行产品研发所需要的其他费用。刘勇光的资金链一下子变得紧张起来。为了节约成本，刘勇光也尝试过与大学进行合作研发，但费用和风险仍然不低：三年的研发周期至少需要300万元的投入，而一旦研发失败，这笔钱也就只能算作打了水漂。除研发之外，买地，建厂，雇人，添置设备，刘勇光眼睁睁地看着自己账上的现金一点点减少，而创造收入却遥不可及。

借钱！这是刘勇光能想到的唯一办法。然而他很快就为他之前的"轻敌"付出了代价。1995年，中国的普通城市家庭年人均可支配收入仅为

第五章 组织间关系

4283元，而恩格尔系数则高达51%；到了2000年，家庭年人均可支配收入也仅上升到6280元，而恩格尔系数仍然维持在40%。[①] 对于大多数中国的普通家庭而言，解决温饱问题尚且勉强，更不用说有闲钱帮助刘勇光解决生意上的资金周转问题了。问遍了亲朋好友，刘勇光手中的资金仍然少得可怜，甚至都不够支付研发人员一个月的工资，而民间的高利贷动辄8分（对应年利率100%）甚至10分的月息（对应年利率120%）让他望而却步。更让刘勇光气馁的是，他失望地发现北方似乎不是适合企业发展的地方，因为北方的钱比南方更少，民间借贷也不如南方流行，而资金成本也就相应地更高。"大家都没有钱借给别人，就像我一样，"他曾经坦言，"我不借给别人钱，别人也不借给我；我不给别人打工，别人也不给我打工。"

在民间借贷这条路上碰了一鼻子灰的刘勇光开始把目光转向银行。即使老百姓手里没钱，银行里总是会有的。对自己公司技术实力的自信让他确信，他有能力让银行家相信给他发放贷款是安全的，并为他开启金库的大门，哪怕只是小小的一条缝。怀抱着厚厚一叠专利证书和产品介绍，刘勇光冒着早冬的寒风跑遍了当地几乎所有的银行，希望自己的推销能为公司带来一场及时雨，以解他的燃眉之急。

可事实证明，刘勇光再一次低估了中小企业融资的难度。直到今天，他仍然可以清楚地回忆起，当听他介绍完他的企业，尤其是介绍完企业的规模之后，银行负责贷款的工作人员瞬间拉下的脸和变冷的目光。几乎毫无例外，所有银行的工作人员都冷冰冰地告诉刘勇光：贷款可以，但需要

[①] 中华人民共和国国家统计局. 中国统计年鉴（2005）[EB/OL]. [2017-08-18]. http://www.stats.gov.cn/tjsj/ndsj/.

用不动产做抵押。即使能够拿出抵押，对中小企业的贷款利率也比正常利率高。刘勇光的心一下子就凉了半截。他搜肠刮肚，尽可能多地列举公司里的固定资产，但到头来也只能凑出不到 500 万元。刘勇光苦苦哀求银行信贷人员，试图向他们解释像他创办的这么小规模的企业是不可能拿出足够的固定资产的，但也正是这样的企业才真正需要银行的资金支持。然而，在随后与银行不断打交道的漫长过程中，他才明白，银行的大门从一开始就没有想过要为中小企业敞开，因为中小企业没有可用于抵押的足够的固定资产，也没有稳定的现金流和客源，一旦稍有差错很可能就落得血本无归，也就再也没有可能还上这笔贷款了。对于作为营利机构的银行而言，发放给中小企业的每一笔贷款都存在较高的亏损风险，而这就构成了一对无法调和的矛盾：一方是急需资金以帮助其发展的中小企业，另一方是为了规避风险而"嫌贫爱富"的银行。除非有一个第三方能承担起亏损的风险，否则这对矛盾就将一直存续下去，而像刘勇光这样的人，连同他们所建立的企业，就将永远不会获得从银行成功融资的机会。

从国企这个坚实的后盾下离开的刘勇光感受到了巨大的差距。他觉得，仅仅在融资方面，民营企业与国有企业之间的竞争就如同一场婴儿与成年人之间的对决。当他还在对着银行最下层的工作人员拼命争取时，某些国企的干部却可以大摇大摆地走进经理的办公室，出来时手中已经拿着几千万甚至几亿元的贷款。有了政府的支持和背书，银行向国企贷款几乎不必承担任何风险，因此国企往往可以轻轻松松地从银行用极低的利率拿走大量的资金。像刘勇光这样的中小民营企业家却只能望洋兴叹。

然而刘勇光是幸运的，因为他最终还是拿到了他做梦都在期盼着的贷款。在疏通了一层又一层的关系之后，他终于说服了银行，将他家的两套

第五章 组织间关系

房产,以及勉勉强强拼凑出来的几百万元固定资产作为抵押,贷到了一笔"活命钱"。凭借这笔钱,刘勇光稳住了他的公司,并让它一直存活到今天。有了一定的发展后,他的公司开始拥有更多的固定资产,而贷款也渐渐没有以前那么困难了。然而,固定资产抵押这种贷款模式仍然极大地限制了海城星空水溶布公司的发展。从1994年成立至今,经过二十几年发展的海城星空水溶布公司的年销售收入依然只有4000多万元,而包括所有研发人员在内,整个公司也仅有60多人。他告诉他的合伙人和员工,能做多大生意就做多大生意,不要总想着跨越式发展,因为他已经受够了那种为了融资四处求人、担惊受怕的日子了。

事实上,许许多多像海城星空水溶布公司这样的中小企业之所以无法发展成为大企业,绝大多数是因为遭遇了资金瓶颈。无论是上马新产品,还是扩大现有产量,抑或是拓宽销售渠道,资金永远都是基础。不仅仅是银行看到了向中小企业发放贷款的风险,就像刘勇光一样,那些中小企业家同样意识到,为了把企业做大而向银行贷款风险实在太高。不仅仅是生意场上的突发状况,即使只是政府决定来一个信贷收缩都有可能让他们因为资金流断裂而瞬间血本无归。在这个风险面前,无数中小企业选择了维持现状甚至停止发展,因而也就失去了发展成为大企业的可能性。

无论如何,海城星空水溶布公司存活下来了,尽管它一直在"求资"的道路上踟蹰不前。刘勇光更愿意把这种磕绊归结于地域带来的不利影响。在他心中,南方才是一块创业的宝地。与相对落后、冷漠、保守的北方相比,那里资金充裕,融资简单,人们也充满了冒险精神,愿意为了可能的商机进行投资。"这家企业要是在南方一定早就做大了。"刘勇光曾不止一次对他手下的员工们感叹。

然而也许对刘勇光来说幸运的是，他并没有真的尝试把他的公司办到南方来，否则他得到的多半会是一个同样令他失望的结局。

就在1994年，刘勇光决定从国企辞职"下海"的那年夏天，来自东莞的高考考生王声国拿到了山东大学的录取通知书，如愿以偿地进入了热门的电子专业。四年后，刚毕业的他选择一个人去香港闯荡。但1998年正值亚洲金融危机的香港显然并不适合他发展。尽管如此，他仍然怀揣着一笔小小的启动资金，于一年之后回到他的故乡——东莞。1999年的冬天，他在东莞创办了大洋电子有限公司（以下简称"大洋电子"）。选择做电子一方面是因为与他的专业对口，另一方面是因为这是东莞的热词。当时的东莞，纺织和电子是两大支柱行业，创业者们觉得，在东莞不做纺织就做电子，"而纺织是女人做的"。

刚成立的大洋电子包括王声国在内只有两个人。公司属于电子贸易代理商，先代理某些品牌的电子产品，然后再把代理产品销售给客户；而客户从已经上市的家电企业到小电子玩具工厂一应俱全。不论是哪种客户，王声国只要确保他卖出的价钱比买入的高，就能够通过赚取差价获得盈利。

经过刚起步那几年扎扎实实的发展，公司在新世纪的头一个五年里已经积累了一批稳定的客户群体，每笔生意的毛利率也达到了20%。但2008年开始的经济震荡一下子把他打了个措手不及，脑海中残存的1998年亚洲金融危机的回忆瞬间被唤醒，王声国痛苦地意识到，他可能要遭遇人生的第二次危机了。当时的大洋电子，出口占到了全部销售额的80%，而金融危机的冲击则让欧美企业的订单数一下子降到了不到原来的三成。看着仓库里堆积得越来越高的存货，王声国心急如焚却又无能为力。伴随着订单数量的下降，竞争也变得越来越激烈，企业之间打起了恶性价格战，将

第五章　组织间关系

利润率一压再压。两年前20%的毛利率如今已经变成遥不可及的梦想，先是降到10%，后来降到7%甚至5%，王声国觉得近十年的打拼似乎化为泡影，一夜之间回到了公司创立的第一年。

雪上加霜的是，仅存的那些客户也开始拖欠款项，这让王声国的现金流一度吃紧到不得不延缓发放当月工资的地步——根据王声国管理公司的信条：只要他还有一点点资金，即使公司的生意不做，员工的工资也要照发。但面对客户两个月甚至三个月的欠款，王声国是欲哭无泪。他心里清楚，在当下风雨飘摇的环境下，这些欠款不论拖欠多久，能全数收回就已经算得上是幸运了，而他更有可能看到的是，未来两三个月内这些企业会一家接一家地倒闭，连同他的欠款一起消失在这场席卷而来的可怕的风暴中。

2009年年末的员工大会上，王声国眼含泪水地对员工们说，现在公司的利润不到5%，还存在一定的风险，而如今银行理财产品都有5.1%的收益率。"如果能够重新选择行业，我也许就不做电子了，但既然已经做了我就不会放弃，对客户的承诺我必须要做到，利润怎么跌都要坚持下去。"

可是如何坚持？缺乏现金流的王声国发现自己连基本的业务都无法开展，因为即使客户是有付款保障的大企业，1000万元的订单也至少需要300万元的资金做保证，而王声国发现自己的账上甚至连100万元都凑不出了。

2010年初春，被逼到"墙角"的王声国不得不像刘勇光一样把目光转向了银行。跟刘勇光的遭遇一样，东莞的银行也用固定资产抵押将王声国拒之门外。这一年春日的阳光没有给王声国带来一丝一毫的温暖。

事实上，如果王声国能够将自己和刘勇光进行一番比较的话，他会发现，自己的境况甚至比十年前的刘勇光还要糟糕。如果说海城星空水溶布公司是因为规模小而拿不出足够的固定资产作为抵押的话，完全不从事生产的代理公司大洋电子则是完全没有固定资产，甚至连空厂房和土地都不存在。十多年前刘勇光一次又一次舌战银行信贷人员的时候，他起码还有怀中的一沓专利证书和新产品介绍，而两手空空的王声国却连开口争辩几句的资本也没有。最糟糕的是，经济危机导致的中小企业的"跑路潮"和"倒闭潮"让银行比十年前更不愿意向它们贷款，因而对固定资产抵押和利率的要求也越来越严。

绝望的王声国放弃了对银行抱有的最后一点幻想。无法为公司开源的他只好被迫采取更加严格的措施进行节流。他进行了自公司创立以来最大规模的裁员，包括许多位居管理层的元老在内的员工不得不流着眼泪被扫地出门。留下来的人则无一例外地降了薪，取消了加班之后员工能拿到的钱就更少了。2012年的夏天，当生意开始有些起色之后，他甚至开始聘请兼职暑期工，因为工资可以便宜1/3。

除此之外，王声国还不得不丢车保帅，通过主动减少回款不及时的客户来规避风险，减少坏账。2010年，就在他从银行铩羽而归后不久，一家惠州的企业主动联系上了他，说一个月可以给他150万元的订单。这项提议对于正处于订单荒的大洋电子来说无异于雪中送炭，但王声国在犹豫了一整个晚上后，第二天一早打电话拒绝了这个提议。他向困惑的员工们解释说，他发现这家企业是在利用政策漏洞以及在海关的熟人，通过出口退税来赚钱。缺乏资金的他不敢承担任何一点风险，他担心这样的客户下一秒就会连同货款一起消失得无影无踪。除了不同成本结构明显不合常理的客户合作之外，王声国还确立了许多类似的规定，比如对企业怎么赚钱看不透的不合作，主营业务不在电子领域的不合作，小企业不合作，行业评价不好的不合作，同时经营别的产业而有可能把电子业务的资金抽走的也不合作，等等。

值得肯定的是，王声国的成本和风险控制让他的公司勉强渡过了严冬并存活了下来。但没有开源，只是靠节流而勉强存活了下来，规模愈发得小了。短短半年内，大洋电子仅剩的 80 家客户又被王声国主动缩减到不到 50 家，而员工数量也减少到原来的 2/3。以往每年过完年之后，王声国都会为公司制定新的规划和战略，但从 2011 年开始这项工作就停止了。王声国心里清楚，货款能安全收回来，员工还能领到工资回家过年，公司又多撑下来一年，这对所有人来说就已经是胜利了。"不要想能赚多少钱，达不到的目标都是假的。"

事实上，即使仅仅把存活下来就当作胜利，许多来不及做出转型的企业仍然没有这么幸运。就在王声国身边，无数像大洋电子那样的中小企业一个接着一个地宣告破产。2011 年深圳市政府提交的《深圳市中小企业发展情况的专项报告》中指出，有 88% 的中小企业反映资金紧张，与此同时，企业融资缺口环比却增加了 22%，高达 57% 的中小企业存在融资难的问题。[1]订单数量减少，人力成本上升，融资环境进一步恶化，一系列因素让东南沿海地区中小企业的生存环境急剧恶化；而由于民间小额借贷的利率已经上涨到令人咋舌的程度，这种融资方式无异于"饮鸩止渴"，最终将彻底摧毁这些企业的资金流。

放眼全国，根据《2011 年中国工业经济运行夏季报告》（以下简称《报告》），2011 年的前 7 个月，中小企业的整体利润率不到 3%，而其

---

[1] 智文学. 深圳电子商务示范遭遇倒闭潮 [EB/OL]. (2011-01-26). http://www.100ec.cn/detail--5632016.html.

中 60%~70% 的中小企业面临严峻的生存困境。①《报告》将"融资难"列为中小企业所面临的不利因素之首:"只有 10% 的中小企业能够从正规银行体系得到贷款,而民间借贷的年利率高达 120%,即使这样,民间融资还是供不应求。"②

我们的调研结果也同样证实了这个结论。2011—2014 年我们持续关注中国中小微企业融资的情况,除 2013 年上半年外,企业对"公司的资金非常充裕,外部融资的规模非常小"的认可度基本集中在 4.5~4.8,而对"公司的融资渠道很多,融资的成本非常低"的认可度则低至 4.2~4.6(受访者根据符合程度在 1~7 之间打分,7 为完全符合,而 1 为完全不符合)。调查结果如图 5-1 所示。

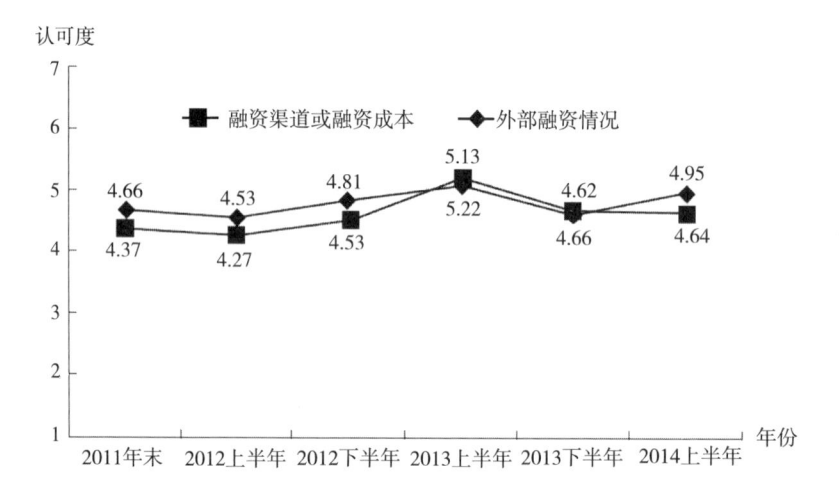

图 5-1　2011—2014 上半年中国中小微企业融资情况

中国中小企业面临融资难的主要原因可以总结为四点:①国家金融体

---

① 秦菲菲. 我国中小企业利润率已不足 3%,亏损程度逐月加重 [N]. 上海证券报,2011-09-10.
② 同上。

第五章 组织间关系

系对中小企业贷款不支持，②缺乏相应的、有成效的政策扶持，③民间融资渠道不畅，④中小企业自身对金融市场缺乏了解。

首先，中小企业无法从正规银行体系中融资的原因根植于中国的金融体系。在一个正常的金融体系中，风险与收益是一组由市场自由调节的变量，风险越高则收益越高；反之亦然。由于中小企业的固有属性，面向它们的贷款必然需要银行等金融机构承担更大的风险，而这自然要求它们提高贷款利率以获得与风险相匹配的收益。但由于中国的金融体系本质上由政府建立并控制，贷款利率实际上并不能由金融机构自由调节。这导致的结果就是，银行只有控制风险使其与收益相符。因此我们可以理解，面向中小企业的贷款市场事实上并不存在：对银行而言，无异于"火中取栗"。

然而，一个对于金融机构而言不理性的决定，对于政府而言却往往并非如此。金融机构做决定时仅仅考虑盈利，但政府却可以出于扶持中小企业的目的而主动承担起风险。遗憾的是，在刘勇光和王声国那个年代，政府对于中小企业的关注很多还只停留在纸面上。相比起他们，生活在今天的中小企业家是幸运的。尽管市场上不存在绝对的平等竞争，但至少他们有机会通过政府背书来获得更多的融资，从而大大增加他们在市场上存活的概率。

当以银行为代表的"国家队"无法通过市场的调节机制为中小企业提供充足的资金时，以民间贷款为特征的"游击队"却始终得不到正式的认可，监管法规的缺乏也使得民间借贷良莠不齐，风险与成本双双居高不下，同样无法普适性地成为中小企业的利益来源。

最后，同样不可否认的是，中小企业家自身对金融市场的了解也不够。刘勇光和王声国面对的是一个尚未完全成熟的金融市场，正常的银行贷款和民间借贷失败后，他们的选择只有抵押自身房产或者求助于"地下钱庄"。但如今的企业家们有了更多的选择：在经济开发区，出现越来越多的政府支持下的区域性融资手段，由政府和参与企业共同承担风险；民间开始出现面向中小企业的信托基金，通过高利率来适应高风险；地方政府也越来越多地为海归企业、高科技创业企业提供贴息或担保。由于互联网金融的快速发展，以"投融界""融道网""融360"等为代表的P2P融资市场则代表着未来的发展方向。互联网的特性使得政府难以对以它为平台的融资市场进行干预，从而保证了资金能够在风险和收益的自由调节下无阻碍地流动。

形势变得越来越好：在政府主导的实体融资市场，政府开始越来越多地主动承担风险；而一个没有政府主导的互联网融资市场也开始越来越多地发挥作用。可以预期的是，刘勇光和王声国拼命保住的海城星空水溶布公司和大洋电子，以及无数历经千辛万苦走到今天的中小企业，在未来一定能够享受到更好的融资环境。

five / 第五章
组织间关系 / CHAPTER

资金断流，无奈下的另谋出路

马长兴第一次尝试"地下钱庄"是在 2009 年。

在此之前，"地下钱庄"在马长兴心中的形象犹如吸血鬼，一开始给上钩者一些甜头，然后不断向其收取高昂的利息，直至榨干上钩者，之后再寻找下一个猎物。这样的印象来自新闻报道里那些"血淋淋"的案例，在马长兴看来，接受"地下钱庄"提供的短期贷款无疑是"羊闯狼窝"。

事实上，在此之前，他根本没有这个必要。马长兴在湖南湘潭经营的是一家机械制造企业，产品主要是与汽车产业配套的设备。尽管企业本身已历经 20 多年的风雨洗礼，并且数度更名、易主，马长兴接手这家企业是在 2005 年。当时它刚刚从当地的一所大学中分离出来，正式成为民营企业，并更名为飞迅机械有限公司（以下简称"飞迅机械"）。最初的几年，公司凭借领先的技术创新能力迅速在全国打响了名号，订单源源不断；而资金也并没有让马长兴太操心，公司的正常营业收入，再加上从大学分离时账面上留有的资金，足以支撑飞迅机械每个月 30 万~40 万元的资金周转需要。事实上，马长兴发现自己基本没有必要向银行贷款，而当时的他对此感到万分庆幸：他清楚地知道，像飞迅机械这样只有 100 多名员工，年产值也只有三四千万元的中小企业，想要从银行获得贷款无疑是极为困难的。

然而，仅仅三年后，急转直下的经济形势让公司的经营陷入了困境。业务量的减少只是一方面，人力和原材料成本的攀升让马长兴甚至无法按时支付订金。他尝试着走进银行，但结果就跟他曾经担忧过的一样：一听说是中小企业，银行马上就给他吃了闭门羹。当再次收到自称是"地下钱庄"发来的短信时，马长兴痛苦地意识到，他现在必须要重新考虑那些曾经被他不假思索地否决的选项了。

马长兴所面临的窘境绝不是个案。整体经济形势的下滑一方面让中小企业的订单减少，成本上升，资金链趋于断裂；另一方面也让银行等正规金融机构进一步收紧了贷款政策——调高贷款利率和贷款前调查的难度，甚至拒绝给中小企业发放贷款，这使得本已困难重重的中小企业的融资难上加难。

借钱，还是等死？这是他们面临的问题。

如同大多数具有拼搏精神的湖南企业家一样，马长兴选择了赌一把。他鼓足勇气第一次拨回了"地下钱庄"发来短信时用的电话。电话中一个自称职位为"经理"的女声向他直截了当地开出了借款的条件：额度最少5万元，最多500万元，每月月息3~5分不等；借得多则月息高，借得少则月息少。同时，这位"经理"也隐晦地对他进行了警告：对于欠钱不还的人，他们"有的是办法对付"。

听到这高得惊人的贷款利息和饱含威胁意味的警告，心有余悸的马长兴赶紧借口"要再考虑考虑"挂断了电话。他很清楚，且不说月息5分，即使是3分的月息也早就超过了政府对于"民间借贷利率不得超过银行同类贷款利率4倍"的标准——当时的1年期银行贷款利率是5.31%，折算成月利率仅有4.4%，也就是4厘而已。"岂止是4倍，简直都要到10倍了！"马长兴的心里打起小鼓。但他同样明白的是，此时的他已然是箭在弦上：没钱就不能开工，不能开工就等于宣判飞迅机械的死亡。马长兴无论如何也不愿意等死，于是他在第二天再次拨通了对方的电话。

几天之内，马长兴就拿到了他所需要的100万元。拿着这笔救命钱，他先补发了拖欠员工的工资，随后连着接下了好几个订单，成功地稳定了局势。他不得不承认，尽管来自非法渠道，但这笔资金的确可以让像他这样无法从银行获得贷款的中小企业家看到求生的可能。即使不是在金融危机这样的特殊时期，大量的中小企业也无时无刻不面临着各种各样的资金需求。正是由于银行贷款这个融资渠道对中小企业关闭，像"地下钱庄"这样的高成本融资渠道才成为这些中小企业眼中唯一的希望；而在这种需求的驱动下，"地下钱庄"才得以在中国金融体系的灰色地带继续存活甚至发展壮大。

但也正如马长兴所预料到的，这笔来自"地下钱庄"的借款即使不是魔鬼送来的禁果，至少也是一块烫手的"山芋"。由于金额较大，他被迫向"地下钱庄"支付每月4分的利息，而他花了三个月的时间才把这100万元的本金连同每月4万元的利息还清。这三个月里，巨大的还款压力和高昂的利息给公司的资金链连同马长兴的脑神经，都带来了沉重的负担和折磨。他无时无刻不在担心，一旦哪里出了岔子导致不能及时还款，他还能不能见到第二天的太阳——这种情节即使不会出现在社会新闻或政府宣传片里，他在香港警匪片中也看得够多的了。

无论如何，马长兴成功地用这块"山芋"暂时填饱了肚子。他赌了一把，而结果是他赌赢了。和他一样，很多的中小企业家也都在赌，只不过，并不是每个人都将赌注押在这一块"山芋"上。

另一种相对银行贷款而言高成本的融资渠道被称为典当。但与"地下钱庄"类似的是，它在人们心目中的形象同样不甚光彩，这对于吴建辉来说也正是如此。

在真正尝试走进典当行之前，吴建辉认为只有两种人会光顾那种地方：穷人和纨绔子弟；而那些典当行掌柜则总是阴险地故意压低对当物的估价。事实上，当他后来为了融资四处打探而听人说起典当时，他仍然不清楚，现代意义上的典当实际上已经与他在电视剧中看到的有了完全不同的含义。

与马长兴相似，吴建辉在做生意的初期并没有太为钱而发愁。在天津经营电气工程公司的他只有在一个项目开始前才会需要大量的资金购买设备，此时他一般会向亲戚朋友进行短期借款以弥补资金缺口；而如果平时遇到短期的资金周转困难，自己的存款也总是可以被拿来救急。因此，当他在 2012 年 11 月成功中标了一个工厂厂房电气设施建设项目时，他顺理成章地以为一切都跟以前一样。

但事情却在朝着出乎吴建辉意料的方向发展。他先是发现亲戚朋友们一个个都在抱怨手头紧，借不出钱，紧接着当他想要用自己的存款救急时，才意识到自己刚刚付完新房的首付，存款相比之前已经大幅度缩水了。在他把自己账户上剩余的钱，加上从亲戚朋友那儿借来的一点点资金放在一起后，他发现自己还有 70 万元的缺口。没有这 70 万元，他的工厂厂房电气设施项目就无法顺利进行，且不说会有收入上的一大笔损失，公司的声誉也会受到影响。

为了凑齐这 70 万元，吴建辉开始为融资而奔波。跟所有人一样，他

第五章 组织间关系

的第一站是银行；而同样也跟所有人一样，他失望而归。即使不是中小企业，银行贷款长达一个月的审批时间也已经超出了他可以接受的范围。银行贷款的失利让吴建辉顿时觉得穷途末路。也正是在这种处境下，当一位朋友向他提出典当这个可能性时，他心里虽然抱着十二分的怀疑，却仍然决定去一探究竟。

在典当行，吴建辉了解到，尽管形式与他在电视剧中看到的相似，但如今的典当的主要利润来源是利息和综合管理费用，而不再是"死当"物品的差价。这也就意味着，典当行不会再故意压低当物的价值，因为在一定范围内，它们更愿意放更多的款给客户，以便获得更高的利息和综合管理费用。同时，它们的目的也不再是促成"死当"，而是更希望将"死当"的比例控制在一定范围内，以便回收资金。换言之，典当已经完全成为一种融资的手段。与银行贷款相比，典当没有复杂的手续、严格的信用调查和烦琐的审批。因此它一方面有着更低的门槛，另一方面时间跨度也更小，更加方便快捷。

听到这里，吴建辉开始感到兴奋。能够快速、便捷地获得资金以解他的燃眉之急，这正是他此行的目的！事实上，灵活、便捷、门槛低，这些特点正是吸引无数像吴建辉这样的中小企业家选择典当这种融资方式的原因。由于中小企业资金单薄，往往无法通过银行的信用调查和审批程序；同时，中小企业对资金的需求额度小，但需求急，银行动辄一个月的审批时间往往导致商机被贻误。典当却正是因为满足了中小企业的这些需求而赢得了巨大的市场。根据商务部的统计，截至2007年上半年，全国共有

2300 多家典当行，而资产总额达到 862 亿元。[①] 在经营对象上，中小企业、民营及合伙经济占到了 80%，全国的典当行累计为中小企业提供典当金额 222 亿元。[②]

但当吴建辉接着听到借款的利息和综合管理费用时，他发现自己开始冒汗了。事实上，就利息本身而言并不高，仅仅是把银行贷款年利率 6% 折算成月利率 0.5% 而已。然而，综合管理费用却是一个天文数字：动产类质押品为每月当金的 4.5%，而不动产也要每月收取 3%。折合成年利率，吴建辉发现自己平均需要支付相当于本金的 50% 多的利息和综合管理费用——这个数字甚至比马长兴向"地下钱庄"支付的利息还要高。

然而不幸的是，他和马长兴一样别无选择。他选择了将自己还在按揭期间的房产抵押给典当行，作为回报，他可以拿到房产现有价值的 60%。据典当行的工作人员说，60% 是对房产进行典当的普遍"折当率"；而利用房产作为质押品也是普遍的典当方式：商务部的统计显示，房地产抵押典当的金额占据了全国典当总额的 53.6%。[③]

就这样，吴建辉暂时性地失去了他才刚刚买下不到一年的房子。而在第二天，他马上就收到了他所急需的那 70 万元资金。事实上，典当行的工作人员计算出来的当金是 110 万元，但一想到一个月 3.5% 的利息和综合管理费用，吴建辉还是选择只当走 70 万元以解自己的燃眉之急。但即使是这样，还款过程却仍然比他想象的艰难，可以说是险象环生。

为了能在最短的时间内就将借款还清，吴建辉把希望寄托在那个工厂

[①] 汤晓蔚. 中小企业典当融资 [J]. 企业管理，2007(12).

[②] 同上。

[③] 同上。

第五章 组织间关系

厂房项目的尽快开工上。只要项目开工，资金就会慢慢回流，而这样一来不论是支付利息还是归还当款都不会有问题。可是，越是不希望发生的事情似乎就越容易发生。各式各样烦琐的审批和检查程序严重拖慢了项目的进度，以至于当第一个月的利息和综合管理费用需要结清时，吴建辉才刚刚开始将他一个月以前买来的设备投入使用。此时的他除了设备，账目上已然只有区区几万元，而项目的实施还不断地需要资金的周转。他不得不厚着脸皮把一个月以前给亲朋好友打过的电话又全部重新打了一遍，好说歹说才又借到2.5万元补上了这个缺口。然而第二个月的情况并未好转，原本可以完工的项目此时才进行了一半，尽管已经收回了一部分资金，但要偿还典当房子换来的70万元却还是不够。无奈之下，吴建辉只好第二次向典当行支付了2.5万元的利息和综合管理费用。

一直到了2013年的2月，也就是第三个月的月末，吴建辉才终于凑够了资金彻底还清了70万元的典当款；而代价则是，他总共向典当行支付了接近8万元的利息和综合管理费用，超过本金的1/10。在当年的年终大会上，他掩饰不住对于终于渡过危机的欣慰，以及对差一点儿就无法再收回房产的心有余悸。尽管扣除那8万元的资金成本，他仍然从项目中获得了不小的收益，但这并不影响他作为一位资金从来都不宽裕的中小企业家对这笔钱的心痛。更重要的是，只有他自己心里最清楚，只要一个不小心，就有可能再也无力赎回他抵押在典当行的房产。这套房产是他的第二套房产，即使无法赎回也不至于让他流落街头，纵使如此也让他殚精竭虑；而对于那些拿着自己唯一的一套房产进行抵押的中小企业家来说，一次偶然的经营失败就有可能让他们失去自己的栖身之所。

吴建辉所不清楚的是，全国典当行的"绝当率"已经从2001年的不到5%[1]，悄然上升到了 2012 年的 10% 左右[2]。绝当率的上升反映的是中小企业经营和资金状况的不断恶化。它的背后不仅是中小企业家们典当风险的上升，同时也让典当行面临更大的无法收回当款的风险。可以说，一笔无法收回的当款带来的是典当行和中小企业的"双输"。

不能否认的是，诸如"地下钱庄"、典当行等高成本融资渠道对于中小企业的经营而言是不可或缺的。然而需求却并不是来自这些渠道本身的吸引力，而是来自中小企业普遍缺钱的无奈。这些中小企业家们正是由于几乎无法从银行体系中获得融资，而他们对于资金的需求随着整体经济形势的下滑越发紧迫，他们才不得不求助于这扇唯一还在向他们敞开的大门。

与此同时，仍处在灰色领域的民间资本也在不断壮大并在地下资本市场中游走，寻求能够获利的"猎物"。仅仅一个温州市的民间资本量就有 8000 亿元左右，再加上在外经商的温州人的资本，"温州人能够调动的资本量已经超过 1 万亿元"[3]。然而，这些资本很大程度上只能在"地下"流通，游走于法律和制度的灰色地带。事实上，"地下钱庄"与典当行只代表着这些民间资本的一部分，亲朋好友间的直接借贷、互相拆借资金的"民间互助会"，以及所谓的"标会"，则是代表着温州民间小额借贷更加普遍的方式。以"标会"为例，当所有会员的资金汇集在一起后，每个会员分

---

[1] 陈红. 第二银行"坏账"5% 典当行死当无人买单 [EB/OL]. (2001-04-23). http://business.sohu.com/79/12/article13721279.shtml.

[2] 宝瑞通典当行. 北京"绝当品"陷阱多，挑选绝当品要谨慎 [EB/OL]. http://www.jshydd.com/yn_detail.asp?id=126.

[3] 民间资本漂移加剧产业空心化 [EB/OL]. (2011-01-14). http://finance.ifeng.com/roll/20110114/3202665.shtml.

第五章 组织间关系

别"出标",也就是报出各自能够接受的利息;而能够承担利息最高的会员就可以最先使用这笔钱。[1]除此之外,温州还存在大量小额贷款公司,为无法从银行贷款的企业和个人提供100万元以下的贷款。尽管这些小额贷款公司的利率并未超过国家规定的银行同类利率的4倍,但目前政府所采取的政策仍然让它们的经营面临重重困难:一方面,小额贷款公司既不能吸收存款,也不能追加资本金,这导致其自身很容易面临资金不足的困境;另一方面,由于身份没有定性,小额贷款公司难以像金融机构那样按利差征税,而是要按照全部贷款利息收税,沉重的税负也在进一步挤压这些小额贷款公司的生存空间。[2]

温州银行对温州本地资本的吸收一定程度上为这些民间资本找到了出路。2013年8月19日,温州银行在浙江股权交易所完成了它成立以来最大规模的融资。根据其增资扩股说明书,这一轮增股异常青睐本地民营资本,来自浙江、上海和温州的8家民营企业入股,而整体吸纳资金则达到了30亿元;[3]而在2012年,温州银行也已经通过发行次级债等方式融资18.6亿元。温州银行本地民营资本融资的成功,也恰恰证明了温州地区民间资本迫切寻求出路的现状。

一方是"饥饿"的中小企业,另一方是四处寻求市场的民间资本,因此我们也就不难理解,为何这些高成本的融资渠道成为像马长兴、吴建辉那样的中小企业家无奈的选择。然而,也正是由于银行贷款所能覆盖的范

---

[1] 揭秘温州地下钱庄:温州民间资本到底有多少[EB/OL]. http://news.66wz.com/system/2009/05/23/101223958.shtml.

[2] 同上。

[3] 苏春梅. 温州银行狂揽民营资本扩张:吸金30亿元[N]. 时代周报,2013-08-29.

围过于狭窄,以及来自中小企业巨大的融资需求,让这些民间的资本有了几乎无节制地提高资金成本的可能。就像马长兴和吴建辉一样,当他们不得不将目光转向"地下钱庄"和典当行时,他们已然是别无选择。不论是月利4分、5分还是6分,他们也只能押下他们的赌注,并自求多福。正是看到了这一点,民间资本的融资成本才会在供求定律的作用下不断水涨船高,以至于超出许多中小企业所能偿还的范围。

无论是"地下钱庄"还是典当行,选择与它们合作都像是一场赌博。马长兴和吴建辉勉强赢了一局,但在他们背后,还有无数输得血本无归的中小企业家们;而马长兴或者吴建辉也无法确定,若是再赌一局,自己是否也会变成他们中的一员。因此他们不会炫耀自己是如何赢得了赌局,他们只是想要知道:何时他们不必再赌?何时中小企业的融资才能不再是赌博?

five / 第五章
组织间关系 / CHAPTER

雷声大、雨点小的"扶持"

远景电子有限公司（以下简称"远景电子"）的总经理吴宏达所感受到的焦虑，在2012年夏天达到了顶峰。此时的远景电子已经连续三年没能从银行贷到一分钱，也没能从政府那里拿到任何一点补贴了。尽管作为一名中小企业家，吴宏达早已预料到他现在所面临的困境，但无论如何，公司的财务状况仍然不可避免地使他感到心烦意乱。

时针拨回到2004年，吴宏达听了东南沿海某市政府官员的一席话后，决定在该市西郊这个刚成立的高科技产业园区内创办远景电子，彼时他对企业前景满怀乐观。不可否认，这种乐观一部分来自他对自己的技术和管理才能的自信。在此之前，从美国名校的电子技术专业毕业之后，吴宏达先是在一家美资跨国电子公司一路升迁至总经理，带领这家长期亏损的公司第一次实现了盈利；随后他从公司辞职，先后创办了两家集成电路设计公司，并在获得了巨大成功后将它们卖给了向他伸出橄榄枝的风险投资人。因此，当他于2003年回国时，带回的不仅仅是他的多项技术专利，丰富的行业工作积淀，以及优秀的管理经验，同时也包括创业成功为他带来的一大笔财富。

也正是在这一年，这个刚刚回国、正在寻找合适机会的创业者为东南沿海某高科技产业园区的招商引资所吸引。在一次市政府举办的座谈会上，作为归国技术人才而应邀参加的吴宏达听到了政府对于中小型企业的扶持政策。他感到很兴奋，而他也的确有理由感到兴奋：从税收政策，到专项资金补贴，再到银行贷款的担保，政府对于中小企业的扶持似乎达到一个崭新的高度。这也正是吴宏达在次年决定创办远景电子时心中充满乐观情绪的第二个原因。在他美好的愿景里，有了自己的技术和管理才能，再加上政府许诺的政策扶持，成功看上去唾手可得。

确实，地方政府越来越多的许诺的确让无数像吴宏达这样的中小企业家有了更多的期盼。从1999年3月九届人大二次会议修订宪法，提出"个体、私营企业作为国民经济的重要组成部分"以来，中央政府就未曾停止扶持中小企业的步伐。

2000年7月，国家经贸委颁布了《关于鼓励和促进中小企业发展的若干政策意见》，它被誉为在对中小企业的扶持上"点亮沧海航行的灯塔"。[①]

2002年6月，全国人民代表大会常务委员会通过了扶持和促进中小企业发展的第一部专门法律——《中华人民共和国中小企业促进法》。该法律规定中央财政预算设立中小企业科目，地方政府也应当根据实际情况为中小企业提供财政支持；同时，国家还要成立中小企业发展基金，金融机构也要向中小企业提供信贷服务。

2003年《中华人民共和国中小企业促进法》实施后，中共中央也做出

[①] 陈乃醒. 中国中小企业发展与预测——政策导向与中小企业发展（2002—2003）[M]. 北京：经济管理出版社，2002.

第五章 组织间关系

了《关于完善社会主义市场经济体制若干问题的决定》，明确支持非公有制中小企业的发展。

2005年2月，国务院颁布了中华人民共和国成立以来第一部全面支持发展非公有制经济的文件——《国务院关于鼓励支持和引导个体私营等非公有制经济发展的若干意见》。在文件中，国务院要求在市场准入、社会服务、权益保护等各个方面对民营经济进行引导和扶持。

2006年，第十届全国人民代表大会第四次会议通过的"十一五规划纲要"明确提出要实施中小企业成长工程，这也被国务院列入了2006年的工作重点。

……

可以说，政府扶持中小企业的政策一个接一个地推出，这让无数中小企业看到了久旱中期盼的甘霖。

然而，吴宏达马上就意识到某些来自政府承诺的"不靠谱"。事实上，政府补贴的不确定性让吴宏达在第一年就吃到了苦头。他满怀着期望能够得到工信部和市政府提供的科研创新补贴和项目资金，然而却被告知，需要能够展示出科技成果产业化的实例。当吴宏达拿到那张需要填写科技成果产生的销售额和利润的申请表时，他彻底懵了。对于这个刚成立不到半年的企业，他哪里能够举出科技成果产业化的实例，又哪里可以填写出科技成果产生的销售额和利润呢？后来吴宏达才逐渐明白，当某个政府部门恰巧有一笔资金可以用来扶持中小企业时，相关的企业轻而易举便可以获得"扶持"；但如果把这些资金当作企业正常融资渠道的一种，则是一种不明智的做法。因为当第二年政府发现这笔资金"更好的用途"时，对中小企业的"扶持"对他们而言似乎就不那么重要了。政府补贴的不确定性让企业难以将这笔资金纳入正常的资金计划，这让企业无法有效地发展；而一旦企业将其纳入计划内，政策的任何一点变化都可能导致它们资金链的断裂。用吴宏达的话来说，企业是"不能靠政府补贴吃饭的"。

无论如何，第一年远景电子没有从政府那里拿到任何的补贴，而第二年也同样如此。吴宏达只能用自己的资金帮企业渡过了最艰难的起步阶段。然而，真正让吴宏达和远景电子遭受重创的却是六年后的2010年。在此前一年，某市市政府推出了一个面向中小企业的贷款平台，参与的中小企业可以凭借政府的担保向银行贷款。此时的吴宏达面对的是一个正在飞速增长的智能手机市场。作为智能手机的关键零件之一，远景电子生产的集成电路的市场年均增长率达到了20%~30%；但与此同时，中国整体经济形势的下滑也让远景电子的资金状况越来越不乐观。于是，吴宏达就像在沙漠中看到绿洲一样迫切地向政府递交了申请。

他的申请很快获得了通过。根据政策，平台会以一年一贷的形式，连续三年对企业的贷款进行担保。2009年，吴宏达顺利地拿到了第一笔贷款。利用这笔资金，吴宏达扩大了企业的生产规模，订单数也增长了近30%。同年他接受了一家媒体的采访，在采访中，他毫不掩饰自己的信心："手机取代电脑，移动互联网取代互联网，电子钱包取代钱包，这是发展趋势。"面对良好的市场前景，只要资金充足，企业的美好未来触手可及。

然而令他始料未及的是，第二年，当他兴冲冲地再次走进银行时，他却被告知他的企业不够资格申请贷款。困惑的吴宏达向银行说明了他所参加的平台以及他所拥有的政府担保，但银行工作人员的话却让他感觉似晴天霹雳一般：吴宏达所说的这个平台已经不存在了！无法相信自己耳朵的

第五章 组织间关系

吴宏达向银行确认了一遍又一遍，直至银行下达了"逐客令"他才肯离去。站在银行门口，他又给市政府的联系人打去电话，然而对方只是简单地撂下一句"政策发生了变化"便挂断了电话。吴宏达感到愤怒而绝望，承诺的三年贷款凭什么只因为一句"政策发生了变化"就可以说停便停？银行贷款的突然中断几乎毁了远景电子。企业厂房的建设仅仅完成了3/4，许多订单也仅完成了一小半，一部分业务甚至只是刚刚竞标成功。资金的短缺迫使吴宏达不得不舍弃一些项目。他甚至向典当行典当了他的一套房产，换取了一笔应急资金才渡过了其中最困难的那两个月。在吴宏达的不懈努力下，远景电子活了下来，尽管落下严重的后遗症；而他本人则对任何政府的政策与补助都产生了空前的不信任感。他再也无法说服自己继续花费时间与精力，去争取那些谁也不知道能否派上用场的扶持政策。

然而事实上，吴宏达仍然算是幸运的。在政府的诸多优惠政策中，他至少还有幸享受了些许福利；而在中国4200万家中小企业中，只有不到1%能享受到这种"福利"。更多的中小企业家们依然还在听着"雷声"，苦苦等待着不知何时会落下的"雨点"。

需要看到的是，在政府扶持"雷声大、雨点小"的背后，实质是政府资源仍然在向着大企业和国有企业倾斜。在政府的传统心态中，国有企业和大企业才是更加需要扶持的对象，因为它们才是国民经济的"命脉"；而中小企业只是"补充"，尽管在法律上强调它们"重要组成部分"的地位，在政府心目中仍然需要以国企、大企业的需要和发展为先。在地方政府，情况可能更加恶劣。某些地方争相引进大企业、大项目，而在很大程度上任由中小企业自生自灭，对于中央政策的落实只是浮于表面。

另外，一个对政府而言具有现实意义的考量是，大企业和国有企业可以为政府贡献更多的税收，并创造更多的GDP。因此对大企业和国有企业的"特殊关照"正契合了中央和地方政府追逐GDP增长的目标。与此同时，大企业和知名企业落户本地，也可以成为当地政府拿得出手的政绩，从而为政府官员的升迁铺平道路。在这样的背景下，尽管中小企业占据了中国企业数量的99%以上[①]，尽管中小企业提供了80%以上的城镇就业岗位[②]，政府却仍然没有动力来兑现它们长久以来的承诺。对于这些中小企业而言，它们有的由于被戴上了"创新型企业""高科技企业"的帽子而有幸能够偶尔享受到补助，却因为各级政府的强制支出、硬性规定甚至是强制性回扣，能够拿到手的不足十之一二；而绝大部分，则是根本无缘任何优惠政策和补助，对它们而言，报纸上读到的与现实中感受到的，是两个全然不同的世界。

理解了政府在扶持中小企业发展上的承诺与现实的"反差"，我们同样也就能理解，作为国家金融体系支柱的银行，为何长久以来都没有在中小企业融资中发挥其应有的作用。

与此同时，中小企业的内部管理也大多不够规范。从财务制度，到人事管理制度，再到产权结构，中小企业向银行呈现的常常是一笔它们自己也无法算清的"乱账"。对于商业银行而言，一旦无法掌握企业真实的生产经营和资金运用状况，贷款就变得更具风险性。如果银行要通过第三方获得企业信用数据，则需要为此付出极为高昂的成本。

无数次的尝试证明，无论政府出台怎样的政策，如果无法让作为营利

---

① 王继承. 中小企业2013年度报告 [J]. 中国经济报告，2014(2).
② 潘秀林，谷裕. 商务部长助理：中国中小企业提供80%就业机会 [EB/OL]. (2010-07-01). http://money.163.com/10/0701/11/6AGLACJ000254IH0.html.

机构的银行能够真正从中获利，政策的落实是难上加难。同样的，美国经济学家布坎南推崇的公共选择理论将政府也比作理性的并追求自身利益最大化的"经济人"。因此，政府，尤其是地方政府，在做出决策时同样需要以"成本—收益"分析作为依据。当中央政府出于公共利益而提出的扶持中小企业的政策，无法为地方政府带来实际的收益，甚至可能损害地方政府的利益时，不可避免地将要受到来自各方的消极抵制，从而无法达到其预计的成效。

结果则是，吴宏达，以及那些甚至根本就没有享受过任何政府补助和银行贷款融资的无数中小企业家们，都还在听着"雷声"，苦苦期待着那场"及时雨"。很多人在能看到雨点之前，他们苦心经营的企业已经倒下了。然而值得欣慰的是，企业的失败换来了时代的进步。

山雨欲来

2009年，经营着成都山川电缆有限公司（以下简称"山川电缆"）的高顺光还在为如何筹集资金以应付不断攀升的用工成本而担心。与2004年他创办公司的时候相比，公司普通职工的工资已经从八九百元上涨到了接近4000元。由于产品售价的涨幅还不到工资增幅的1/4，高顺光发现自己已经很难再从微薄的利润中拿出足够的钱支付企业不到30名员工的工资了。

幸运的是，2012年，高顺光在最紧要的关头从政府网站上看到了一则"金融服务计划"的信息。这项计划主要是由成都市政府帮助需要资金的企业申请银行贷款，同时还为它们补贴贷款利息，让像山川电缆这样极度缺乏资金的中小企业能够以极低的利息从银行贷款。与此同时，这项计划还能因为政府的参与而让银行的贷款风险降到最低，从而让银行可以放心地向中小企业发放贷款。

高顺光无疑比吴宏达更受命运的眷顾。在计划的支持下，他成功地连续三年从银行贷到了 50 万元。尽管行业竞争情况极为惨烈，山川电缆仍然凭借这笔额外的资金顽强地前行着。与高顺光一样，"金融服务计划"惠及成都市数以千计的中小企业。这项由市政府与商业银行合作的计划从 2004 年就已经开始，但真正成为一项普惠性的政策还只是在最近几年。2004—2014 年，这一计划对中小企业的扶持金额已经达上千亿元。除此之外，成都市政府还率先在全国支持微型企业的发展。对于新成立的微型企业，政府为其提供注册资本以及财政补贴，每一家符合条件的企业都能拿到 3 万~5 万元的资金。在这一政策的刺激下，成都微型企业的增长达到了往年的 3~4 倍。

成都绝不是唯一的。事实上，全国各地的地方政府都开始以更加积极、严肃的态度开展对中小企业的扶持。

上海推出结构性减税政策，全部或者部分减免小微企业的税收。[1]

青岛市划拨 2500 万元专项资金扶持中小企业融资，对信用担保业务、信用体系建设、贷款周转金服务等六个项目进行补助。[2]

内蒙古则计划拿出 1.5 亿元扶持中小企业，包括中小企业贷款贴息资

---

[1] 上海市发展和改革委员会. 本市拟出台四大措施扶持中小企业 "结构性减税" 为企业减负 [EB/OL]. (2014-11-26). http://www.sheitc.gov.cn/zxqydt/664879.htm.

[2] 青岛市经信委. 青岛市 2500 万元专项资金扶持中小企业融资 [EB/OL]. (2014-12-01). http://finance.sdchina.com/show/3142467.html.

第五章 组织间关系

金、中小企业服务体系及服务平台建设资金,以及落实"助保金贷款"的引导资金。①

在政府逐渐加强对中小企业扶持的背后,是中小企业对政府所发挥的作用日益受到重视。除了提供就业岗位,中小企业也开始为政府的税收和GDP做出更大的贡献:截至2014年,中小企业为国家提供了50%以上的税收,以及60%以上的GDP。②可以想象,当政府自身成为受益人之一时,决策者和执行者们也就更有动力向中小企业伸出援手。

开始将"雷声"化为"雨点"的还有银行。当银行越来越多地发现,国有企业和大企业们都已然被"瓜分"完毕,面向大企业的贷款市场已然饱和时,中小企业才开始真正走进它们的视野。北京银行的"知识产权质押贷款",浦发银行的"区内企业贸易融资方案",兴业银行的"兴业财智星",等等,面对这些新挖掘出的信贷市场,大量针对中小企业的新银行产品被开发出来——终于,抵押物不再是决定企业能否贷款的唯一标准;而交通银行甚至推出了针对小企业金融服务的专业化品牌"展业通",从产品设计到系统研发再到金融服务创新都契合了中小企业的特点和需求。交通银行云南省分行甚至设立了小企业信贷服务中心,并开通小企业贷款绿色通道,对中小企业的信贷需求"优先受理、优先审批、优先发放",

---

① 内蒙古日报. 我区拿出1.5亿元扶持中小企业 [EB/OL]. (2014-11-07). http://news.163.com/14/1107/07/AAE9P02Q00014AED.html].

② 中国新闻网. 中小企业提供50%以上税收,提供80%以上就业岗位 [EB/OL]. (2014-05-27). http://www.chinanews.com/gn/2014/05-27/6215933.shtml.

将贷款办理时限较原来缩短了一半以上。[①]

历史上第一次，中小企业在银行融资上终于有了多种选择。10年政策的雷声，终于让中小企业家们第一次真切地感受到了前方那场迟到的甘霖。

[①] 张瑾. 交行80亿元扶持云南中小企业[N]. 都市时报，2012-09-21.

five / 第五章
组织间关系 / CHAPTER

中国本土化的竞合战略：联合共赢

纵观企业的发展，竞争日益激烈，实施竞争战略、获取竞争优势，已经成为企业在快速变化的市场环境中谋求生存和发展的一项关键因素。过去，企业研究竞争环境的时候，往往只着眼于那些与其一起直接竞争的企业，以此识别当前的和潜在的竞争对手。20世纪80年代初，美国管理学者波特提出了"五力模型"[①]。

五力模型全面深入地剖析了与企业战略相关的竞争环境，但是传统概念中"五力"之间更多的是竞争。随着企业的发展和成熟，越来越多的企业开始意识到，一味地进行对抗的竞争会使企业冒很大的风险，组织间的对抗并不必然实现控制和消灭竞争对手的目标，反而可能导致两败俱伤，造成企业的耗损，而合作可能会给企业带来更大的战略性利益。其实，竞争和合作不应该割裂开来看。1996年，博弈理论与实务专家布兰登·博格和奈勒·波夫首次提出"竞合战略"的概念，将其定义为通过与其他企业

---

① 波特指出，产业结构是战略分析的起点，它强烈地影响着产业内竞争规则的确立和可供企业选择的竞争战略。一个产业内部的竞争状态取决于五种基本竞争作用力：进入威胁、替代威胁、客户价格谈判能力、供应商价格谈判能力和现有竞争对手的竞争。

合作来获得企业竞争优势或战略价值的战略。[①] 竞争与合作是彼此融合的，过度强调竞争，市场竞争的参与者之间将缺少必要的协调与合作，会造成社会资源的无效损耗，给经济运行带来消极影响。企业可以与其互补者合作，可以积极发展与地方政府、行业协会的合作关系，使企业获得并巩固市场竞争地位，实现市场健康有序的发展。

事实上，中国人自古以来要比西方社会更加强调社会的联结和维系，而这比"竞合战略"中强调的合作要具有更加深刻的内涵。尤其是伴随着模块化生产、外包、众包、众筹、轻资产、互联网背景下的碎片化商业模式等新的趋势的出现，中小企业和由中小企业构成的虚拟企业网络组织有可能以更低的成本、更高的效率、更快的速度和更强的应变能力去完成甚至取代以往大型组织才能完成的工作。从某种意义上来说，随着这些趋势的发展，大企业这一延续了几百年的组织形式将可能面临消亡，"大企业已死，小型企业网络组织已生"的未来还能有多远呢？

中国作为最大的发展中国家，其具有新兴市场和转型经济的双重特征。在这样的背景下，中国的制度环境和市场环境具有变化迅速、不确定性高、规模庞大以及模糊地带众多等特征。对于广大的中小企业，它们并不具有独特的资源和能力，要在具备上述特征的市场环境中生存与发展，仅仅依赖企业自身的资源是不够的。因此，借助外部的利益相关者，形成各种联合关系以抵御共同面临的压力和风险，相互依赖、协同共生成为必然的选

---

① 他们认为合作和竞争是不可分割的整体，它们可以是硬币的两面，"五力"之间也有合作的可能，所以笔者在以往企业研究经验的基础上，提出了"八力竞合"模型（孙金云.战略转型——中小企业转型之八大法则[M].上海：格致出版社，2014.），在"五力模型"基础之上引入互补者、地方政府和行业协会这三种力量。

第五章 组织间关系

择。联合[①]战略，是指企业通过与外部其他组织或企业（包括产业链上下游的企业、竞争对手、专业服务机构、行业协会甚至政府机构等）为了实现互惠共赢的相同目标而共同开展的行动。通过在技术、资源、能力等方面的相互协作，弥补各自的缺陷与不足，实现参与联合各方的共赢和协作效应或乘数效应。

以中国的快递行业为例，相对于较早进入中国的 FedEx（联邦快递）和 UPS（美国联合包裹速递服务），本土的快递企业如顺丰和"三通一达"[②]等企业，可谓是在非常不规范的环境下草根地发展，但是极其广泛的渠道分布、快速的响应速度符合中国极高的人口密度环境及相对敏感的支付能力。伴随着中国电商的超高速增长，快递行业进入了大反转的时期。然而，对于快递公司而言，城际和跨地域物流仍然依赖于原有的铁路、公路和航空系统。上述系统很大程度上为国有企业所垄断，因此其发展速度制约了快递业乃至电商的进一步发展。2013年5月28日，阿里巴巴集团宣布联合复兴集团、富春集团、顺丰集团、"三通一达"以及相关金融机构，共

[①] 联合的种类可以分为垂直联合、水平联合和侧向联合。垂直联合是指企业与供应商、中间商、分销商、物流提供商、销售商等同一产业链上下游建立的联合关系。水平联合则是与国内或国外、现有的或新进入的竞争者之间建立的联合关系。侧向联合是与一些专业支持机构，如私募基金、风险投资、银行、研究所、法律、审计、外汇、培训、检验、卫生、环保、管理咨询等专业服务提供商甚至地方政府之间建立的联合关系。联合在形式上更加灵活，它可以是松散的，如长期供应合同、长期合作协议、合作营销、合作配送、品牌合作等；也可以是紧密的，如合资、参股、收购等；甚至经常体现在社会化关系网络，体现在共同参与产业或科技集聚、工业园与科技园，以及参加产业与地区组织等。〈陆亚东，孙金云，武亚军．"合"理论——基于东方文化背景的企业发展新范式 [J]. 外国经济与管理，2015, 37(6).〉

[②] 指圆通、申通、中通和韵达。

同宣布"中国智能物流骨干网"（简称 CSN）项目正式启动，合作各方共同组建"菜鸟网络科技有限公司"，并宣称要通过 5~8 年的努力打造一个开放的社会化物流大平台，在全国任意一个地区做到 24 小时送达。这一企业联合体，包括了 IT 企业、物流企业、金融财团和实业集团。该联合组织综合了垂直、水平和侧向多种联合形态，为共同打造行业未来生态系统奠定了组织基础。[1]

采用联合思想的组织，能够减少企业运营中由于外部不确定性产生的交易成本，通过与被联合企业共同分担风险和成本，达到组织投入产出的优化。此外，联合体中的组织通过建立起的合作机制也可以分享资源和各自的专有知识，促进组织学习与成长。通过联合，还能够产生企业联合体内部的协同效应，以共同应对来自外部的竞争力量或威胁，甚至降低制度风险。[2]

联合思想对于中国的企业，尤其是广大中小企业，具有更加显著的实践指导意义。中国政府对各行业仍保持着极强的约束和调控能力，加上讲究人情和面子的独特文化环境，以及制度法规的相对不健全形成的强关系环境的影响，对于摸索成长中的中国企业而言，注重企业与企业之间的联结，共同分享信息，应对制度环境的变化，采用超常规思维，大胆借鉴外部可以依赖的一切力量，与其他企业充分联合、相互依靠、抱团取暖，有可能为中小企业的发展壮大找到一条更加快捷务实的道路。

---

[1] 陆亚东，孙金云．"合"理论——基于东方文化背景的企业发展新范式 [J]. 外国经济与管理，2015, 37(6).

[2] 同上。

第六章

柔性领导力

我们往往给在创业道路上杀出一条血路的女企业家们冠以"女强人"的名号，在这种身份确立的过程中，恰恰反映了女性对主体身份的屈从。尽管40年风雨，不少女性成功登上历史的舞台，而女人撑起的半边天空依旧狭窄。女企业家除了要面对不健全的法律环境、转型冲突、文化环境等困局之外，根深蒂固的性别歧视也为女企业家套上了无形的枷锁。这些观念往往也会迫使女性在职场中隐藏、压抑凸显女性个性的一面，努力与男企业家的形象趋同。事实上女性独特的管理风格和思考角度其实也别具一格。相较于男性的刚而易折，女性天热较强的韧性更能成为维系一个家庭或是企业强有力的纽带。

第六章 柔性领导力

"她"力量

民营企业中的"巾帼"

1979年，雷菊芳刚刚从西安交通大学毕业，被分配到中国科学院兰州近代物理研究所工作，"真空室表面洁净处理技术"的研制成功让她被评为甘肃省"三八红旗手"和"新长征突击手"；远在浙江诸暨的周晓光高中毕业，挑着货独自一人来到上海城隍庙摆地摊；而张兰还行走在热闹的北京街头，衣着另类，漂亮、爱笑。

时间走到20世纪90年代初，此时三人也不约而同地走到了各自事业的十字路口。

周晓光从17岁开始就独自一人走南闯北，流动经商，如今已经住在义乌最好的住宅小区，并且在市中心朝阳门买下了店铺，饰品生意稳定，家庭关系和睦。她似乎该歇歇了，然而周晓光清楚地感受到，一种叫作"事业心"的情绪在她心里迅速滋生、蔓延。

这时的张兰还远在加拿大积累创业资金，由于没有绿卡，她只能给人打黑工。在西餐厅打工的时候，她和一个印度男人每天要负责扛肉卸车，冻肉每片净重160斤，每天要卸36片，同时还要负责冻肉的切放。没有人会因为你是女人而帮你，一切只能靠自己。那段时间，张兰的手上常常刀痕累累。每天超高的劳动强度让她只能休息七八个小时，晚上回到潮湿的房间，只能靠双手把僵硬的腿"抬"到床上。夜深了，窗边是扣放着的装有儿子照片的相框，她不敢看，怕思念瞬间把自己击垮。

走得最远的大概是雷菊芳了，她也正陷入事业的低谷。她一手创办了汇友科技有限公司，并主动给每一位参与创业的人分配了大比例的股份。在她的领导下，1991年公司盈利百万元，成为兰州民营企业中的佼佼者。然而好景不长，当她提出想要实行企业转型时，其余四位股东一致反对，并按股份比例瓜分了百万元的资产。盲目的"公平股份制"如当头一棒，打在了这个理想主义者的头上。一时失去方向的雷菊芳受到重创，离开甘肃，远赴西藏，追寻心灵的宁静和慰藉。

正如美国已故传奇女企业家玫琳凯所说："在同样的条件下，最终能成功的，是那些具有坚定信仰，永远坚信自己能做到的人。"毫无疑问的是，创业阶段的周晓光、张兰和雷菊芳都凭借着骨子里的坚韧坚持了下来。

1993年，不再沉湎于过去失败的痛苦中的雷菊芳，因一次偶然的机会，在甘肃甘南一个老师的家里看到一幅医学挂图，大致讲的是精子和卵子的结合。老师说这是有人在1300多年前画上去的。在没有放大镜的1300多年前古人如何画出这样的图来？雷菊芳后来回忆起这段经历时说："我想藏医学一定是有一套智慧体系的，于是产生了浓厚的兴趣，想去学习和了解。"

经过持续不断地对藏医藏药进行研究，雷菊芳于同年注册成立了奇正藏药有限公司。她将藏医治疗中不易保存的糊状黑膏药用物理学中的真空冻干技术进行处理，既有效保存了药物活性，又方便携带，由此制成了第一款产品——奇正炎痛贴；随后她马不停蹄地进行宣传和生产。面对融资

第六章 柔性领导力

难的问题，雷菊芳看得很开，她说："资金问题不是主要的，现在的关键问题是人们敢不敢把钱交给你，因此诚信才是最重要的。"她很少依靠银行贷款，而是专注主业和引进人才，更多地把视线聚焦在创新和研发上，每年投入的研发资金约占年销售额的3%~5%。

当雷菊芳在事业的道路上高歌猛进时，放弃了加拿大绿卡和"华人选美大赛冠军"头衔的张兰也飞回了国内，怀揣着打工所得的2万美元，进入门槛较低的餐饮业发展，先后开了阿兰酒家、百鸟园鱼翅海鲜大酒楼。1997年年底，海鲜大酒楼的经营到达顶峰，日营业额达到50多万元。这时，一向敢说敢做的张兰却陷入了巨大的矛盾：是选择继续经营酒楼，还是做一个品牌出来？最后张兰拍板，海鲜大酒楼被以6000多万元的价格卖出。2000年，在北京国贸西楼，第一家"俏江南"精品川菜餐厅开张，并以3个月开一家新店的速度扩张。开顶级路线的餐馆，入驻顶级的写字楼，装修奢华的"兰会所"（Lan Club），十年如一日，张兰在被她自己戏称为恋人的"俏江南"上投注了无数心血。

这个时候的周晓光则走在一条充满阵痛的改革之路上。从家庭作坊式企业转变为现代型企业，周晓光几乎是从零开始：个人进修，开内部培训班，导入企业形象标识系统，管理标准化，裁员，等等，她的新光饰品有限公司成为义乌饰品行业名副其实的"黄埔军校"。

2011年的胡润女富豪排行榜上，张兰、雷菊芳、周晓光这些女企业家都名列前50位，可谓星光熠熠。

我们往往给这些在创业道路上杀出一条血路的女企业家们冠以"女强人"的名号，在这种身份确立的过程中，恰恰反映了女性对主体身份的屈从。商场如战场，雄性的丛林里没有悲悯和顾怜。在这里，女性从来就是"少数人",即便有张兰、雷菊芳和周晓光这样的案例摆在面前,女人撑起的半边天空依旧狭窄。

2010年12月16日,第二届中国商界女性精英峰会发布《十年·中国商界女性的机会与挑战》发展报告称,随着1995年以来民营经济的发展,中国商界女性的企业规模不断扩大;即使经过2008年的全球金融危机,也依然保持着往年的比例。销售收入在1亿元以上的女性企业比例保持在13%以上,而女性企业的盈利状况则一直保持在98%左右。《2011年中国女企业家发展报告》显示,女企业家企业的盈利能力普遍优于同类企业。即便是在国内外经济形势复杂多变、企业经营环境充满风险与挑战的2011年,依然如此。我们对257家女企业家的企业2011年的经营状况进行了分析,除了2家企业亏损外,255家企业的平均销售净利润率约达14%。就资产规模而言,对221家企业统计的结果是,总资产达亿元以上的企业约占27%。

我们可以说,女企业家带领企业的规模及销售态势良好,尽管企业家人数增幅缓慢,但始终在增长。然而或许反过来看的意义才是更重要的,尽管始终在增长,女企业家的人数却始终维持在一个较低的水平。据万事达卡在2017年3月8日发布的"全球女性创业者指数"披露,中国女企业家比例为30.9%。

《哈佛商业评论》曾对1000名男性和女性进行调研,其中2/3的男性主管和1/5的女性主管表示,在一位女企业家手下做事,心里会觉得不舒服;只有大约9%的男性主管和15%的女性主管能够接受并乐于在一个女企业家手下工作。这种性别偏见在中国有其历史根源。儒家传统所提倡的"夫为妻纲",历经宋明理学的弘扬,化作一套女子必须遵守的道德范式被代

第六章 柔性领导力

代传承,成为传统观念束缚女性的桎梏。在传统经济余威尚存的背景下,处在相对弱势地位、对创业环境具有更强依赖性的民营企业中的女企业家们,除了要面对不健全的法律环境、转型冲突、文化环境、政治和经济环境等困局之外,还要承受性别因素所带来的不利影响。Barbara Noble(1986)提出的"男企业家注重商业策略本身,而女企业家则会更多以生活角度思考"一直得到学者的验证及认同。Eagly 和 Kamu 在 2002 年提出的"角色一致"理论详细地论述了女性的性别角色与领导力角色之间存在矛盾,并且由矛盾导致多个类型的偏见。①

古人言:慈不掌兵。女性天生的柔情或许在一定程度上使得她们趋于保守、退缩,却在更多的时候使得她们去恶向善,对社会更多地报以温柔而有礼有节的回馈。

在浙江万丰奥特控股集团(以下简称"万丰集团")的厂区里,一块巨大的电子显示屏上显示着"永恒提升价值,不断奉献社会"几个字。陈爱莲领导的万丰集团迄今已经走过 20 多个年头了。在这二十几年当中,万丰集团设立了多个专项救助基金,支持新农村建设,建设文化中心,铺路、修桥,安排残疾人就业;设立教育基金,兴办希望小学;同时支持包括世界女篮联赛、世界特殊奥林匹克运动会等多项体育赛事。据统计,截至 2010 年,万丰集团在这些公益活动中的投入金额达 3000 多万元,并设

---

① 一种为描述性的,一种是说明性的(Burgess 和 Borgida,1999;Eagly 和 Karau,2002;Heilman,2001):描述性的偏见起因于女性角色与领导力模式之间匹配的缺乏,由此推导出,女性不具备基本的领导素质去承担领导者的角色;而说明性的偏见起因于女性运用了男性化的领导力模式,违背了社会所赋予她的性别角色期望,在这两种情境下,女性领导者所得到的评价均是负面的。〈胡剑影,等. 女性企业家领导力模式实证研究[J]. 上海交通大学学报(哲学社会科学版),2008(6).〉

立了 1 亿元的慈善基金。[①] 在福布斯 2013 年发布的《中国企业家幸福指数白皮书》中，旅游、进修/读书、慈善公益是企业家热衷的前三大活动。九成企业家认为从事公益慈善活动可以带来更多的满足感。女性天生的特质使她们更具有同情心，在参与调查的女企业家中有 92.6% 认为从事慈善公益活动能给她们带来更多的满足感，这一数据比男企业家高 2.5%。

譬如，对于藏民们而言，雷菊芳和奇正集团的意义就不言而喻——不仅促进了藏族人民的就业，同时也在很大程度上拉动了当地的经济。专注藏药产业的雷菊芳，捧起雅鲁藏布江与尼洋河交汇之地源远流长的"甘露"，奉献利乐众生之妙果。

巾帼不让须眉

曾于 1993 年短暂出任加拿大总理的 Kim Campbell 在 2006 年"汕头对话"论坛上做了题为《妇女领导的趋势》的演讲。她说："人们总认为男性担任领导职位是正常的、自然的，而女性做领导就有些特别了……。男性领导犯了错误，很容易得到改正的机会，而当女性领导犯了错误，人们就会说'哦，我早知道女人不适合掌权'。"

女性当真不适合担任领导吗？

试想，你白手起家创立了一家公司，在公司起步的三年里，各种麻烦接踵而至——先是银行融资出现问题，在长达六个月的时间里市场成交量几乎为零；六个月后，一场火灾烧毁了全部设备，生产线上的原料全部报废，部分中层管理人员留下辞职信后就匆匆离去；一年半后，刚刚步入正轨的公司在全球金融危机的震荡下，过去一年的盈利损失殆尽。这家企业还能

[①] 陈校理. 陈爱莲——一个不断超越的商界女杰 [N]. 浙江日报（天下浙商），2009(21).

第六章 柔性领导力

活下去吗？

这样的境况发生在任何一家初创公司身上都是一场灭顶式的灾难：寒冬过境般的市场，濒临断裂的资金链，社会媒体的负面评价，人才大量流失又根基尚浅的企业……，仿佛就是为了印证"福无双至，祸不单行"这句俗语，接二连三的祸事不给公司以任何喘息的机会，几乎把人逼入绝境。然而，这一切都真实地发生在江苏天保光伏能源有限公司身上。2006—2008年，作为掌舵人的杜学勤带领着这家于2005年成立的企业经受住了重重的考验，最终生存了下来。她把企业风雨如晦的那段时期戏称为"爬坡"，但她终究挺过来了。

早在公司建立之初，杜学勤就经历过一次意外的变故。2004年，她信心满满地打算进军新能源领域，经友人介绍很快找到了投资人与她合资建厂。正当充满干劲的杜学勤投入大部分储蓄作为前期资金，又马不停蹄地宣传造势时，投资人突然提出："我不投资了。"这个消息仿佛一盆冷水浇在当时斗志昂扬的杜学勤身上。不投资不仅意味着前期投入打了水漂儿，更重要的是企业会失信于员工、媒体和政府。杜学勤不甘心就此罢休，第二天起就挨个地给投资公司打电话，然而得到的或者是明确的拒绝，或者是含糊其词，就是没有一个肯定的回复。

连续四天，从未和风险投资人接触过的杜学勤遭遇了各式各样的刁难，仿佛一个稚嫩的小兵厮杀在铁血战场，很多时候她都被"攻击"得哑口无言，狼狈不堪。她觉得酸楚，但始终没有放弃。皇天不负有心人，这份坚韧终究得到了现实的回报——经过和一位风险投资人的会谈，在两周内她按对方要求赶出了一份扎实的预算方案，并和对方达成了一致建议，她终于拿到了600万美元的投资。

相较于男性的刚而易折，女性天然较强的韧性更能成为维系一个家庭或是企业强有力的纽带。无论是历经数次沉浮的杜学勤，初创惨败、二度创业的雷菊芳，还是早年经历了人生低潮起落的张兰，面对社会环境和企业环境的双重考验，在阵痛和黑暗之下走出来的女人们，都能振作精神，收拾残局，东山再起。

女性特有的韧性在面临危机和磨难时往往予以女企业家支持，而在刘伟身上，则体现出女企业家的另外两种特质：谨慎以及善于沟通。

2013年4月18日，巨人网络宣布任命刘伟为CEO（首席执行官）。这位长期处在史玉柱身后的"贤内助"摇身一变，成为企业的当家主事。事实上，早在史玉柱发于2010年11月的一条微博当中，就透露出将公司运营彻底交给刘伟的意图。

和史玉柱的大胆冒进形成鲜明对比的，是刘伟的谨慎理性。在2008年2月巨人网络做季度报告时，史玉柱和刘伟针对公司网游的人均消费数据是否要公开有过一次激烈的争辩：史玉柱觉得公司网游不存在人均消费过高的问题，数据可以公开；刘伟则认为没有公司如此行事，因此不宜公开。两人各执一词，互不相让。谈判到最后，刘伟取得了最终的胜利。这已经不是史玉柱的意见第一次被否决了。早在2001年，新浪股价跌到1元多的时候，他想买下新浪的决定就遭到了内部否决，反对他的依然是刘伟："不行，连个成熟的商业模式都没有。我们的脑白金是一瓶一瓶卖的，多辛苦。"史玉柱并不是一个喜欢集体决策的人，他更倾向于独断专行。但20世纪90年代"巨人"出事之后，或许是为了不再重蹈"巨人"大厦轰然倒塌的覆辙，公司制定了"不能个人决定，要集体决策"的规则。就连巨人集团进军网络游戏领域的提议之所以能顺利通过，也是因为初期投入

第六章 柔性领导力

属于个人投资，与公司无关。

史玉柱对媒体谈起刘伟时曾说："我冲动的时候，她就会把我往后拉。"一张一弛，文武之道。经验性的思维会使女性更倾向于求稳，而非求变。刘伟自己也曾说："他相对比较浪漫，我非常理性；他有冒险精神，我非常谨慎。"这种谨慎和对风险的规避使得她更善于充当一个管理者的角色。确实，野心过大、横冲直撞是导致破产和商业失败的主要原因，但这也弱化了对市场的捕捉能力。在巨人集团进军网络游戏领域时，刘伟并不看好，对于史玉柱"两年之内，利润超过你，三年销售额超过你"的狂言，当时运营着销售额达数十亿元的"健特"的刘伟一笑置之。事实胜于雄辩，两年后，史玉柱真的实现了当初的豪言——在对市场的把握上，刘伟是无法代替史玉柱的；但作为一个管理者而言，刘伟做的要比史玉柱好得多。

费拥军是史玉柱手下最得力的四个"火枪手"之一，他曾形容史玉柱为"不会公关的孩子"。在早年巨人集团面临滑铁卢，人才流失严重，资金紧缺，顾此失彼且恶性报道不绝的那段"血雨腥风"之下，史玉柱就表现出了性格当中不善交际的缺陷。当时他拒绝与媒体沟通，拒绝同外界接触，政府束手无策，银行袖手旁观，一时祸不单行。史玉柱躲在300平方米的总裁办公室里，闭目塞听，枯坐、徘徊。刘伟则不同，在面对《南方周末》刊登《脑白金真相调查》的负面报道时，刘伟的动作显得迅速、积极、主动。

2002年3月15日，全国消费者权益日。当天《南方周末》在头版刊出了一则《脑白金真相调查》的报道，对于脑白金的功效提出强烈质疑，并旁征博引大量科学依据、权威发言申明立场，矛头直指巨人集团。虽然没有五年前那种颓如山倾的阵势，巨人集团的企业信誉却再次面临严峻的挑战。

刘伟得知调查报道将要刊出,在第一时间联系了时任《南方周末》总编辑的向熹,向他阐明脑白金的产品思路,并不断通过打电话、发邮件等途径与《南方周末》保持密切联系;为了谨防行业内部竞争对手的攻讦,她立刻召集所有分公司,要求他们和消费者保持有效沟通。在《南方周末》最后呈现出的新闻报道当中,我们至少看到了巨人的回应。刘伟以女性柔韧的姿态将这一场危机消弭于无形,充分发挥了女性管理者善于沟通的优势。这种危机公关的处理能力,放在日常化的企业管理当中,则表现为女企业家在管理风格上更加重视民主,善于合作。

刘伟应史玉柱的邀请从保健品行业转战游戏行业时,和史玉柱这样的"骨灰级"游戏玩家不同,对游戏行业几乎一无所知。为了做好公司的运营管理,她不仅自己玩游戏,每天也总要花很长时间和员工进行交流,遇到不懂的问题就问,态度谦和诚恳。2010年,由于游戏行业资本过剩,公司之间对于人才的竞争异常激烈。刘伟为了留住核心骨干,专门列出了一张核心人员名单,并针对员工的不同情况进行沟通。每天早上10点到晚上9点,刘伟的工作就是在办公室不停地和人聊天、协商。

"善于沟通和对话"——在武汉大学人力资源管理开发研究中心开展的"女性职业发展外部影响因素"调查结果当中,47.9%的受访者认为这是中国女企业家最显著的管理特色。欧洲达克斯大学杜克管理学院的Rionard Glinchf指出:男女在谈判作风和与对手打交道的方法上多有不同,男性时常想要拼一把,一心想着"只赢不输"地去和对手角逐;与此相对,女性往往能做到进退自如,委曲求全,耐心等待,抱着"双赢"的心态,不太会引起合作伙伴和对手的抵触情绪,相反,他们更多地会表现出对于

第六章 柔性领导力

女企业家的倾慕和关爱,这样的缓和机制的建立使得女性更容易与对方建立友好合作关系。

正如西方学者 Martha Tucker 和 Carol Patitu 所说:"今天女性正在改变管理这张严厉的面孔。在组织中她们正在塑造新的管理形象,领导者单一权威的面孔正在被一群个性鲜明的团队成员集团画像取代。因为长期以来在团队中女性都仅仅是它的成员,所以她们很容易认同团队意识,并且在管理者的角色中女性正在发挥这种意识的优势。"从女企业家身上,我们能够看到独特的领导力特质,如柔性管理能力、意志力、直觉力。[1] 女企业家的管理风格还具有柔性、细致、精力充沛、重视女性发展、对组织变革具有敏感性、凭本能掌握工作技能等特性。[2]

---

[1] 张丽珊. 女企业家的领导特质与领导力提升 [J]. 人力资源管理,2011(3).
[2] 胡喆华,褚俊虹,梁巧转. 女企业家创业的内部动因及其对管理风格的影响 [J]. 科技与管理,2002(4).

关系能力和柔性领导力

在传统观念中,"女性"似乎被认为与具有权威的"领导者",或是具有开拓精神的"企业家"这些词格格不入。这些观念往往也会迫使女性在职场中隐藏、压抑凸显女性个性的一面,努力与男企业家的形象趋同。实则大可不必。女性独特的管理风格和思考角度其实也别具一格。女性的一大特点是讲求"伦理关怀",更能站在他人的角度思考问题。[①] 对内,女性管理者对于员工更加关怀,易于形成更加平等民主的企业文化氛围;对外,女企业家沟通能力强,常能以退为进、以柔克刚,在维持各方面关系上也更加出色。此外,不同于男企业家,女企业家在利益诱惑面前,所体现的道德观念更强。这是因为男性竞争意识特别强烈,在决策时往往以结果为先,以实际利益为标准,为此不惜违反规则;而女性则更倾向于根据规则来规范决策,更加关注过程的合理性以及各方之间维持长期和谐的关系。因此可以说,女企业家在"关系能力"上总体略胜男企业家一筹。

当我们讨论企业竞争优势的源泉时,总会说到核心能力。核心能力其

---

① Bass K, Barnett T, Brown G. The moral philosophy of sales managers and its influence on ethical decision making [J]. Journal of Personal Selling and Sales Management, 2001, 18(Spring): 1-17.

第六章 柔性领导力

实可以从两个维度来看:一个维度是将企业作为纯粹的经济体来看待,其核心能力就是"基于交易的能力"[1];另一个维度则是从某种程度上将企业视作企业家的人格化体现,"基于关系的能力"[2]也是核心能力的一部分。[3]

中国文化讲究族群,强调集体的合力。荀子就如此评价人:"力不若牛,走不若马,而牛马为用,何也?人能群,彼不能群也。"因此,在儒家思想引导下,中国传统的社会结构,不是以个人而是以家庭为基本社会单位。在家庭内部,天然的血缘纽带和长幼尊卑的伦理秩序共同组成了人与人之间的关系网络;而在儒家的观念中,这样的一个关系网络是可以像涟漪一样,从中心向外扩散的。既然可以扩散,也就意味着社会中的人际关系是可以像家庭成员之间的关系那样相互亲近和信赖;但既然是涟漪,就意味着这样的关系网络是从内向外连接,强度逐级递减的。正如同儒家虽讲"老吾老以及人之老",但也讲"亲亲",即亲爱亲人。因此,社会中的人际关系也并不是完全以情感为基础的。

因而,"关系"一词在中国文化里的内涵,远非英语里的 relation、connection 或 network 中的某一词所能涵盖,它是包含适应、互惠、信任、依赖等多种特征的复杂人际网络。这其中既有信任这样的情感因素,也有互惠之类的现实需求,又同时附加着约束的意味——既然信任,就不容许背叛;既是互惠,就要求有回报。这些约束并不是完全依靠法律和规章,

---

[1] 它指纯粹在经济和市场方面企业所拥有的能力,该能力可以带来通常意义上竞争优势的提升,比如创新、品质、客户响应和效率。
[2] 它是指企业培育、维持乃至发掘与外部利益相关者,包括竞争对手、政府、供应商和分销商等之间关系的能力。
[3] 孙金云. 一个二元范式下的战略分析框架 [J]. 管理学报,2011(4).

也同时依靠道德、情义来约束。

因此,中国社会环境下的很多商业行为都离不开"关系"。

在企业的初创阶段,中国的民营企业家就需要一个坚固可靠的核心关系网络。这样的核心关系网络往往是由亲戚和密友构成的,这不仅是因为亲友之间相互熟知,还因为亲友之间的关系是建立在感情和信任基础上的"表达型关系",是一种长期而稳定的关系,不会因为眼前的经济利益而受影响。核心关系网络对于草创阶段的企业的决策意义重大。众所周知,初创的企业会面临许多大方向上的选择,选择行业,衡量机遇和风险,评估资源的价值,凡此种种。企业家需要集思广益,这时稳固而又相互信赖的核心关系能够确保合伙人基于企业的长远利益给予真诚、不夹带私货的意见和建议。

脆弱的核心关系很可能给企业留下分崩离析的隐患。雷菊芳遭到合伙人的背弃如此,杜学勤遭遇投资人釜底抽薪亦然。纯粹因利而聚的关系本就容易因利而散。在契约文化还没有落地生根、法律法规还不尽完善的中国商业环境下,有一张以信任为基础、感情为纽带的核心关系网络,可以或多或少地弥补商业信誉的缺位。

到了企业的运作阶段,企业家就要用心经营和各个利益相关方之间的关系。这其中最直接的就是企业和它的客户、供应商以及竞争同行之间的关系。

营销学大师科特勒认为,企业应该以顾客的需求为导向,和客户的关系关乎企业的业绩。维护与客户之间良好的关系,可以增加客户的满意度和忠诚度,帮助企业增加销售量,按时收到款项。

同理,建立与供应商之间的良好关系,企业就可能获得更加优质的产品或服务,也能缩短产品周转周期,降低库存成本。

第六章 柔性领导力

企业同竞争对手同样可以建立合作伙伴甚至产业联盟的关系网络。一旦合作或者联盟的关系建立，企业就可能在产品研发、货物库存、销售渠道等多方面享受到合力带来的优势。

对于现代企业来说，另一个至关重要的关系就是它和媒体的关系。民主化的社会和竞争激烈的市场经济，决定了现代传媒的重要地位和作用。在欧美，就有学者把新闻媒介看作继司法、立法和行政三大权力之后的第四种权力，服务于各大众传播媒介的记者亦被尊称为"无冕之王"。神通广大的媒体对于企业来说，可谓是一把"双刃剑"，既可以为企业推广产品、展示文化推波助澜甚或摇旗呐喊，也可能捕风捉影、三人成虎，使公众对企业产生负面印象。因此，企业同样需要用心经营和媒体之间的关系。反之，如果企业仗着自己交易能力强大，财大气粗，而对着媒体颐指气使，那么将大众媒体作为了解企业信息的主要渠道的广大消费者，也会随之对企业产生负面甚至恶劣的印象。

巨人集团在"脑白金"这一危机公关上，就是经过了刘伟的"拨乱反正"，才最终转危为安。在事件爆发之初，刘伟及时、主动地和媒体进行沟通，在舆论哗然之时成功发声，不致陷于被动。

事实上，对于关系对企业业绩的积极作用，并非"中国特色"。西方许多文献就对这一现象展开了探讨，并提出了一些理论。这些理论的共通点是将关系网络也视作一种社会资本，可以帮助企业赢得机会，获取信息或资源，提高企业竞争力。因此，关系被视作一种能力是完全合理的，关键是使用是否得当。

因此，关系在未来商业环境中的发展应该被一分为二地看待。一方面，随着制度的完善，政府运作的透明化，政府官员对于信息的支配权、政策法规的解释权将会逐渐淡化，企业利用关系去获得相对竞争优势的可能性被大大削弱，那么涉及钱权交易的"寻租关系"便会退出舞台；另一方面，基于信任和互惠的关系依然会在企业的商业运作中起到重要的联结、加强或缓冲的作用。通过关系渠道，企业可以从供应商那里得到优质产品，可以和同行分享行业信息，也可以在需要公关时同媒体保持沟通或达成谅解。这种关系能力是值得企业将其视作等同于交易能力而用心经营的。

在商业运作中，基于交易的能力和基于关系的能力实际上是并行不悖的双轨，两者可以相互促进而无法取代彼此。如今的商业环境下，"酒香不怕巷子深"已然过时。把酒酿好的同时，做好口碑，才能得到各方面的交口称赞。

新型的关系管理已不再是单单维护彼此良好和睦的关系那么简单。新型的关系能力更多地表现为是企业的一种策略，它讲求的是通过与诸如供应商这样的利益相关方建立长期、紧密的业务关系，并通过对双方资源和竞争优势的整合来共同开拓市场，扩大市场需求和份额，实现双赢的企业管理模式。因此，关系能力不仅不与交易能力相冲突，还恰恰能使交易能力的优势得到最大限度的发挥。所以，基于交易的能力和基于关系的能力都是企业核心能力不可或缺的部分。两者相辅相成，最终殊途同归。

第七章

战略转型与民营企业创新

2000年以来，随着东部沿海经济的发展，劳动力成本和土地成本的上升已经显而易见。劳动密集型中小企业出于节约成本的考虑，持续上演着区域性转移，但转移本身似乎并没有一劳永逸地解决问题。由"中国制造"到"中国创造"，需要的是源源不断的创新。无论是早期民营企业大量复制西方成功的商业模式，还是试图开辟技术创新道路的尝试，都面临着相同的困境，即如何在原始资本积累的基础上持续创新。当站在历史的长河中回头望去，我们会惊讶地发现，民营企业发展的创新之路，也是互联网从萌发到茁壮成长的历程。

第七章 战略转型与民营企业创新

坎坷转型途：内迁

2012年，江西西部的一座小县城。

林震川（化名）站在办公室的窗边，看着窗外的一条条绿荫大道和一座座现代化厂房，眼里满是小县城十年前的影子。没有人能够想到，就在十年前，这里还是一个荒无人烟的偏僻村落，正如许多的中西部小县城一样，朴实无争。

2002年，林震川带着天华集团的考察任务，坐上从广东飞往江西的航班，初次踏进了这座江西中西部的城市。在几天的走访和考察后，林震川逐步了解了当地的一些基本情况，如工资水平、交通状况、土地价格、物价等。"当时这边的人力成本非常低，一个月基本上开出1000元左右就能招到人，土地有政府的优惠政策，总体来说也非常诱人。唯一不足的是交通，可以说非常差，几乎没有高速公路可以直达广东。"当林震川将这些实地考察的信息带回总部时，他一路都在盘算：公司的高层派他到九江"秘密"考察，难道是为以后公司的生产基地转移到中西部做准备？

然而，这个转移对公司而言，究竟是利大于弊，还是弊大于利？

2000年以来，随着东部沿海经济的发展，劳动力成本和土地成本的上升已经显而易见。根据《中国统计年鉴2003》的数据显示，2000—2002年，广东的城镇单位就业人员年平均工资分别为13 823元、15 682元、17 814元，两年内涨幅高达28%，而天华集团主营鞋业，属于劳动力密集型产业，员工工资和厂房租金的上涨，大大增加了公司的成本，对公司的发展形成扼喉之势。究竟是"挣扎留守"还是"转移求生"？天华集团站在分岔路口，难以抉择。"2002年那时候，大多数企业还是想扛一扛，所以都没有走。但是我们在考察了九江那边后，发现转移可以节省10%左右的成本，而且中央对扶持中小企业向中西部转移也提供了很多优惠政策。再三权衡下，我们还是决定先人一步，去江西那边搏一搏。"春江水暖，知者先觉。天华集团的高层率先迈出了这一步，在九江投资3亿多元兴建厂房。正是这一步，为天华集团未来的发展打下了扎实的基础，但同时也让天华集团在最初的那些年里吃尽苦头，历经磨难。作为江西项目的负责人，林震川亲历了这一次转型的阵痛。

2002年江西厂房落成后，问题便随之而来：制造皮鞋的原材料匮乏。在广东，由于制鞋行业分布密集，原材料的供应十分充足。然而，九江市的制造业并不发达，而制鞋行业中又只有天华集团一家，很多原材料在当地买不到。无奈之下，林震川只能和广东总部商量，尝试从广东运输原材料到九江。但是这一决策又带来了新的问题，即交通不便导致物流滞后。当时，从广东到九江的高速公路并未开通，而物流运输行业也不及如今这般发达，运送一趟货物的时间成本和人力成本都非常高。即便是公司专用车连夜不停地赶路，最少也要10个小时才能到达九江。原材料的短缺和物流的滞后，让九江生产基地的效率大打折扣，严重情况下甚至会导致整条生产线停滞，这令林震川头疼不已。所幸，在随后的几年里，赣粤高速公路开通，快递物流行业也逐渐兴起，情况才得以缓解。

第七章 战略转型与民营企业创新

伴随着中西部交通的改善,东部竞争的持续加剧,越来越多的企业开始尝试迁移,被称为"候鸟产业"的制鞋业更是动作频频。2003年,温州制鞋企业奥康集团落户重庆璧山,斥资10亿元建设"西部鞋都",在当时颇为轰动。2005年,全球最大的制鞋加工企业、台湾制鞋上市公司宝成集团也逐步将生产基地从沿海向内陆转移,分别在江西上高县和安徽繁昌县建厂,为耐克、阿迪达斯等品牌代工。低廉的厂房,低廉的劳动力,国家补贴以及可以辐射内地市场,成为吸引劳动力密集型中小企业向中西部迁移的主要因素。然而,这一切在近几年发生了变化。

2012年,四川省、山西省、江西省分别宣布最低工资上调23.5%、16.2%、21%以上,宁夏回族自治区同年宣布从4月1日起实行新的最低工资标准,三档分别为1100元、1020元、950元,平均涨幅达到24.9%。一场不可避免的工资涨潮在中西部渐渐拉开序幕;而这几年,天华集团在九江的员工已经从最初的几百名增加到现在的将近一万名,随着工资的上调,天华集团在工人工资账单上的数字也在不断升高,而且这个趋势似乎会一直延续下去。这使得天华集团再次面临劳动力成本增加的尴尬。"中西部劳动力差价在缩小,比较劳动力成本已经没什么意思了。"林震川分析了形势的变化,说:"如今这边唯一有竞争力的是土地和水电价格。"然而,这优势也仅仅抵消了运输成本。

一波未平,一波又起。天华集团遭遇的意想不到的困难似乎不止是劳动力成本的上升,另一个更大的"噩耗"令天华集团高层忧虑,那就是政府对产业支持的倾斜。在前几年,为了招商引资,政府对于像天华集团这样的外来"土豪"甚是欢迎,在土地政策、税收政策上都根据国家对西迁的中小企业的优惠政策给予了一定的扶持。"近几年,政策开始向重工业和高新科技产业倾斜。"林震川在发现这一走势后,一度感到不安。对于中国的中小企业而言,政府的政策在一定程度上可以决定一个企业的生死。如果能够获得当地政府的扶持,那么企业的生存就会变得容易许多;反之,则可能将一个企业甚至一个行业推向深渊。传统制造业似乎在多地都已经被打入"冷宫",而新兴的互联网公司、高科技能源公司逐渐成为新宠。在重庆的璧山工业园内,也正在上演类似的一幕。"璧山全县制鞋商户在五年内,从2000家锐减到目前的1000家。在这样的形势下,璧山毫不犹豫地选择了放弃鞋业,'腾笼换鸟'支持拥有高附加值、高新技术的IT业。目前,台湾维鲸电子在璧山落户,约有50家微电子企业与璧山达成了意向投资协议。"[1]

那么转移的意义究竟何在?转移究竟获得了什么?

从理论层面上来说,产业的区域性梯度转移似乎是一种必然。20世纪60年代,美国经济学家弗农提出,产业有一个产生、发展、成熟和衰退的过程。发达国家向发展中国家转移产业,是为了顺应产业生命周期的变化。中国一些学者根据国内的情况,提出了东、中、西产业区域梯度转移的理论,认为劳动密集型产业从东部到中西部转移,一方面可以升级东部的产业结构,另一方面使中西部地区承接转移来的产业,促进当地经济的发展。[2]但是对于像天华集团这样的中小企业而言,从东部到西部,更像是一场逃亡。求生是人的本能,也是企业的本能。当原来的生存环境变得恶劣时,它们开始寻觅新的生存空间,于是,它们来到了成本更低的中西部。然而,

---

[1] 谭儒. 鞋业迁徙,迁的是一种"迷茫" [N]. 经理日报,2010-08-27.
[2] 邹俊煜. 产业梯度转移理论在区域经济发展中失灵的原因分析及其启示 [J]. 科技进步与对策,2011,8(28).

第七章 战略转型与民营企业创新

随着越来越多的中小企业也"逃亡"到此地,这边又成为一个新的"战场"。历史似乎又重新上演了一遍,成本上升,竞争加剧,不能适应的企业倒闭,适应的企业生存或者寻找下一个栖息之地。中西部大环境的变化已经显而易见,那么,在换取短暂的喘息时间后,像天华集团这样的中小企业下一步又该如何走呢?

坎坷转型途：南突

"走出国门，到越南去！"台铭集团做出了一个大胆的尝试，把生产工厂从广州搬到越南，试水东南亚市场。

1986年，出身于农村的钱家成（化名）带着父亲倾家荡产为他筹集的10万元创业经费，搭上了开往广州的火车。在广州，他了解到一家工厂正面临倒闭的危机。因为厂房在山边，山上都是坟墓，常常有人来放鞭炮祭祖，女孩子都被吓跑了，根本没法工作。钱家成却当机立断，拿出了积蓄的大半买下了这块地，成立了一家叫作"台铭"的小型电镀公司，开始了淘金之路。出身农村的人往往懂得吃苦，钱家成也不例外，他每天5点起床一直干活到深夜。除了工作之外，钱家成每天到办公室的第一件事就是拿起当天的报纸，关注近期的国际和国内形势。"识时务者为俊杰，我们的发展还是要多看看中央的一些动向。跟着政策走，总是容易些。"钱家成如是说。

几年积累下来，公司渐渐有了起色。从使用旧设备慢慢发展到拥有几条自动生产线再到购买了PVD（磁控溅射镀膜）线，订单量从最初的几万元、几十万元到上百万元。随着公司的扩张，钱家成在广州买了大的厂房。"一个买了做食堂，提高员工的生活水平，以前一个地方很拥挤，现在上下两

第七章 战略转型与民营企业创新

层环境很好,请外面的专业厨师。另外买一栋专门住宿的,员工吃饱睡好了才能干好活。"正是因为这样的人文关怀,台铭集团一直发展得较为平稳。尽管周围的企业换了好几批,台铭集团依然还在。

然而,一场意外令台铭集团陷入了危机。"那真的是一场浩劫。"钱家成说道。2011年,广州的大型担保公司启明集团倒闭,牵连了一大片中小企业,台铭集团便是其中一家。"我们和他有过一个单子,所以他跑了,连我们都被银行列入了黑名单。"钱家成在回忆起当时的情况时,依然心有余悸,"中国建设银行、招商银行各收回1500万元,信用社收回1000万元,4000万元一下子拿走,而且其他银行和担保公司也不愿意借钱给我们,那个时候真的很难。"

尽管最后台铭集团挺过了这一劫,但是随之而来的便是员工人力成本的上涨。电镀厂对员工要求高,有一定的劳动强度;而90后的员工一般体力吃不消,这导致招工变得更加困难。另一方面,员工的人力成本也在不断地提高。"原来给员工开出1000元就做,现在没个两三千,根本没人做,而且做几天就走了,不稳定。"钱家成无奈地说,"招人不止工资,住宿,吃的补贴,工伤,附带东西更多。"这也令他们意识到,公司转型已经迫在眉睫。如何转型?怎么转型?

创新是唯一的选择。

顺着这样的思路,台铭集团首先从技术上着手,通过提高技术标准来降低能耗。由于国际油价的不稳定,台铭集团选择了"柴油+蒸汽"的新组合,并改良了液泵处理用电,这一招节能的新技术,使得台铭集团一个月节省了50万元的成本。另外,台铭集团也开始寻找新的栖身之所,谋划转移生产基地。最终,钱家成将目光投向了四川内江,并且亲自飞到内江去考察。"内江很美,但是很可惜,因为当地政策变了,当时给的地价是1万元/亩,后来改为11.2万元/亩,几年就要返还。所以最后没有成功。"钱家成略带一丝遗憾。随后他又辗转去了西安,参观了一家做飞机电镀的工厂,然而飞机的零件电镀标准非常高,而且需要相关的资质,在考量了投资和回收的比率后,发现其中的风险颇大,最终也不了了之。

既然国内走不通,那国外行不行?抱着这样的想法,钱家成将目光投向了东南亚。风水轮流转,如今的东南亚国家就像20年前的中国,成为资本追逐的新热点。20世纪90年代,中国因为改革开放而涌入了经济全球化的浪潮中,并且成为产业转移的主要承受地。1992—2007年,中国连续成为发展中国家中吸引外商直接投资最多的国家,累计利用外资超过8200亿美元。[1]然而,随着时间的推移,中国也走到了"刘易斯拐点",急剧上升的人力成本使得资本市场开始寻找新的产业转移目的地,东南亚制造开始在国际舞台上登台亮相。根据联合国贸易和发展会议的统计,1980—2005年,东南亚国家的外国直接投资流量从24.14亿美元增至371.33亿美元,增长了14.4倍;外国直接投资存量从247.22亿美元增至3748.14亿美元,增长了14.2倍。[2]东南亚以更加低廉的劳动力成本和更低的关税成为全球制造业的新基地。2012年,阿迪达斯关闭了在华工厂,将工厂搬到了人力成本更低的东南亚。同时,全球领先的光纤通信供应商Oclaro宣布将把在中国的业务转移到马来

---

[1] 王秋风,张婕."东南飞"中国制造业转战东南亚[J].长三角,2012(1).
[2] 王勤.论经济全球化与东南亚经济发展[J].厦门大学学报(哲学社会科学版),2007(2).

第七章 战略转型与民营企业创新

西亚。

在经过一番考察后,台铭集团在越南开了自己海外的第一家工厂。"越南的劳动力成本真的非常低,员工1个月拿到1000元就已经非常开心了。"钱家成在谈及越南的劳动力成本时,笑道。除了比中国中西部更为低廉的劳动力成本以外,越南还有一个十分令钱家成动心的地方,那就是出口税。由于越南是东盟十国,因此台铭集团出口原材料到越南是免税的,这大大降低了台铭集团原材料出口的成本。

然而,事情永远都有正反两面,低廉的成本背后也隐藏着许多问题。语言和文化的差异,是台铭集团设厂越南后最先遇到的困难。外派到越南的员工,尤其是高层,一般都要先花几个月的时间去学习语言,语言不通,会直接导致在当地无法报税和结账,因为当地银行和政府方面的人大多不懂中文。更令钱家成吃惊的是,越南文化与中国文化的差异。"越南人不存钱,一发工资就吃光喝光,没钱他来上班,不开心就罢工,到街上去游街。不像中国人,没工作会担心,总想存钱给子孙。"钱家成在谈到越南的罢工情况时,很是头疼。

除此之外,越南有一定的排华情绪,这对于企业而言,是一个潜伏的危机。这也使得开在越南的中国工厂常常会遭到排华分子的袭击。2014年5月,中国和越南在某问题上发生冲突,多名越南民众冲到胡志明市的中国工厂,看到华人就攻击,看到设备就乱砸,并且在工厂外面挂出了反动标语,许多华人企业被大肆破坏,正常的经营不得不中断。尽管事后越南政府向受暴力骚扰的外国企业支付了700多万美元的首笔赔偿,但这笔赔偿远远不足以弥补这些企业的损失。在国际冲突的风口浪尖上,许多华人企业都是苦不堪言。

不管是内迁，还是南突，转移本身并没有一劳永逸地解决问题，技术还是原来的技术，产品还是原来的产品，而且成本终究有一天还是原来的成本，只是换了一个地方生产，只是为企业争取到了喘息的时间。那么喘息过后呢，又该何去何从？

seven / 第七章
战略转型与民营企业创新 / CHAPTER

漫漫创新路：商业模式鏖战初体验

2007年，北京中关村的路边出现了一条令人注目的横幅——"Made by China"，这与我们所熟知的"Made in China"仅差一个单词，然而，一字之差却恰恰折射出中国的精英阶层对于"中国创造"的渴望。从"中国制造"到"中国创造"的转变，需要的是源源不断的创新。[①]

中国民营企业尤其是占绝大多数的中小企业，大多以劳动力密集型的加工制造为主，再加上应试教育、市场机制不健全等大环境的因素，导致整体缺乏商业模式创新的土壤，借鉴美国、欧洲等发达国家和地区的新商

[①] "创新"一词最早由美国著名经济学家熊彼特于1912年出版的《经济发展理论》一书中提出。在该书中，熊彼特将创新定义为"建立一种新的生产函数……，是企业家对生产要素所做的新的组合"（约瑟夫·熊彼特. 经济发展理论[M]. 何畏，等译. 北京：商务印书馆，1991：73-84.），包括生产新的产品，使用新的生产方法，发现新市场，发现新的原料，创建新的产业组织，等等，从此拉开了创新理论的序幕。随着创新理论的发展，当下我们将创新的内容分为两支：第一支是以技术变革和推广为对象的创新；另一支则是以制度的变革为对象的创新，在目前主要表现为商业模式的创新。技术创新往往需要强大的研发能力作为后盾，一旦创新成功，就可能成为该领域的领跑者，然而与此同时，企业也要承担相应的研发成本和风险。与技术创新相比，商业模式创新对研发的要求并不高，而是侧重于企业价值创造的基本逻辑，新商业模式在短时间内往往会爆发出强大的生命力，为企业带来可观的利润，但是如何在长期发展中保持领先则成为这类企业需要考虑的问题。

业模式成为前几年中小企业在创新之路上的探索，PPG衬衫公司（以下简称PPG）便是其中一家。

PPG从一家默默无名的小企业发展到衬衫行业的神话，再到最后的黯然破产，这一路的辉煌和辛酸，描绘了中国中小企业在商业模式创新之路上的曲折。

2009年的冬天，当人们路过宁波郊区外这座偌大的仓库时，这里早已人去楼空，只剩下地上残留的一些纸箱和垃圾。然而，就在两年前，这里还是热闹非凡，每天都有大批大批的衬衫从仓库中进进出出。这里曾被称为"服装界的戴尔""轻公司经营的楷模"，甚至因为其创新商业模式获得过"年度最佳商业模式奖"的殊荣，为各大媒体所称赞。然而仅仅两年的时间，这个服装界的神话便轰然倒塌，只留下了无限的遗憾。

一件舒适而干练的衬衫，是每个成年男性衣柜中必备的单品。在2005年前，在电商网点还未铺天盖地时，凡客、ZARA、优衣库等零售品牌还未在中国站稳脚跟，男性品牌衬衫消费市场尚是一片蓝海，有待开拓。从美国留学归来的年轻人李亮敏锐地捕捉到了这一市场空白，并开始了一段颇为传奇的创业之路。

2005年，李亮在宁波的郊区成立了PPG品牌，专注于男性衬衫领域。与其他品牌不同的是，PPG没有工厂，也没有专卖店，只有一个庞大的呼叫中心和仓库。"从创业的第一天开始，我就没打算开实体店。"不走寻常路的李亮，以一种崭新的销售渠道打开了中国男装市场的大门：通过邮购目录和网络进行直销。

这在当时的中国，可谓是独树一帜。传统的男装行业，像雅戈尔等主流品牌主要通过实体店的渠道进行零售，包括商场专柜和自营店。在2004

年 1—10 月，雅戈尔的衬衫和西服在 200 多家大中型商场的市场份额高居榜首，分别为 13.45% 和 14.85%[①]，并且雅戈尔还有自己的物流中心和工厂，涉及面料、纱线、棉花原料等生产和运输，其业务几乎延展到产业链上的每一个环节。相比于雅戈尔这种"重量级"传统企业，PPG 可以说是走了一条完全相反的路，它剥去了服装企业中的大部分环节，外包了包括设计、生产和物流等主要环节。PPG 主要负责营销以及把握市场需求，借由呼叫中心和网络这种新渠道，直接与用户沟通获得最新需求，将传统的零售业与互联网营销相结合，最大限度地降低了管理和产品的成本，同时也最大限度地提高了供应链的机动速度。一般来说，传统服装行业的库存周转需要 90 天，而 PPG 只需要 7 天，比平均水平快了整整 83 天，这大大降低了库存的压力和成本。

便捷的渠道和快速的运转，使得 PPG 有足够的利润空间对衬衫进行定价，消费者平均只需花 150 元就能买到一件舒服而且时尚的 PPG 衬衫，这相较于商场中从几百元到上千元不等的 POLO 衬衫而言，可谓是物美价廉。再加上李亮斥重金在电视媒体和杂志上进行"洗脑式"的广告推广，PPG 衬衫很快成为南方市场的新宠。

这一条直销之路帮助李亮创造了销售奇迹，从 2005 年到 2007 年，仅仅两年的时间，PPG 就从一家不知名的小企业摇身变为全国衬衫销量前三位的畅销品牌，尤其是 PPG 的牛津纺衬衫在年轻男性中颇受欢迎，在巅峰时期平均每天能够卖掉上万件，年销售额一度突破 10 亿元。这种疯狂的增长，使得 PPG 一夜走红，成为业界商业模式创新的经典案例。

---

① 陶学明. 雅戈尔——三大主业协同发展 [J]. 证券导刊，2005(7).

但与此同时，国内的竞争者也逐渐出现，例如51衬衫、NOBO衬衫等大批网上直销衬衫的公司如雨后春笋般涌现出来。此外，淘宝、京东等电商平台在国内崛起，越来越多的服装加工工厂开始自己到互联网平台上吆喝买卖。"零售+互联网"的轻资产商业模式很快就不再是人们津津乐道的新鲜事，低廉的准入门槛使得这种商业模式很容易被复制，而PPG的高速增长就像一剂兴奋剂，刺激着这种模式的蔓延。随之而来的便是激烈而残酷的竞争和不可避免的价格战。2007年，PPG衬衫的定价从最初的平均150元每件降到均价90元，甚至最低的一件仅卖45元，还承诺90天内包退换的售后服务。显然，随着越来越多竞争者的入场，消费者对PPG模式最初的新鲜感渐渐消失，众多同类的替代品也慢慢地瓜分着整个庞大的市场，而PPG的利润空间也在不断压缩中。似乎一场危机正在来临！

就在2008年，李亮还在计划着进军北美市场，并且立下豪言："接下来几个月要实现1000万美元的销售额，占到加州市场的10%左右。"然而，话音刚落不过几个月，PPG便陷入了债务危机和倒闭的风波，为这个曾经风风火火的神话画上了一个惨淡的句号。

尽管事后人们对PPG的失败议论纷纷，甚至有人指出，PPG的创新模式不过是抄袭了美国蓝衫公司的直销模式，根本算不上真正意义上的创新。那么对于发展中国家的中小企业而言，这样的创新为何走到一半便后劲不足了呢？

将西方成功的商业模式复制到本国，对于技术及经济水平相对落后的发展中国家而言，这种渐进式的创新确实颇为实用，早在20世纪，日本的许多企业就已经深谙此道。在日本企业的观念里，"创新"是一个较为宽泛的概念。它们在美国企业大量原创发明的基础上，找到自己的特色去

第七章 战略转型与民营企业创新

改进、深化；将原来的产品进行反向工程、拆解，通过快速学习，在掌握了核心技术后，进行适当的调整，可能是尺寸更小，内部结构更加精密，生产成本更低，生产流程更科学，研发到推向市场的周期更短，外观设计更时尚，等等。这样一个小环节的改进都被认为是创新，而不是局限于原创性的技术革命。这种模仿式的创新在20世纪七八十年代传到了韩国，造就了早期的三星、LG等企业。如今，这根接力棒正传递到中国，20世纪末，越来越多的中国中小企业在借鉴国外模式的基础上成长起来，例如百度借鉴了美国的Google（谷歌）成为中国搜索行业的巨头，而腾讯QQ则在以色列ICQ的基础上发展，并成为中国即时通信领域的老大，而淘宝则效仿美国的eBay，拉开了中国全民网购的序幕……。然而，与PPG的"短命"结局相比，腾讯、百度等企业却慢慢地在中国超越了它们所模仿的企业，诚然这其中有许多因素可以探讨，但它们有一个共同点：这些企业能够在原始资本积累的基础上持续创新。百度的搜索竞价广告、腾讯的微信、淘宝的支付宝和余额宝等，都引领了各自领域的革新，并且不断保持着迭代的精神。

一时的创新或许可以让一个企业在短时间内风光无限，然而风光的背后已然危机四伏。无数的后来者正在竞相模仿，创新给企业所带来的领先优势正在逐渐减弱，如果不能突破原有的模式，那么企业离死亡可能只有一步之遥。相对于技术创新而言，商业模式的创新更容易被复制。一旦某种商业模式有成功的企业出现，随之而来的便是千千万万的模仿者。他们享受着前人创新成功的经验，以更低的风险和成本进入市场竞争中，而原有的企业如同逆水行舟，不进则退。PPG的失败恰恰是一个缩影。如何在创新的基础上持续创新，成为当下许多中小企业面临的困境。

那么技术创新是否能够给中小企业带来持续的优势呢？在大部分人的观念里，技术研发的准入门槛高，要破译技术需要花费一定的时间和精力，而且通常自主研发的产品会申请专利，有知识产权的保护，模仿的成本较高。然而，事实是真的如此吗？"我们国家还没有形成这样的氛围，科技创新的氛围没有，品质化的氛围没有，知识产权得不到保护。如果没有一定的关系，连那个领域的门都进不了……"中驰集团董事长陈国平的一番话，道出了中小企业在技术创新这条路上的尴尬和坎坷，同时也勾勒出当下中小企业所处的大环境。

seven / 第七章
战略转型与民营企业创新 / CHAPTER

漫漫创新路：技术应用之困

2010年，走进中驰集团的厂房时，你或许会惊讶于这家桥梁建筑的创新领头企业的朴实。没有装修豪华的会客大厅，有的是正在改造的设备、电脑和仪器。精密的机械设备正在有序地搅拌着混凝土，而测试仪器精准地记录着各种化学成分的比例和搅拌的均匀度。随着时间的流逝，电脑上不断形成一行行的数据以及分析，这就是中驰集团的风格——严谨务实。

"如果说LED（发光二极管）灯的发明是锦上添花，解决了电灯的节能问题，那么我们研发的混凝土技术就是雪中送炭，为的是解决世界桥梁三大难题之一。"陈国平在提到中驰集团的创新时，自豪地说道。第二次世界大战以后，专家就曾经提出用混凝土造桥的构想。从结构上来说，混凝土结构的桥和钢架结构的桥是一样的，只是减少了用钢量，从而降低了钢的成本。目前的桥梁大多是利用钢索将桥拉起来，而桥的寿命则取决于拉索的寿命。拉索在常态下寿命约为15~20年，一旦时限将至，就容易出现垮桥的问题。尽管桥梁建筑师后期采取了一系列的措施来解决这个问题，但是这个技术上的瓶颈一直没有被攻克，原因在于填充料没有办法达到设计和工艺的要求，即材料的泌水性和高浓度性存在矛盾。

2007年，出于个人的兴趣爱好，陈国平放弃了稳定并且令人羡慕的公务人员的身份，怀揣着梦想，毅然选择了下海创业。陈国平凭借以前积累的人脉、经验，以最快的速度对国内外的相关资源进行了整合，并且组建起了自己的科研团队，专注于混凝土硬度技术的研究，希望解决混凝土浓度和泌水性的矛盾问题，生产完美的混凝土应用于桥梁建设。"我们希望实现一个科学的概念，并不仅仅是为了一项产品。"陈国平向我们打了一个比方，"就像过去我们设计飞机一样，超音速是个障碍。克服了超音速就会有一个大的发展。因为速度越快阻力越大，共鸣产生的破坏就越大。后来随着科学的发展，速度又有了提高。这个提高不单纯是量的提高，而是质的变化。我们要做的就是在桥梁建筑的混凝土材料方面，实现质的飞跃。"

于是，陈国平和他的团队开始了长达两年的实验和测试。他们做了一个实体，把国内能够找到的最好的材料以不同的组合比例都放进里面，再根据桥梁最复杂的曲线设计对这些模型进行比较，测试它们的浓度和泌水情况。最终功夫不负有心人，中驰集团得到了一个相当完美的模型。"我们灌了300多米的索，然后再一片片切开，发现里面全部是实的。"这个发现让整个团队欣喜不已。

但是很快，陈国平和他的团队就发现，现在高兴似乎还为时过早。因为一个急需解决的问题正摆在他们面前，那就是技术的工业化问题。科技创新一般要关注两个层面：一个是研发创新层面，另一个则是大规模生产的挑战。因为实验室能够实现的科研技术，不一定能够应用于工业生产，其中的影响因素非常多，比如材料比较昂贵或者稀有，使得工业化的成本非常高，或者工业化的环境条件无法做到像实验室那样可控，等等。如何

seven 第七章
战略转型与民营企业创新 CHAPTER

将科学的概念转化到实际的生产应用中去,这往往是许多科技型企业所要面对的重要问题。

"国内现在的市场机制还很不健全,一个是各项认证制度和保护制度都还很缺乏,另一个则是太功利了。"面对大环境的问题,陈国平也是一脸无奈。相较于德国、美国等国家对于科技创新完善的保护机制,中国尽管每年都在强调要扶持高科技创新企业,但是目前在很多方面的机制和政策法规都还处于空白。举个例子,一项新技术的诞生,首先需要行业标准的认证。什么产品需要达到一个什么样的标准才符合技术要求,能够投入到工程建设中,这需要一个明确的认证机构。"但是,我们能够找谁认证呢?"这个问题一度困扰着陈国平,"后来实在没办法,我们只能去北京请专家亲自到我的应用研究现场进行认证,我记得当时是12月,快过小年了。现在回想起来我们当时的举动是有些超常规,但是按照常规有些事情根本做不成。"像中驰集团这样颇有行业人脉和经验的公司在这方面都走得如此艰难,可以想象一般小型的民营企业从创新产品到迈向市场的这条路该有多么曲折。

千辛万苦地拿到认证之后,陈国平和他的团队本以为可以暂时松一口气,一件意想不到的事让整个团队再次陷入忙碌中。2009年,中驰集团偶然发现,一家不知名的小企业正拿着一份内容相同的企划书,到处宣传。"这些人脸皮也挺厚的,把我们的资料拿过去之后就直接发。我们第一版中标点符号之类的错误,他们也不改,就改了下企业的名字。"谈到这,陈国平也有些哭笑不得。抄袭、"山寨"在中国早已不是新鲜事了,这也是在中国走创新之路的企业不得不面对的一个问题。因为在中国,大部分的民众是没有知识产权意识的,民众在购买产品时并不关心生产该产品的厂家是否有专利，他们在乎的是能否以合理的价格买到想要的产品，这种淡薄的知识产权意识为"山寨"产品的出现提供了肥沃的土壤。另外，由于制度的不健全，企业维权不仅诉讼难，维权成本也非常高。

seven / 第七章 CHAPTER
战略转型与民营企业创新

漫漫创新路：乘互联网之风

尽管创新之路并不顺畅，但是近几年来，在中国这片土地上，一些优秀的创新型企业正在破茧而出，在国际舞台上登台亮相。2013年5月，一家中国企业出现在CNN的报道中，被称赞为"中国创造"。这家企业便是诺亦滕——专注于可穿戴式传感器的无线高速运动系统开发。这套技术目前已经在好莱坞被应用到《阿凡达》《加勒比海盗》等大片的拍摄中，对下一次科技革命浪潮的思考使得诺亦滕走在领先之路上。2014年，波士顿咨询公司发表了《2014年全球最具创新企业》，中国有4家企业进入前50名，分别为联想、小米、腾讯、华为。尽管和微软、三星等国际企业尚有距离，但是这个榜单也说明了，越来越多的中国民营企业正走向各个领域的创新前沿，并且大有可为。Christensen在《创新者的窘境》一书中写道："一家管理良好的大企业，在试图进行内部创新的时候，往往会因为它的管理良好而面临失败。"因为管理良好的企业意味着完善的制度、文化、方法和习惯，也因此缺乏破坏性的创造，当它们试图创新时，便会受到原有模式的限制。Christensen所言对于欧美企业而言或许是一个窘境，但对于中国的本土企业来说，却恰恰是一个机遇，因为现在的中国中小企业大多还处于不完善的发展状态，还处于一切皆有可能的时期，能否在这之中寻找到创新的突破口，我们拭目以待！

"大数据""互联网金融""新媒体营销""移动互联网"……，这些听上去新鲜感十足的词汇，恰恰是近几年最火的词汇。从 1994 年正式接轨国际互联网以来，我们从最初拨号上网冲浪、浏览网页新闻的"石器"时代，到了如今随时随地能够连到 Wi-Fi 利用移动互联网进行交流、购物、娱乐，甚至管理企业、销售产品的黄金时代。这 20 多年来，成千上万的人带着他们的创意和想法，前赴后继地冲进这个战场，渴望能够在这次的互联网大潮中淘得一桶金。

一边是电商巨头阿里巴巴、京东用"双十一"网购的数字书写了令人咋舌的"神话"，另一边是小米公司借助互联网模式在智能手机领域缔造的业内传奇。此外，互联网的老大哥腾讯更是凭借其 QQ 平台和微信平台，坐稳了中国社交娱乐圈的第一把交椅，成为新媒体的重要据地；而百度也凭借其准确的市场定位，在国内搜索引擎领域一枝独秀。

这 20 多年里，互联网创造了一个又一个的神话，互联网思维也被捧上了神台，被奉为企业成功的法宝。然而，互联网思维真的能百战百胜吗？面对这股汹涌而来的浪潮，传统企业又该如何应对？

"到网上开店去！"

如果在十年前，你说出这么一句话，也许大部分人会对你投来异样的目光。然而十年后的今天，这句话不仅在年轻创业者中被欣然接受，也使得电商巨头阿里巴巴在 2014 年 9 月在纽交所完成了史上最大的 IPO，定价为每股 68 美元。马云也因此一跃成为当时的中国首富。

这些风光的数据背后，却是几家欢喜几家愁。传统企业的电商之路，究竟走得如何？

第七章 战略转型与民营企业创新

2013 年，我们到南方某一服装中小企业密集城市进行了调研和访谈，朗莎正是其中的一家。

"市场环境不好，各方面压力很大，我们想了很多办法来突围，所以我们想尝试下电商。"朗莎的林总在回忆起公司这几年的发展历程时，感叹地说道。

朗莎成立于 2004 年，主要经营毛织类服饰。在刚成立的几年里，朗莎主要以出口为生。"我们主要开发时尚的款式，或者是国外企业做不到的，需要在我们这儿才能完成的产品。"林总在谈及最初的发展时，自豪地说道。凭借精准的定位和创新的款式，朗莎很快建立起自己的海外客户网络和渠道，整个公司的运营也步入正轨。

然而，这种一路高歌猛进的势头并没有持续太久，国内外环境的变化给朗莎的发展带来了许多不确定的因素。一方面，柬埔寨、孟加拉国、越南、印度尼西亚、斯里兰卡等国家加入国际纺织行业的竞争中，这些国家以更加低廉的劳动力成本和较低甚至零关税的优势，迅速地占领了一些欧美市场；另一方面，中国的劳动力成本、原材料价格却在逐渐上升，而纺织企业的数量却不减反增。"就我们镇来说，整个毛织行业，注册登记的有 4000 多家。"林总在谈及当地行业发展的情况时，也是充满了忧虑，"大家都在想办法寻找新的盈利模式。"

2008 年对于朗莎而言，可谓是关键的一年。2008 年金融危机在全球范围内爆发，让整个外贸市场陷入了低迷状态。2008 年中国对外贸易进出口增速前高后低，加入 WTO 七年来增长速度首次低于 20%。根据中国海关公布的数据，2008 年 1—10 月，全国纺织服装累计出口 1574.13 亿美元，较上年同期降低了 11.79 个百分点。往年圣诞节前，第二年上半年的订单基本都满了，而 2008 年很多企业的订单却都还没有着落。朗莎的订单数也像跳水一样地下滑。这令朗莎的高层意识到，在变化的市场环境下，朗莎必须要思考企业转型的问题。光靠国外的订单是不行的，订单没有了，企业就倒闭了。那么是否应该从外贸转内销，增加内需？如果走内销，又该如何打开国内市场？

顺着这样的思路，朗莎开始摸索如何在国内市场站稳脚跟。一方面，朗莎在国内建立实体店进行销售，为了避开与一线大牌的竞争，朗莎把主要的精力投入到二、三线城市中；另一方面，他们在观察了国内的形势后，注意到国内"电商热"的现象。随着互联网技术的成熟、阿里巴巴和京东等平台的飞速成长，以及物流配套的跟进，国内的电子商务正在成为一个新兴的战场。2008 年的中国，淘宝网红极一时，网络购物也逐渐成为一种时尚的购物方式，越来越多的国人开始接受这一新兴渠道。与实体商场相比，电商平台提供了一个低成本、高流量的入口，大大降低了小众品牌进入国内市场的成本和风险。于是，一个重要的决定应运而生：到互联网上做生意去！

"这完全是一个陌生的世界。"林总在提到当时的决定时，毫不避讳地说道，"尽管如此，朗莎高层还是尝试着向电子商务转型。"朗莎选择了淘宝作为主战场。相比于天猫而言，淘宝以小店铺为主，平均价格比较低，比较适合像朗莎这样当时还未在国内打开市场的企业。天猫则门槛比较高，不管是对企业的注册资金、品牌运营和商标情况都有非常严格的要求。

于是，朗莎开始摸着石头过河。朗莎的第一步是注册品牌，并做自己的营销网站和淘宝店，希望将淘宝点击率转化成自己的营销型网站，再转化成订单，从而实现盈利。

第七章
战略转型与民营企业创新

然而,这个过程对于朗莎而言,显得有些漫长而艰难。几个月过去后,无论是点击量还是销售量都显得有点惨淡,和预期相去甚远。为什么别的商家每月的爆款都能卖出上万件,而我们的买家却寥寥无几?这令朗莎的高层困惑不已。朗莎之前的产品主要面向海外的客户,一般走定制的路线,其对自己羊绒衫的定位是"原生态,不染色,环保",良好的做工和品质使得朗莎在海外市场颇受欢迎,为何在国内却行不通了呢?

朗莎的管理层在搜索了竞品后,似乎找到了答案。淘宝网上的羊绒衫价格从几十元到几百元不等,其中卖的最火爆的羊绒衫价位在100元左右,有时遇上节日活动还会"包邮"销售。在网络平台上,这种包邮低价的竞争手段不足为奇,部分商家利用价格的优势以达到销量的增加,从而获得高的点击率和高信用。例如在淘宝网上,随着销量、点击率、收藏率等的增加,网店的评价也会从"钻石"到"皇冠",从而该网店在被搜索的时候,排名也会相应地靠前,被更多的网友看到。所以很多网店在刚起步时,宁可选择低于成本的价格亏本甩卖来提高点击率和曝光率。

朗莎羊绒衫的淘宝店,也处于起步期,一方面网店的人气还不足,另一方面朗莎羊绒衫的定价较高,一件大约为300~400元,在这场激烈的价格战中,朗莎羊绒衫的高价显得毫无竞争力。面对这样的窘境,朗莎管理层考虑是否能够借由降低价格来达到薄利多销。

"我们也想过。"林总叹了一口气,坦诚地说道,"但是说实话,并不顺利。"因为朗莎所用的原材料羊绒在所有纺织材料中最贵,市场上每千克羊绒的价格为1000~2000元,而一件羊绒衫仅原料成本就在300元左右,如果再加上人工费、税费、设计费等,恐怕一件纯羊绒衫的最低价格也得400多元,很难有压缩成本的空间。降低成本唯一的办法是将羊绒和羊毛混在一起，因为羊毛的成本要比羊绒低很多，每千克为80~200元，这样一件羊绒衫的成本就可以大幅降低。但是朗莎以做纯羊绒起家，无论是在工艺、设计还是加工等方面都已经较为成熟，高质量、高单价的纯羊绒衫制造才是朗莎的优势所在。

面对左右为难的局面，朗莎的高层最终决定，将电商计划推迟。"现在不是时机，但是迟早是要做的。"林总略有些遗憾，但是对于像朗莎这样从外贸转向内销的中小企业，电商确实是一个充满了机遇的平台，如何去适应这个平台，并且在这个平台上做得风生水起，将是它们转型的重要一步。

相比于朗莎的电商之路，同样是由外贸起家的佳人就显得幸运得多。佳人在早期以外贸代工为主要业务，为北美、欧洲企业提供日化产品，包括沐浴露、洗发水、香皂等洗护产品。

然而，做外贸业务就不得不考虑一个问题：如何处理尾货。尤其是在外贸形势并不好的时期，大量的尾货堆积在仓库中，没有销路，这对于佳人而言，可是一笔不小的损失。寻找新渠道来解决尾货，成为佳人CEO罗晓思考的问题。

"当时我对互联网也并不是很懂，是我们公司一个年轻的员工提议在网上卖尾货。"罗晓回忆起当年的决策时说道，"当时我并没有多想，就觉得是个途径，可以试试。"结果却让罗晓喜出望外，佳人产品在淘宝店的销量喜人，平均每个月的交易量在3万笔左右。这一现象引起了佳人管理层的高度重视，他们似乎发现了一个"新大陆"。

随着全球经济危机愈演愈烈，以及国内市场的不断成长，佳人也开始将目光从国外转移到了国内，希望在国内电商市场这块大蛋糕中能分得一

第七章 战略转型与民营企业创新

块。然而，与朗莎不同的是，佳人最终并没有选择在淘宝上开个小店来试水电商行业，而是选择淘宝商城（天猫的前身）来运营自主品牌。"淘宝主要是以个人卖家为主，而淘宝商城则不同，能够进驻淘宝商城的都是一些有品牌的公司。佳人选择淘宝商城，更有利于品牌的形象建设。"罗晓向我们分析道。

但是要进入淘宝商城需要一定的资格，而且淘宝商城的推广费用也比较高，一般企业很难通过淘宝商城来打开市场和知名度。面对这种情况，罗晓详细地了解了淘宝商城，发现其中有一个针对原创品牌的"一战成名"大赛。它是由淘宝商城发起，由消费者、行业专家和第三方等共同参与、甄选和评比"淘品牌"的活动。商家在参与活动的过程中不断学习和成长，从而完成从普通商家到优秀"淘品牌"的蜕变过程，最终依次评选出"淘品牌 200 强"和"淘品牌 100 强"。

"如果能进入'淘品牌'的前几名，在电商平台上的推广就会显得容易很多。"抱着这样的信念，罗晓和他的团队毅然报名了"一战成名"大赛。为了能在比赛中取得佳绩，罗晓还特地请了专业团队，向他们学习如何经营网店。在这个过程中，他们注意到电商平台上主要以 80 后和 90 后为主，80 后具有一定的怀旧情怀，而 90 后则喜欢新鲜感，因此他们将网店的格调设定为"老上海风情"。对于网店的用色、配图、产品的命名和文案，罗晓都要亲自过问，力图在页面上呈现出优雅、唯美、精致的产品内涵。此外，罗晓还专门对客服人员进行培训，使他们在面对买家的询问时，能够做到第一时间回复，并且对客服的用语和态度都进行了规范。在长达 6 个月的比赛中，佳人最终以优异的成绩闯入总决赛，并且入选"淘品牌 100 强"。

"这个比赛不仅为我们赢得了很多的推广资源，同时也让我们自己成长了很多。"在回首这段时光时，罗晓也是感叹不已。从对电商一窍不通到率领团队闯入总决赛，这个过程为佳人日后的电商运营提供了扎实的基础。

从国外到国内，从线下到线上，对于佳人而言是一个极大的变动。佳人在进入国内电商市场后，并没有照搬外销的路数，而是重新对产品的定位、包装、文案进行了设计，并且在一开始就有意识地向买家传递品牌的思想。这一系列举动，使得佳人很快适应了新的细分市场。

然而好景不长，随着淘宝商城的发展，越来越多的国内外一线、二线品牌开始入驻电商平台，而原创品牌更是前赴后继，许多资源和服务都面临激烈的竞争。2014年，天猫修改了招商资质细则，化妆品（含美容工具）类目中，开店公司注册资本须高于500万元人民币，并持续经营三年及以上；在服饰、箱包、户外运动类目，开店公司注册资本须高于100万元人民币（包括100万元）并持续经营两年及以上。[①] 2012年天猫对服饰类注册资金的要求则在20万~50万元，短短两年时间里，天猫的入门门槛已经大幅提高，而如今100万元的注册资金，也令许多中小企业望尘莫及。"在电商平台上做生意已经没有前几年那么容易了。"罗晓说道。

与许多传统企业相比，佳人借助电商平台完成转型的第一步走得颇为顺利。然而，随着时间的推移，如何在电商平台上的商家竞争中脱颖而出，又成了一个新的难题。一方面，国内的电商平台变得更加开放和多元，阿里巴巴、京东、1号店等综合型电商不断扩张，垂直领域也出现了众多的

[①] 陈宁. 准入门槛不得低于100万元 [N]. 劳动报（经济版），2014-09-29.

电商新秀，如聚美优品、唯品会、凡客诚品等，涵盖了化妆品、服饰、箱包等各个领域，为想进入电商平台的中小微企业提供了多样的选择；另一方面，从事电商运营的专业人才团队和工作室如雨后春笋般涌现出来，为许多不熟悉互联网的企业提供了技术上的支持。通过外包、引进人才等方式，越来越多的中小微企业在电商平台的经营上做得风生水起。电商平台的竞争从早期的平台竞争、价格竞争到如今的服务竞争、品牌竞争，这些企业将面临新一轮的洗牌。

当站在历史的长河中回头望去，我们会惊讶地发现，本土创业企业发展所走过的20多年历程，正好也是互联网从萌发到茁壮成长的历程。不可否认，互联网的出现为中小微企业开启了一个崭新的世界，电商平台只是其中一个例子。在融资方面，"互联网金融""众筹"等形式的出现，为中小微企业的小额贷款提供了新途径；而随着移动互联网时代的到来，百度搜索广告的出现，微信、微博、易信等社交网络平台的发展以及在线视频广告、垂直购物网站的爆发等，不仅改变了人们传统的生活模式，也在悄悄地改变着企业的品牌营销模式。"扫二维码赢代金券""关注微信号，立减50元""参与微博互动，免费送礼"……，这些新媒体营销为中小微企业提供了与客户的零距离互动。

一批企业顺着网络的浪潮一路高歌猛进，然而也有一批传统企业，却尴尬地站在十字路口中间，不知未来的路该何去何从。"新媒体营销""大数据管理""互联网思维"，这些天花乱坠的词汇频频出现在企业转型之路上。然而，"互联网"真的是中小微企业的灵丹妙药吗？

当我们大谈特谈电商的高销售额，微信、微博平台上的高流量时，无数的中小微企业却还在这条新路上跌跌撞撞。一些中小微企业在电商的低价格战和劣质货战中苟延残喘，很多产品看似月销过万，然而在"9块9包邮""过节打折"等压榨下，利润究竟有多少，值得推敲。

"互联网思维"本质上只是一种手段，而不是决定一个企业能否成功的钥匙，也不应该成为评价一个企业是否成功的标签。"互联网思维"恰恰只是这个新时代的产物，每个时代都有自己独特的概念，并且在刚开始时会爆发出巨大的生命力。然而随着时代的推进，会不断产生新的概念，只不过各领风骚三五载罢了。任何一个企业之所以存在，是因为它的存在带来了社会的价值增加，包括为员工带来的成长，为社会综合价值带来的提升，以及企业自身的成长。

如果利用互联网技术能够帮助中小企业在当下提升自己的社会价值，提高企业运营的效率，使企业更加契合当下的市场，那么"互联网思维"可能会使该企业更上一层楼。但如果只是为"互联网"而"互联网"，跟风追逐新潮，那么线下和线上又有何区别？传统媒体和新媒体对企业品牌的建设又有什么不同？

seven / 第七章
战略转型与民营企业创新 / CHAPTER

企业的复合竞争战略：整合与创新

长久以来，传统的西方战略管理理论大多基于产业组织理论与资源基础观。资源基础观认为，任何一个组织都是独特的资源和能力的组合，而这些资源和能力的独特性正是企业战略与超额利润的基石。这些独特的资源必须具备四大特征：有价值，稀有，难以模仿，无法替代。[①] 这样的资源是组织获得持续竞争优势的来源。拥有这些异质资源和核心能力的企业，就能够在行业中充分发挥其竞争优势。要持续拥有核心能力，企业在资源构建方面，就要有大量的研发投入、专利保护和品牌维护；在战略方面，则是依仗企业的独特资源，采用目标聚集战略，集中优势兵力在市场上建立竞争优势。

核心能力的构建在理论上是完美的，但对于那些发展时间短、资源基础薄弱的发展中国家的民营企业，在面临来自强大外资竞争对手的竞争压力、专利限制和市场侵入时，核心能力的构建就显得力不从心了，甚至增加了一些宿命论的色彩。

---

① Bates K A, Flynn J E. Innovation history and competitive advantage: A resource-based view analjsis of manufacturing technology innovations [J]. Academy of Management Best Papers Proceedings, 1995: 235-239.

比如中驰集团所面临的专利困境。中驰集团攻克了泌水性和高浓度性存在矛盾的难题,研发出了强度更过硬的混凝土应用于桥梁建设,却要为生产认证和专利维护大伤脑筋。

这其中的主要症结当然是中国的专利维权制度不健全,知识产权意识淡薄。但站在企业的角度,也要思考这样一个问题:核心能力能不能直接带来竞争优势?拥有较高准入门槛的技术创新尚且不能保证企业的竞争优势,那么只拥有普通资源的中小微企业要想安身立命,又该何去何从呢?

对于以中国为代表的新兴市场企业,异质资源和核心能力对于企业的生存和发展,既很难成为必要条件,也未必是充分条件。因此中国的企业在思考战略管理时,不妨跳出西方传统的资源基础观的理论桎梏,不执着于拥有一枝独秀的核心能力,而是阶段性地关注组织已有能力的叠加或复合。企业要想生存和发展,未必需要拥有某一项异质资源,而是对于企业已有资源或从外部可获得的资源加以独创性地集成、整合,从而创造出独特的竞争优势或发展路径。[①]

当然,强调复合能力绝不是否认异质资源或者核心能力对于企业竞争优势的贡献,而是跳出"非此即彼"的单一发展战略的思想桎梏,从多元的视角看待各项资源和能力,思考企业所有的资源和能力与外界可供利用的条件之间的联系。

以竞争激烈的中国服装行业为例。前文提到的朗莎,主要经营纯羊绒

---

① 陆亚东,孙金云.中国企业成长战略新视角:复合基础观的概念、内涵与方法[J].管理世界,2013,10.

第七章 战略转型与民营企业创新

类服饰，由于其精准的定位、创新的款式以及中国的劳动力成本优势而在欧美市场顺风顺水。之后却在出口转内销的过程中失去了竞争优势。由于朗莎不愿放弃其纯羊绒制造的传统，使得其价格在讲求商品平价的淘宝上毫无竞争优势可言。显然，在市场和平台发生变化后，朗莎之前在国际贸易上的成本和定位优势都已荡然无存。此时的朗莎若想在新的平台上将"游戏"继续下去，就要调整战略，拥有重新在细分市场获得成本优势和差异化优势的复合能力。具体的做法：一种是转移战场，主动寻求跟目标客户更吻合的平台，比如文中提到的在进入门槛更高的天猫商城走品牌路线的佳人；另一种则是提供复合式的产品组合，以占据更多的细分市场，典型代表是以纯[①]。

从以上这些案例可以看出，如今中国市场需求的复杂性和多变性促使企业不能再以单一的产品面对大量的顾客，必须进行产品线的拓展、产品服务组合的延伸，从而维持甚至扩大企业的市场覆盖面。

从全球视角来看，中国的企业，尤其是中国的制造业企业，长期以来集中于简单加工和生产外包，导致"被长期俘获于全球价值链的底端"[②]，只能从事低附加值的劳动密集型工作。企业的资金、技术等要素匮乏，只能倚靠成本领先优势。然而在一个竞争异常激烈的行业，成本领先优势难以持续；快周期市场中的人力成本也会不断水涨船高。因此单单倚仗成本

[①] 以纯是位于广东东莞的一家民营企业，通过将自主生产与贴牌生产复合、直营店与加盟店复合，扩大产品品种，推出商务休闲、运动休闲、时尚休闲和儿童休闲等多个细分的产品种类，在市场上获得了高速成长，年销售收入达到近百亿元人民币。

[②] 邱斌，叶龙凤，孙少勤.参与全球生产网络对我国制造业价值链提升影响的实证研究——基于出口复杂度的分析 [J].中国工业经济，2012(1).

优势并非长久之计。正如制鞋行业的天华集团和电镀行业的台铭集团的困境，内迁与南突不过是利用了产业的区域性梯度转移，而暂时规避了成本上涨的问题。然而，技术还是原来的技术，产品还是原来的产品，成本终究有一天还会是原来的成本。企业仅仅是争取到了片刻的喘息时间，并没有获得真正发展腾飞的机遇。

模仿式创新就是一种很好的借鉴、学习方式。纵观日本、韩国以及中国的高新技术产业企业发展史，会发现模仿式创新帮助企业完成蜕变、成功腾飞的案例不胜枚举。这些企业模仿式创新的特点就是将自身的成本控制能力与发展中国家大量中低端市场的广泛渠道结合起来，减少研发成本，同时提供复合式的产品组合，满足差异化需求。

需要指出的是，模仿式创新，不是单纯地抄袭，而是有选择地将行业领先企业先进的技术、设计、产品功能、服务方式、流程、系统等应用于自身的经营管理。从技术上的模仿创新，到最终实现产品的自主研发设计乃至品牌的打造。

国内如今大红大紫的企业如百度、腾讯、阿里巴巴等，之所以能在中国青出于蓝而胜于蓝，就在于它们能够在原始资本积累的基础上持续创新。

在快速增长的国内市场和全球范围内日新月异的技术和模式创新的背景下，中国很多的民营企业并没有显著的核心竞争力，但其中依然不乏脱颖而出甚至走向国际市场的案例。究其原因，是因为这些企业能够充分整合、协调、利用内外部资源；对于高新技术产业的企业，通过模

seven 第七章
战略转型与民营企业创新 CHAPTER

仿式创新,摸索出一条低成本和差异化二者兼得的道路,从而构建出一种复合竞争优势[①]。

---

① 复合竞争优势是指摒弃固有的一元思维,将竞争优势视为可以叠加、渐进式复合在一起的。对于中国企业而言,转型升级绝不能忽视已经构建的成本优势,而是要在此基础上复合更优的性能、更好的服务、更加友好的界面、更快的响应速度等其他优势,从而可以在某个细分市场针对更低价格或更强品牌技术优势的对手形成局部的综合性价比、产品/服务组合等复合式的优势。这种基于双元思维的竞争优势本身也可以是变化的。随着企业在复合优势组成上的变化,其面对的目标市场也可以渐进式扩张,从而为发展中国家的企业带来一种务实、快速的发展。

第八章

民营企业传承

中国民营企业的第一代创始人逐渐步入退休高峰期,在未来的十年里,中国民营企业将共同面临一个重大的问题:究竟谁来接班?如何通过领导人的变更实现企业的承续经营?将接力棒交给二代往往成为大部分企业的首选,尤其在家族企业众多的中国,这一倾向更为明显。但现实的交接并不尽如人意。退而引入职业经理人,也面临着内部选拔和外部引进的抉择。家族信托或可为民营企业传承提供有益的启示。事实上,家族企业的代际传承是一个过程,而不是一个事件,寻找和培养第二代企业家是关键。

/ 第八章
eight   CHAPTER
民营企业传承

2011年3月，万通地产的当家人冯仑宣布"归隐"，将董事长一职交给万通地产原总经理许立，并在退休之时，谈起了老年的生活，希望做一个知名文化人。

同年11月2日，在北京的紫竹院香格里拉大饭店中，灯火辉煌的讲台上，联想集团的创始人、年近七十的柳传志宣布，将卸任联想集团董事局主席一职，由杨元庆担任公司CEO兼董事长。回顾过去和联想集团走过的岁月时，这位IT界的元老几度哽咽。

两年后，51岁的史玉柱在《仙侠世界》的内测发布会上，咬掉啤酒瓶的瓶盖，爽快地干掉了一瓶啤酒后，高调地宣布了自己的退休，并在微博上写道："终于彻底退休了，把舞台让给年轻人。"这条微博很快就在网上被疯转，不到20个小时，转载次数达到3万多次。

这一批商界大佬的退休，一时成为社会关注的热点。然而，这一热潮的背后，所反映的是中国民营企业的第一代创始人已经逐渐步入退休高峰期。随着时间的流逝，在改革开放的春风中，第一批本土民营企业不知不觉已经走过了30多个年头，而它们的创始人也在财富积累的过程中逐渐老去。《新财富》的研究显示，在2013年"新财富500富人榜"上，50岁以上的富豪占比达60.6%。对2010—2013年"新财富500富人榜"的前100名进行统计筛选后，发现中国最有钱的155人中，已经有63%的企业家超过 50 岁，其中 27 位已经超过 60 岁。[①]

在未来的十年里，中国民营企业将共同面临一个重大的问题：究竟谁来接班？如何通过领导人的变更实现企业的承续经营？

从目前的情况来看，接班的方式不外乎三种：第一种是二代接班，第二种是将公司交给职业经理人，第三种则是采用信托模式。无论是从儒家文化角度出发，还是从人性本身谈起，将接力棒交给二代往往成为大部分企业的首选，尤其在家族企业众多的中国，这一倾向更为明显。一份调查显示，90% 的家族企业创始人希望自己的子女接班。[②]若子女愿意接班并且有能力接班，那对于"创一代"而言，自然是再好不过的事。然而，事实却与许多"创一代"设想的不同。据上海交通大学管理学院余明阳教授的团队对 182 家中国最优秀家族企业进行的调查显示，仅 18% 的"第二代企业家"愿意并主动接班，82% 的"接班人"不愿意、非主动接班。[③]黄泽就属于后者。

[①] 陶娟，赵俊. 富二代接班指南 [J]. 新财富，2013-08-28.

[②] 腾斌圣. 富二代之思 [N]. 经济观察报，2009-10-12.

[③] 余明阳. 中国家族企业进入"接班人"问题期 [EB/OL]. (2012-03-26). http://www.voc.com.cn/Topic/article/201203/201203261141415085.html.

第八章 民营企业传承

从"富二代"到"创二代"的华丽转身

出走"创二代"的另辟蹊径

黄泽的父亲黄忠良是温州人，20世纪90年代白手起家，创办了自己的工厂。"当时有个亲戚在做电器材料的加工，生意还不错，他就开始摸索自己办厂。"黄泽在谈起父亲的白手起家时，解释道，"他们那个年代没有那么时髦的创业，最初也是为了找口饭吃。"随后，黄忠良在自己的小平房里做起了电气仪表材料的生意，主要以接线端头加工、电镀为主要业务。起初，厂里只有3个人——黄忠良和两个安徽来的学徒。他们每天起早摸黑，有时深夜从小平房里还能传出刺耳的电镀声。冬天，黄忠良为了一笔订单，特地跑到郑州去谈业务。他坐了几天几夜的长途车才到达郑州，为了节省旅馆费，他就睡在郑州的火车站里，北方的寒夜让来自南方的他几乎彻夜未眠。"我爸到现在还天天跟我说这个故事，这可能是他们那一代人都要经历的辛苦。"黄泽谈到这时，停了一下，"但是，我觉得现在时代变了，每个时代的人都有他们自己要经历的。"

正是抱着这样的想法，黄泽在他大学毕业时，并没有回到自己家的企业，尽管现在企业每天的订单流水平均有几十万元，与国内的大企业也都建立起了比较稳定的合作关系，比如施耐德、正泰等，并且黄忠良也有意让长子黄泽来继承家业,每年春节都会带他去重要客户家中拜访、聚餐。

出人意料的是,毕业后黄泽留在了杭州,专心地开起了淘宝店。"我在读大学的时候就在开淘宝店,启动资金是我爸赞助的,那时他以为我只是玩玩,或许他也想磨炼一下我。"黄泽在谈及自己的创业经历时说,"也许一切都是机缘巧合。"黄泽在杭州读书的时候,正好是淘宝平台兴起的时候,近水楼台的他,先嗅到了这一商机。然而,当黄泽兴奋地把自己的决定告诉家里时,虽然亲戚表面上夸赞他的想法,但是他知道,没有人在意他所说的"新商机"。尽管黄忠良最后给了他30万元的创业资金,但黄泽仍觉得十分沮丧:"他们觉得在网上开店不是正经生意,就是年轻人玩玩,我迟早是要回来接父亲生意的。"性格倔强的黄泽便在心里暗下决心,一定要将网店开好。"刚开始,我找了几个同学,我和一个女同学负责去杭州四季青挑货,拿了货之后就给另一个同学拍照,发到网上去。"也许是当时做时尚女装的网店还不多,又或许是黄泽和那位女同学的眼光比较好,他们所挑选的衣服在网上的销量一直不错。

过年聚会的时候,在饭桌上闲谈之际,黄泽向亲戚朋友提及自己的网店,特别是对同年龄段的表妹表姐们,还特地打开电脑,展示了自己网店里的衣服。"她们说衣服很漂亮,但是太便宜了,怕质量不好。最后她们有没有再来光顾过,我也不知道。"尽管没有得到认同,黄泽还是继续专注于自己的事业。

进入淘宝等平台的女装越来越多,颇具商业头脑的黄泽也开始谋划其他的出路:做自主品牌,从低端的代理向中高端的设计、品牌等方向发展。这就意味着,他需要寻找设计师,需要更大的工作室,以及专业的模特等。相较原来的模式,这一次转型大大增加了黄泽的成本。"我试图让我爸再投一点钱,但是他没有同意。他想让我关掉网店,然后准备毕业后出国或者回家从基层干起。我对他做的模具、电镀没有兴趣。然后,我们就吵起来了。"那是黄泽第一次和父亲正式摊牌,表明自己不愿意接手家里的企业。在家族企业发达的温州来说,黄泽的思想可谓"异端"。为此黄泽的经济来源被切断了。

失去经济来源的黄泽反而更加勤奋和成熟,他把过去几年节省出来的生活费和网店赚的钱,都仔细地做了规划:哪一部分用来作为设计的成本,哪一部分作为面料的成本,哪一部分作为以后网站运营的费用。尽管并不宽裕,但还能勉强维系一段时间。解决好资金的问题后,黄泽就开始考虑网店转型的事,并找了原来在中国美术学院学服装设计的同学来做设计师。由于缺乏资金的支持,黄泽也开始变得谨慎,只是在每一期的更新中放几件自主设计的衣服,有意地将这些衣服放在网店最显眼的位置,并且贴上"独一无二"的标签,还享有特别的包邮优惠。"销量还不错,很多我们店原来的'粉丝'为了尝鲜,都会买上一两件,而且我们的定价也不算高。"黄泽谈起他的自主品牌,显得颇为自信,"1年的利润大概能做到20多万元吧。"尽管比起大企业,这点钱并不算多,但是却让黄泽实现了经济独立,也让父亲对他无可奈何,开始寻找其他的接班途径。

像黄泽这样不愿意接班的二代大有人在。由于时代的变化,以及个人经历的不同,两代人之间存在不同的想法,上一辈更加注重家族的责任和使命,以及无法斩断的社会人情,而第二代,尤其是一些出国留学、接受国外思想熏陶的年轻人,更向往自由和独立,不愿意为烦琐的人情、家族所束缚,渴望实现自我的价值。

愿不愿意接班是个问题,能不能接好班是另一个问题。当二代们接过父辈手中的权力和财富时，能否扛得起这个重担，能否处理好与公司中的高层之间的关系，能否将新的政策和想法推行下去，能否带领公司发展得更好……，这些都是二代接班所面临的困境，也是宁波鼎丰集团的新掌门人郑泽斌（化名）所面临的困惑。

接班"创二代"的砥砺前行

2003年，年仅24岁的郑泽斌在加拿大取得了工商管理学士的学位后，就被父亲郑裴炎（化名）召回了宁波，开始了接班人的培养和锻炼。正如许多二代接班人一样，郑泽斌一开始并没有直接进入企业高层，而是被安排到人力资源部做一个小主任，负责基层员工的人事管理。但是与一些纨绔子弟不同，郑泽斌并没有将这份工作视为"儿戏"，更没有因为自己是接班人就吊儿郎当，充满事业心的他准备在这里大展拳脚，干出一番成绩来。新官上任三把火，郑泽斌上任的第一件事，就是整顿企业的纪律，明确上下班的时间，制定各部门的职责和工作进度。"西方的企业讲究高效工作，每个员工都要清楚自己的职责。"郑泽斌在多年后回忆起自己的第一把火时，笑着谈道，"当时我想把这些在国外学到的西方管理知识导入企业的管理，结果可想而知。"新的政策在企业中推行，但是效果却十分不理想，用郑泽斌的话来说，就是"根本得不到执行"。像鼎丰集团这样的家族企业，它的高层管理和各部门的主要负责人，大多是"自己人"或者是"兄弟帮"，而员工除了基层配件加工的工人是通过市场招聘来的，其他多是凭借裙带关系到企业来混一份差事。"因为都是亲戚朋友，所以他们也比较散漫，上班迟到也就迟到了，反正考勤的都是认识的，打个招呼就没事了。"郑泽斌在政策推行了一段时间后，就慢慢地明白了一个道理，

第八章 民营企业传承

"西方的理论很难适用于我们这样的民营企业，还是存在很大偏差的"。

既然从老员工那里下手不行，那是不是可以招一些年轻员工进来，培养自己的团队？抱着这样的思路，郑泽斌开始了新的探索。他招聘了一批应届大学生进入企业，并且亲自给他们做入职培训，希望能够将自己的理念灌输给他们，让这些新人能够和他并肩作战，完善企业的管理。新血液的输入给企业带来了一定的机遇，但同时也带来了挑战——资历老的一批员工和年轻气盛的新人之间，慢慢地滋生出了一些矛盾。"我们希望改革，让企业能更进一步，尝试一些更加科学的制度和方法，但是他们希望稳定，觉得我们是在瞎折腾。"在新老理念的冲突下，郑泽斌制订的一些新方案几乎成了纸上谈兵，而一次次尝试的失败也让这些刚踏出校园的年轻人开始重新审视自己，有的选择了投奔大企业继续寻找理想中的工作，也有一些慢慢地不再锋芒毕露。

改革失败的郑泽斌陷入了迷茫，他费尽心思希望企业能够更上一层楼，可为什么却得不到认可和帮助？父亲尽管从未否定过他，却也没有真正赞同过他，只是放手让他去不断尝试和探索，但是事情的过程和结果与他设想的都不一样。"其实我们这一代也很难，做得好，别人觉得你只是继承了父亲的家业；做得不好，别人就会觉得你是个败家子。除非你领导的企业比父辈做得更好，才会得到别人的认可。"

郑泽斌的困惑，正是许多二代接班人的困惑。尽管他们并不需要为生存问题发愁，但是他们却承受着来自各方的压力。首先是来自社会舆论的压力，这些二代接班人往往被贴上了"富二代"的标签，社会媒体总是关注他们开什么跑车，穿什么名牌，在哪里聚会，似乎"富二代"就意味着年轻张扬，生活奢靡，不学无术。网络上、报纸上是铺天盖地的各种炫富事件、飙车事件、女友事件等，然而，却鲜有媒体去关注这些二代的进取和努力。面对这种尴尬的社会身份，娃哈哈集团的接班人宗馥莉在2011年的"浙江年度经济人物"的颁奖典礼上说道："我不要做'富二代'，我要做'创二代'。""富二代"与"创二代"仅一字之差，却反映出这一代的年轻人渴望为自己正名。但是中国社会何时才能真正理性地看待这一群人？也许尚需时日。正如老巴菲特所说："他们出生时含着的金汤匙，却变成了背上插着的金匕首。"

除了大众舆论的压力，大部分的"富二代"还要承受来自家族的压力，尤其是来自父辈的无形压力。作为企业的创始人，大多数一代都是白手起家，依靠自己的拼搏和奋斗慢慢地完成原始财富的积累，带领企业不断地扩张和发展，成为各个行业中的佼佼者，成功高大的父亲（母亲）形象在子女的世界里投下了一道阴影。

除此之外，"富二代"往往还要背负历史的责任。对于大部分的二代接班人而言，他们似乎天生就背负着家族企业的使命。郑泽斌在一次接受采访时，坦诚地说道："责任让大多数人选择了勤奋工作。像我们公司有1000多名员工，这意味着就要肩负起1000多个家庭的责任，我必须全身心地投入，不敢有丝毫懈怠。"

接班过程中的种种考验，让这些家族接班人逐渐成长。"那一次的失败，让我思考了很多。"面对自己改革的失败，郑泽斌开始沉下心来，规划自己以后的发展道路，"再在公司待下去，一时半会儿也不会有什么改变，还是要出去历练一下。"2008年，郑泽斌离开宁波，孑然一身来到上海滩，在海纳百川的上海，他看到了许多前沿的、有趣的领域，包括高新科技、环保、互联网金融、电子商务等，这些与他在宁波所接触到的劳动密集型

第八章
民营企业传承

的制造业完全不同,对郑泽斌而言,这是一片新天地。几经斟酌,郑泽斌将目光放在了环保科技领域。"节能减排是趋势,环保科技还是有前景的。"顺着这样的思路,郑泽斌开始了创业之路。深知科技领域"技术为王"的法则,郑泽斌将资金投放在技术研发的部分,同该领域的专家合作,共同研发环保技术。"在掌握了抗生素菌渣处理技术、有机废气回用技术等多项领先技术后,终于打开了一些局面。"经过四年的摸爬滚打,郑泽斌在上海这个大市场的竞争中,逐渐成长起来,已经不再是当初那个空有满腔激情和纸上谈兵的年轻人,如今的他已经学会了审时度势,脚踏实地。

时隔四年,再度以接班人的身份回到鼎丰集团的郑泽斌,褪去了稚气,变得更加成熟和稳重。这次的回归,郑泽斌不再纠结于企业的纪律整顿,而是从更加实在的需求出发,开始为企业建立 ERP 系统。"信息管理体系已经是大势所趋了。建立现代化的销售、生产、人力资源管理系统,将会让企业的运营更加规范和有效率。"郑泽斌关于企业发展的思路,终于获得了父亲郑裴炎的认可。作为一家加工密集型的中小企业,鼎丰集团的发展已经有二十几年了。然而,这二十几年里,企业一直采用"人工"管理,与销售商之间也主要是依靠口头协议、合同来处理订单,业务量小的时候还比较顺利,但随着这几年业务量的增长、业务范围的扩大,以及客户需求的变动,陈旧的管理体系无法跟上企业发展的脚步。引入新的现代化的管理体系已经成为当务之急,而郑泽斌的 ERP 系统计划正好解了企业的燃眉之急。

凭借着踏实的心态和敏锐的洞察力,郑泽斌逐渐融入企业的高层管理,实现了从"富二代"到"创二代"的华丽转身。事实上,越来越多的优秀二代企业家正在登上历史的舞台。二代接力,接的不仅仅是上一辈积累起来的巨额财富和偌大家业，更重要的是能够接起创业的精神，成为中国民营企业生生不息的传承者。

面对企业未来的新星，我们充满期待。但与此同时，我们也要看到这些二代所面临的挑战。相对于他们的父辈，如今的市场环境和对领导者的需求已经发生了翻天覆地的变化。20世纪90年代的中国，民营企业刚刚起步，许多细分市场还处于空白状态，第一批企业家凭借吃苦耐劳的精神和敢为天下先的魄力，毅然下海拓荒，并且其中有一部分人脱颖而出，成为时代的幸运儿。然而，30年过去，许多市场已经趋于饱和，行业的竞争也变得越来越激烈和残酷，那个凭借着魄力就能闯出一片天的时代已经一去不复返了。随着时代的发展，企业对这一代的接班人提出了更高的要求：更强的抗压力，卓越的管理能力，更专业的知识背景，精确的市场研判，更灵活的商业思维，等等。如何应对这些变化，需要两代人之间的相互沟通和尊重，一代创始人应该尊重子女的选择，避免子女仓促接班或者强迫子女接班，从而造成不利于企业发展的局面。在双方达成共识的情况下，一代创始人对接班人应该要适当地帮扶和容错。正如一位企业家在写给接班的儿子的一封信中所说："你将成为公司新的掌舵人，从此，我不会再为你保驾护航，你将只会得到我关爱的目光！一路走好！"

eight / 第八章
民营企业传承 / CHAPTER

职业经理人的顺势而上

2010年5月至2011年3月,中国最大的家电零售连锁企业上演了一出大股东和职业经理人的内斗,这场长达半年的"持久战"成为那一年商业圈最热门的事件之一,其背后所反映的恰恰是传统家族企业管理模式与现代企业管理模式的一次交锋。这就是"国美事件"①。

"国美事件"从爆发到陈晓的出局,已经不仅仅是一家公司内部的私人恩怨,而已然升格为现代企业传承和治理的典型案例,同时也引发了一

---

① 2008年,国美的创始人及最大的股东黄光裕因向官员受贿而被调查,并于2010年5月被正式定罪,一审被判有期徒刑14年,罚金6亿元,没收财产2亿元。在国美的危急关头,原永乐集团的创始人陈晓,在永乐被国美收购后不久,临危受命,出任国美董事局主席兼总裁。2010年5月,在国美召开的股东周年大会上,黄光裕夫妇在12项决策中连续投了5项否决票,包括否决竺稼等人成为非执行董事。根据此前的协议,这一决定可能导致国美需赔偿24亿元。随后国美召开了紧急董事会,强行委任竺稼等人加入董事会,并首次公开指责大股东黄光裕使国美陷入重大危机,而黄光裕则指责CEO陈晓为谋取私利,意图控制国美,稀释大股东股权,一场大股东和董事会之间的内斗一触即发。一方是以黄光裕为首的黄氏家族企业,而另一方则是以陈晓等人为主的高层管理者。两方就公司的控制权开始了长达7个月的拉锯战,最终以陈晓辞去董事局主席及其他职务,由张大中接任董事会主席为结局画上了句号。

系列对职业经理人职责和操守的思考。那么职业经理人①究竟应当如何定位自己？将企业交付给职业经理人是否值得信任？职业经理人与大股东产生矛盾又该如何处理？种种问题，都成为创始人移交企业权力时，不得不思考的问题。

但与此同时，中国的民营企业正面临"交班"的高峰期，在二代不愿意接班或者不适合接班的情况下，许多创始人不得不开始探索其他途径，寻找一个合适的职业经理人成为他们的一个选择。但究竟是从其他企业"挖"一个经理人，还是从自己公司的员工中发掘优秀的苗子进行培养？来自成都的新锐科技公司董事长张景天选择了第二种途径，公司的财务主管陈振宇正是候选人之一。

职业经理人接班：内部选拔

陈振宇来到新锐科技已有八年，年纪轻轻的他也算得上是企业的"老员工"了。在谈及当初他为何放弃大公司的职位，来到这家名不见经传的

---

① 职业经理人这一概念最早来自西方。19世纪，随着西方经济的发展和层出不穷的新科技成果以及市场的细分，企业的经营管理变得更加复杂。在追求利益最大化目标的驱动下，一些企业所有者选择将经营权分离出去，寻找专业的管理人才来适应企业的现实需求。于是，1841年，美国马萨诸塞州的铁路企业诞生了第一位职业经理人。理论方面，19世纪法国经济学家萨伊较早提出了"职业经理"的概念。他认为，职业经理是把经济资源从生产率较低和产量较少的领域转移到生产率较高和产量较高的人。相对于西方，中国关于经理人这一职位最早可追溯到晋商时期，史磊在《晋商文化与我国法文化的契合》一文中对晋商予以描述：晋商早在200年前即将商号安插在全球各地，他们兼具勤劳与智慧，不仅通过道德、信义开展商务活动，而且已经掌握了一些先进的管理方法，那时候的大掌柜制度其实正是如今的经理人制度的雏形＜史磊．晋商文化与我国法文化的契合[J]．决策与信息，2012(4).＞。然而中国的职业经理人制度的确立要晚至1994年7月，《中华人民共和国公司法》的出台，才正式为其提供了法律依据。

第八章 民营企业传承

小企业时，陈振宇回忆道："我当时来这家企业时，没有想到人均产值会这么高，最令我吃惊的是，我们企业的人员不是很多，当时连我在内也就20多个人，包括我们明年做到8000万元，我们的目标编制也就三十几个人，在我看来，30个人能够创造出8000万元的价值，它自然有自己的成功之处，于是我就选择进了这家企业。"

在进入企业之后，陈振宇主要负责财务方面的工作。正如他所说的，新锐科技虽然是一家小企业，在当地却也算是行业翘楚。在新锐科技工作的过程中，他也坦言，"在这里学到了很多东西"。2009年以前，新锐科技的运营主要是依靠自有资金。由于资金有限，而新锐科技所在的医药行业，拖欠账款又是常事，因此企业的规模一直无法扩大。然而随着近几年企业的主打产品"静脉置留针"的推广，企业的管理层开始意识到，如果一直这样下去，企业不会壮大，销售量不会猛增，也不会获得更好的效益，那么是否可以考虑寻求其他的资本途径？抱着这样的思路，董事长张景天对企业的产品销量和成本做了详细的评估，随后决定开始尝试利用社会资本，通过向银行借贷增加流动资金，扩大生产规模。这一举措促使新锐科技实现了突破性的发展。"我们去年的收入是2700万元，今年的收入是4000万元左右，而明年的任务量是8000万元。"陈振宇自信地说道。

随着企业生产规模的扩大，产品的不断推广，以及新产品的研发，企业的管理制度面临巨大的挑战。新锐科技原来是一个家族企业，企业的董事长和经理人分别由张景天和他的妻子担任，并且在2010年之前，两个人各持有50%的股份。在职能分工上，张景天主要把控企业的大局，包括制定企业的发展策略，开展产品研发，等等，而其妻子主要负责营销，以及与当地的医院进行沟通合作，等等。但是近几年，情况发生了一些变化。

首先，企业的发展使得原来的业务变得更加复杂和专业，新锐科技不再只是医疗器械的配送商，还涉及许多新的领域，包括新产品的推广，例如在成都各大医院进行新产品的培训，还有产品的售后，比如24小时的服务热线，以及配合医院追踪每个产品的识别码，等等。除此之外，新锐科技还在积极推动与国外医疗器械公司的合作，包括引进国外的先进技术和设备，以及处理成都药物交易所的种种事务。这一系列变化使得新锐科技的管理层开始思考，他们是否需要更加专业的管理人才来决策企业的大小事务？如果有必要交出企业的决策权，那么又应该交给谁呢？

通常，中国的民营企业，尤其是家族企业，在选择权力交接时，第一候选人往往是家族的二代。张景天和其妻子育有一儿一女，并且均在国外完成了学业，到了可以接班的年龄。然而，两人似乎并没有回来接班的意愿，张景天之女现在正供职于美国一家著名的公司，而其子目前在新加坡创立了自己的公司，准备在异国他乡闯出自己的一片天地。"没有听说他们会让哪个回来继承，好像儿子和女儿在国外都发展得不错，没有听说过他们有回国的打算。"员工透露道。既然子女不愿意接班，那么该怎么办呢？在这几年的发展中，新锐科技的管理层接触到越来越多的优秀企业和管理者，视野也更加开阔。"董事长以前更倾向于用家族成员，但是现在思路打开了，利用家族企业的员工扩大不了，想发展，家族模式始终有制约。"陈振宇提到了企业在管理层面的变化："企业已经开始思考转型以及更为有效的管理体系。"2010年后，张景天花费了数十万元，请专业的团队为企业设计了一套绩效管理体系，放弃了原来陈旧的、依靠老板拍板决定的管理模式，引入了更加科学和专业的现代化管理措施，包括绩效的考核、员工的培训、企业规章制度的规范化等。另外，新锐科技的管理层也开始

eight 第八章
民营企业传承 CHAPTER

适当地放权,将企业的财务、内部行政事务交给陈振宇管理,为企业的一些优秀员工留出了职业发展的空间。"这对于我们而言具有很大的吸引力,也激励我们做得更好。"陈振宇坦言道。

相对于从其他企业或者高校挖一个"空降兵",新锐科技这种从内部选拔接班人的方式,似乎更让张景天放心。像陈振宇这样从企业创始的早期便进来,经历过企业前期的艰辛拓荒、中期的摸索发展到现在逐步走上正轨,一方面对企业的整个历程和各方面的业务都较为熟悉,对员工的性格和能力也能做到心中有数。在接管企业之后,可以省去一段磨合期,能够较快地融入企业的日常运营中。更为重要的是,内部提拔起来的人对企业文化的认同感强。另一方面,中国有句古话说,"路遥知马力,日久见人心",像陈振宇这样的元老,企业高层在经过多年的接触和了解后,对他的品性和能力等都有一定的评估,更容易建立起信任的关系。这也有利于协调大股东和职业经理人之间微妙的关系,使得企业的管理更加顺畅。

内部选拔接班人,也正在成为一种趋势。根据"Strategy&"(原博斯公司)发布的《2013年度CEO调查》显示:2013年在全球最大的2500家上市公司中,70%的CEO更替是计划内更替;同时,76%的新任CEO是从公司内部选拔出的,中国的这一比例为84%,仅次于日本(97%)。[1]然而,所有的事物都是具有两面性的,内部选拔也不例外。一方面,内部选拔有可能造成候选人之间的内部斗争,造成人力的消耗;另一方面,缺乏其他企业的磨炼以及各行业的广阔视野,也会成为从内部选拔出的接班人的一

---

[1] Strategy. 全球CEO调查:从公司内部选拔CEO是趋势 [EB/OL]. (2014-04-30). http://www.ceconline.com/leadership/ma/8800070403/01/.

个短板。究竟是外聘经理人还是内部选拔，最终要取决于公司的具体情况、选拔制度及现任管理者的眼光等。

职业经理人接班：外部"空降"

"空降"的职业经理人，往往拥有更加专业的背景、更丰富的管理经验和多年积累的外部资源，这样的职业经理人加入，可能给企业带来新视野、新思路，并带领企业突破瓶颈。但是，"空降兵"如何处理与股东、创始人、公司创业元老等的关系，如何排除万难，快速融入企业运作，成为现代的"杰克·韦尔奇"，这又是另一个值得深思的问题。有着20年职业经理人经历的李民（化名），对此感受颇多。

1987年，是李民一生中最重要的一年。在那一年，他辞去了高薪且稳定的处级干部职务，毅然选择了"下海"，到一家尚不知名的小企业担任管理职务；而彼时，中国的民营经济才刚刚起步，未来究竟何去何从，谁也不敢断言。多年后，在回忆起这一决定时，李民谈起了自己当时的想法："1981年，我曾经赴日考察过100多天，目睹了富士通等日本企业高效、严谨的管理方式，这给我带来了很大的震撼。"回国后，李民陷入了思想的挣扎中，一方面是令人羡慕的铁饭碗，另一方面则是自己的理想——希望能够有所作为的英雄情结。这种挣扎直到遇见了百通（化名）集团的董事长，才得以终结。1987年，李民开始了他的职业经理人生涯，尽管那时并没有职业经理人的说法。

李民在进入企业后，被任命为生产部长，主要负责打字机的生产管理。李民最初并不擅长管理，那时也没有什么可以借鉴的书本、案例，全是凭借工作中的摸索，建立起所谓的管理制度。事后，他自己也坦言："当时哪里懂管理，都是遇到什么问题，就制定一条规矩。"例如，当时他看到有员工坐在打印机的包装箱子上休息，便拟了一条规定，以后谁再这样做，就罚款5元。当时的5元可是一笔不小的开支，这一规定迅速产生了效果。随着制度的建立，加上李民与工人的日夜苦干，打印机业务很快就有了起色，在全国一度热销。

然而，随着企业的发展，集团高层内部的利益斗争也日渐白热化，而作为外来人的李民首先被边缘化，由于李民正管理着企业最畅销的产品，这也让他成为斗争的焦点。随后，一名高层便提出要对李民负责的部门进行查账，这一消息令任劳任怨的李民一阵心寒，他说道："我先说清楚，无论查出还是查不出问题，查账结束之日就是本人辞职之时。"尽管已经40多岁了，李民还是流露出了一种年少气盛的鲜明个性，理想和激情是他管理企业的动力，而是非不断的利益之争，也让他一度疲惫不堪。这一场经历让李民开始意识到，职业经理人不仅仅要处理好企业的事务，同时，处理好与企业的董事和员工之间的关系，也是至关重要的。

几经辗转后，李民来到正面临破产风险的德福（化名）公司，当时的李民已经在商场上崭露头角，要进入知名大企业做经理人并非难事，而他却又做出这一令人吃惊的选择："我要寻找的，是能够让我施展抱负的平台。"

然而，来到这家公司的第一天，李民就意识到，这家公司处于完全瘫痪状态。由于一度亏损，公司还处于涣散中，各个部门也是一片混乱，公司目前的主打产品模块电源也存在质量问题。这一切，并没有让李民退缩，反而激起了他的斗志："我的字典里从来没有'艰难'二字。"随后，李民就凭借十多年的丰富经验，开始了全公司的大整顿。首先，要做的是鼓舞人心，让各个部门从瘫痪中缓过来，重新步入正轨，为此李民出台了一系列的激励措施。第二步，就是为德福公司制订发展计划，包括生产什么产品，如何进行相关的推广，等等。《孙子兵法》有云：知己知彼，百战不殆。李民对国内外的变频器市场做了详细的调研，并且专程到深圳去请教相关方面的专家，试图寻找这一行业的突破口。经过一番了解后，李民发现，高压变频器也许能够成为拯救公司的关键所在。一方面，高压变频器在目前国内市场上尚属空白；另一方面，高压变频器比传统的变频器更为环保和节能，一旦研发成功，将有可能成为该领域的领跑者。

在确定好发展方向后，李民便带领技术团队投入高频变压器的研发。经过一年的不断开发和改良，第一台高压变频器投入市场，并且迎来了它的买家。尽管随后发生了一场质量风波，但李民以高效的行动力，组织技术人员火速赶往现场进行故障排除，迅速解决了问题。李民在风波中所表现出来的专业和负责的态度，为德福公司赢得了良好的市场口碑，同时也帮助它打开了市场。从2000年起，德福公司的高压变频器的销量一路猛增，仅用了三年时间，就实现了从年售三台到年售百台的神话，公司也很快实现了扭亏为盈，并且成为该领域的领头企业。

似乎一切都发展得十分顺利，李民也沉浸在成功的喜悦中。然而，2005年，形势突然急转直下，一个突如其来的"噩耗"传了过来："公司准备上市，而李民不再适合担任公司的CEO。"来自股东大会的这一决策，对李民来说，犹如晴天霹雳。然而，李民却没有选择的余地，只是遗憾地说："企业管理者和资本投资者在追求上不一致。"身为一名管理者，李民的目标是将公司扎扎实实地做好，同时在这个平台上获得自我的发展；而股东和投资者希望看到的，则是公司利益的最大化，以及以最快、有效的方式实现这一目标。对企业成长的不同期待,使得李民和德福公司分道扬镳。

回顾这20年的职业经理人生涯,李民百感交集。他总结道:"我也从来没想过做一个自己的企业,负担太重。我把自己定位为企业的合作伙伴,在自己的职位上尽心尽力,这是我成功的地方。但是,如何处理好与股东的关系,与他们在企业发展中达成一致,这是我需要反思的问题。"李民的20年,见证了中国职业经理人发展的过程,尽管这一过程显得有些坎坷曲折,但我们也可以看到,随着职业经理人制度的完善,许多优秀的管理者登上了历史舞台,包括美的电器的现任当家人方洪波、联想集团的接班人杨元庆。

职业经理人的出现,为企业的接班,尤其是家族企业的传承提供了子女接班之外的第二条路径。从我们调研的近300家具有代表性的民营企业来看,第一代家族企业领导人不再局限于"子承父业"的模式,尽管大部分一代领导人更倾向于自己的子女或者家庭成员,但是随着企业管理模式的完善,越来越多的一代领导人也开始尝试第二条路径,即将企业的接力棒交到职业经理人的手中。调研数据显示,二代接班和经理人接班这两项分别占有效样本总量的48%和41%。

在我们的调查过程中,还发现了一个重要的现象,即不同年龄段的企业领导人在对接班人的态度方面有较大差异。48岁以上的高龄企业领导人和年轻的企业领导人坚持子女继承家业的比例分别为17%和12%,可见低龄组的领导人对于企业传承的态度更加开明。这一趋势实际上为职业经理人市场的发展提供了契机。随着中国市场经济的不断完善,信用体系、契约机制的逐步发展,相信更多的民营企业家愿意将自己的企业交给外部经理人打理。同时,调研数据显示,在选拔经理人途径的意愿上,内部培养和外部招聘的比例分别为 27% 和 14%。

在中国传统文化影响下的企业家，似乎连选择经理人都更加偏向于自己一手培养起来的人才。但是通过观察不难发现，内部提拔和外部"空降"各有优缺点，究竟如何选择才能给企业带来新的机遇，这取决于企业的具体情况，包括企业目前的发展规模，未来的发展方向，企业管理体系的完善程度，决策机制的设计，等等。当企业目前的经营情况比较稳定，且未来发展更加注重内部的建设时，那么内部选拔或许会降低新领导与企业内部人员之间磨合的成本，较快地完成接班的各项事宜。但是，如果企业正处于转型的前夕，或者企业对外部信息的需求大于对内部信息的需求，那么外聘的职业经理人或许能够带来更多的外部信息、资源和技术，带领企业进行突围。

第八章 民营企业传承

家族信托制度

富不过三代？

在美国，洛克菲勒家族已经顺利地完成了第六代家族人员的财富交接，并且财富传承的神话还在继续书写着。1870 年，自洛克菲勒家族第一代创始人约翰·洛克菲勒创立标准石油公司发迹起，至今已经走过了 147 年，而这个庞大的财富帝国在百余年后之所以依然名声显赫，正是得益于其完善的财富传承方式——家族信托和名为"Rockefeller Family & Associates"家族办公室的共同管理。

从本质上来讲，家族信托其实是一种理财工具，这一制度即家族财富的拥有者对于财产继承、财产投资、财产保障以及慈善事业等问题的综合考虑，根据一定的手续和规章制度设立一个信托机构。家庭财富的拥有者作为信托的委托人，将财富交付给信托自然人或者信托机构保管，委托人与信托机构进行协商，指定一人或者多人作为财富的受益人，而受益人如何获得财产、何时获得财产也是在约定文件中明文规定的，这样就让委托人的财产继承避免了高额的遗产税和赠与税，对拥有巨额财富的家庭来说，是保证财富不流失的重要手段。

洛克菲勒家族的财产传承，得益于家族财富的开创者老洛克菲勒富有远见的眼光，更得益于第二代继承人小洛克菲勒设立家族信托机构。

在小洛克菲勒年龄越来越大的时候，他开始寻找家庭财富的继承方法，最终他在60岁这一年寻找到了最合适的财产继承方法。小洛克菲勒为其后代创建了5个信托公司，控制着包括洛克菲勒中心财产公司、洛克菲勒中心电信公司等在内的洛克菲勒集团90%的股份。在这个信托机制的保障下，他的妻子获得了1800万美元的财产，而他的每个孩子都获得了1600万美元。当然，对于这个家族的所有财富来说，小洛克菲勒的妻子以及孩子获得的财产只是九牛一毛，而大部分的财产都托付给了一个神秘机构管理，这个神秘机构就是当时还不是特别盛行的信托。

信托机构有着管理财产的绝对权力，即在股权上，信托机构成为上市公司的第一大股东，在财产上，信托机构成为家族绝对财富的管理者，这样就避免了家族中出现财产纠纷等情况。每一份信托都有指定的受益人。当委托人将财富信托之后，就在法律上失去了该份资产的所有权，这份资产在一定的时间内由信托公司管理。受益人在达到接手这份财富的条件之前，只能获得分红收益，当达到接管信托的条件时，在信托委员的同意下，才能动用本金。这一机制既起到了财产隔离的作用，又使得洛克菲勒的后代不得不努力去达到信托里规定的条件。最重要的是，信托还使得洛克菲勒家族成功地避开了美国高昂的遗产税和赠与税。

仅仅如此，还不能让洛克菲勒家族财富延续六代。洛克菲勒家族成立家族财富信托机构之前，还成立了一个家族办公室，这个神秘的办公室被外界称为"5600房间（Rockefeller Family & Associates）"，它被赋予打理洛克菲勒家族所涉及的公司的多项事务，包括投资、法律、会计、慈善等，以保障家族企业的正常运营；而进出这个组织的，则是各个行业的领袖，

第八章 民营企业传承

其中就包括 Reuben Jeffery Ⅲ、David Harris、Nelson、Lewis Strauss 等重量级的人物。其中 Reuben Jeffery Ⅲ 曾经在小布什政府中担任副国务卿,而 Strauss 则是美国原子能委员会主席兼投资银行家。这些杰出的管理者,在洛克菲勒家族的发展中起到了重要的作用。信托机制的确立,保证了洛克菲勒家族巨额财产的传承,使其能够从 1870 年一直延续到现在。

事实上,运用信托机构和信托制度打败传统魔咒的例子还有很多。李嘉诚在 2012 年美国财经杂志《福布斯》的全球富豪排行榜上位列第九,在亚洲榜单中则稳坐第一把交椅,他创业和积累财富的过程是香港企业发展的一个缩影,同时也是广大民营企业如何在日益残酷的市场上获得发展的重要借鉴案例。

李嘉诚的财富在 1957 年年底开始被人们关注,在这一年他将长江塑胶厂改名成长江工业有限公司。不久后他将目光放在全世界市场上,最终由于他极富远见的眼光而成就了"塑胶花大王"之名。

由于年事已高,李嘉诚在 2012 年 5 月 25 日宣布进行财富继承以及分家的安排,将他市值 8500 亿港元的长江工业有限公司及和记黄埔有限公司 40% 的股份,以及 22 家上市公司转由长子李泽钜进行管理,而他的次子李泽楷则获得了资金支持。对于这一点,李嘉诚在新闻发布会上进行了详细解读,而在如何管理他的企业财产以及家族财富上,他最终选择了复杂的信托机构。

李嘉诚的家族财产传承的复杂性主要来自居住地的问题,这个原因非常出人意料。根据资料,李嘉诚直到现在,一共有中国内地八个城市的荣誉市民称号,并且也同时获得了加拿大温伯尼市的荣誉市民称号。然而,李嘉诚却拥有加拿大国籍和中国香港特区居住权。这样复杂的居住权和住所地集中在一人身上就已经够匪夷所思的了，而他家族的复杂情况还远远不止于此。李嘉诚与他的妻子是在中国香港结婚的，而他的两个儿子已经有了加拿大的国籍，长孙李长治出生在加拿大，另两个孙子则都出生在美国。"这样复杂的家庭成员关系，还有他们复杂的成长经历，很容易造成未来家族财产的纠纷问题，而这种资产纠纷的隐患对于巨额财产可能会造成很大的损失。"①

一般人很难想到，住地问题，有一天会成为财产分配和财产继承的主要障碍。根据法律规定，非香港居民在香港拥有财产，该居民去世后，后人若具有香港居民证，那么他必须带着香港和住所地国两处开办的遗嘱承办纸，才能获得死者在香港的遗产，而如果后人也不是香港居民，那么想要继承财产的话，会比前者更加复杂，在开办遗嘱承办纸的时候还必须有一到两名符合条件的香港居民进行承保，或者邀请保险公司作为保证人。

这种复杂情况，让李嘉诚在财产的继承问题上陷入了困境，而他经过考虑，最终选择了信托机构进行财产的继承，就算是使用信托机制，他的财产继承问题也还是非常复杂。

2012年7月，李嘉诚宣布长子李泽钜成为李嘉诚企业的总负责人，同时，他也成为家族信托机构——LKSUnity的重要负责人。这一机构是李嘉诚成立的四个私人信托公司之一，而他的家族信托机构的复杂之处就在于，他旗下四个不同的私人信托公司又有不同的受益法人。例如，四个全权信托机构之一的TLSUDT及TKAUTC分别持有房产信托以及一部分的物业信

---

① 陈莹莹. 李嘉诚255亿美元资产交接路径，解决住所地争议 [N]. 21世纪经济报道（365经纬—财经），2012-06-04.

托，但是这两个信托机构在 TLKSUT 中并没有任何的利益或者股份。[①]李嘉诚通过对家族旗下企业进行认真细致而又复杂的信托，保证了家族财富在他在世的时候就进行了细致的分配，而这样的分配同时也让家族内部成员，包括他的妻子、长子、次子都在保证家族企业继续发展的前提下，获得了应有的收益，企业的管理则交由私人信托公司，这样就将企业的管理与家族财富的传承隔离开来。

对于家族信托来说，如何保证企业和家族成员的双赢是这一制度最为重要的部分，而破产隔离是一种有效的手段。一家上市家族企业，在对企业的财产进行分配的时候，将家族内部的企业资产作为信托资产依法归入一家信托公司，而这家企业在进行财产传承的时候，继承人由于不懂得企业操作以及本人没有足够的能力管理企业，使其在上市过程中遭受了无法挽救的损失，企业依法进行了破产，而对企业的破产财产进行审核的时候，是不会将之前放入信托公司的财产算作破产财产的，这也就是信托起到的财产隔离作用。

对于一些家族企业来说，如何保证财产在分配和继承的时候不会产生纠纷，是首先需要考虑的问题。中国有一句古话，"人为财死，鸟为食亡"，很多家庭因为财产的问题导致妻离子散，富豪的巨额财产更容易引发这个问题。如果使用家族信托的方式进行财产的继承，即将大量的财富都由信托机构进行保管，传承给继承人的只有一少部分财产，就避免了这一问题的产生。同时也会解放一些无意接班的继承人，比如李嘉诚的次子李泽楷并不愿意继承家族企业，反而愿意根据自己的爱好进行创业，又如巴菲特

---

① 外贸信托金融产品研究部. 海外信托产品分析 [J]. 金融市场每周观察（专刊），2012(2).

的儿子霍华德、彼得分别是摄影师和音乐家，他们都不愿意继承父亲创办的伯克希尔·哈撒韦公司。[①]

家族信托制度为传统的家族内部成员继承财富寻找到了一个新的途径，而通过信托方式让信托公司对家族财富进行管理，避免了"败家子"的产生，也避免了家族内部人员的纠纷导致的公司不稳定，在保障家族成员的利益和公司稳定发展之间，找到了一种平衡，成为继二代接班、职业经理人接班之外的第三条路。

然而，这条路要想走好，一方面需要大环境的支持，包括完善信托相关的法律，使得委托人的私人财富能够真正受到法律的保护。另一方面，银行、金融机构也需要完善相关的业务，能够真正为企业提供合适的、量身打造的信托业务，而家族企业也要根据自身的具体情况，为企业的传承做一个长远的规划。

---

① 孔志军. 财富传承：富豪家族信托解密 [J]. 人民文摘，2013(7).

eight / 第八章
民营企业传承 / CHAPTER

家族企业的结构相合战略：共谋传承发展

早在1959年出版的《企业成长理论》一书中，Penrose就提出，企业是资源和能力的集合，而这正是企业获得成长的来源。

对于中国企业而言，最重要的能力往往与企业的创始人密不可分，从早期的销售能力、生产管理能力、研发能力到后期逐步培养的财务管理能力、人力资源管理能力、战略管理能力等。然而，伴随着企业的成长以及企业创始人的老去，那些曾经附着在企业创始人身上的能力和光环将成为对企业能否持续经营的最大质疑。

企业的发展还受到企业领导人更迭的直接影响。中国人传统的传宗接代思想不但导致大量企业家有意无意地将传承的重担交给了自己的子女，甚至有些情形下仅限于儿子来承接，却又必须面对第二代接班人在主观态度上的不情愿以及客观能力上的不足。职业经理人固然是一个更加专业的选择，但却由于水土不服不能成为一个普适性的选择，而国外较为成熟的信托机制在中国还有很长的路要走。

一个比较折中的观点是，由于企业家传承在企业成长中的重要性是毋庸置疑的，因此，企业应该未雨绸缪，提前对此进行战略布局和思考。通过一定时间的培养、选拔和观察，选择那些有能力，对企业又有足够忠诚度的接班人，无论是来自家族还是现有的管理团队，都能够降低传承不当所带来的风险。

"企业创始者及其最亲密的合伙人（和家族）"一直掌有大部分股权。他们与职业经理人员维持紧密的私人关系，且保留高阶层管理的主要决策权，特别是在有关财务决策、资源分配和高阶层人员的选拔方面。[1]由于中国人际交往中"差序格局"[2]现象的存在，无论是最亲密的合伙人还是家族成员，其界限本身就很模糊。近年来，中国家族民营企业陆续进入换代高峰，第一代企业家正在悄悄地功成身退。引人注目的是，几家已发展到一定规模的民营企业陆续将经营重任传到了第二代手中，如万向集团、广厦集团、横店集团、红豆集团、华西集团以及方太厨具等，而且这些企业的权杖交接都呈现出一个特点，就是继任者为企业创始人的儿子。无论上述民营企业是否属于严格意义上的家族企业，也不论高层管理者中非家族成员占多大比例，企业主要领导人"子承父业"的现象在中小规模的民营企业中都属于主流。大中型民营企业的换代则主要采取以原来企业家直系亲属为核心的高层管理集体接班，而这些高层管理者绝大多数为原来企业的内部人，虽然这些企业已经不再是严格意义上的家族企业，但是它们仍然通过内部人接班来完成代际传承。

这种"子承父业"式的继任模式，可以一直追溯到人类出现家庭开始。

---

[1] 小艾尔弗雷德·钱德勒.看得见的手——美国企业的管理革命[M].重武，译.北京：商务印书馆，1987.

[2] "差序格局"是费孝通首先提出的概念，用于描述亲疏远近的人际关系，与西方的"团体格局"不同，"差序格局"下，中国乡土社会以宗法群体为本位，人与人之间形成以亲属关系为主轴的网络关系。

eight	第八章
民营企业传承	CHAPTER

Landsberger 认为，对父母来说，将他们的希望和梦想永续的最好方式，就是将他们一生所从事和建立的事业传递给他们的子孙，并代代相传，这是人类的天性。[1] 企业的发展有着自身的生命周期，其中代际传承是这一生命周期中的重要一环。家族企业的代际传承是一个过程，而不是一个事件。这个过程涉及对继任者的培养，对其他家庭成员、创始人和非家族经理人的影响，权杖交接手段和方法，以及对企业的影响等问题。但对家族企业创始人来说，寻找和培养第二代企业家是关键。张维迎认为，在自由选择成为企业家的竞争中，具备更高经营能力的资本所有者将会是赢家。因为资本所有者想成为一名企业家时，会更加诚实、可信、尽职和勤奋；相对而言，一个一无所有的人却更有积极性谎报自己的经营才能并从事过度投资（张维迎，1995）。德鲁克关于家族企业应该是在第二代和第三代继续保持家族所有和家族控制，第三代之后成为公众公司的发展规律（Dmcker，1995）是值得借鉴的，过早寻求两权分离的非家族化管理对家族企业的发展不一定有推动作用。

已有的国外研究表明，家族企业的传承是一个复杂的多阶段演进过程，通过对不同演进阶段所面临的调整问题进行识别和有效管理，可以为家族企业的有效传承提供有益的指导。[2]

结构相合囊括了组织结构方面结构化与柔性的结合、权力机制中授权与集权的结合、公司治理中公开透明与保密的结合、治理模式上家族治理

---

[1] Ivan Lansberg. Succeeding Generations, Realizing the Dreams of Families in Business [M]. Boston: Harvard Business School Press, 1999.

[2] 窦军生，邬爱其. 家族企业传承过程演进：国外经典模型评介与创新 [J]. 外国经济与管理，2005，27(9).

与公司治理的结合以及新创企业在负债与优势方面的结合等。[①]家族企业的传承过程中应采用结构相合战略，实现家族治理与公司治理的结合。和谐、中庸，避免走向极端的儒家思想为结构相合奠定了稳定的文化基础，然而结合并不是简单地折中或者平均，而是一种适应外部环境变化的权变和智慧。

---

① 陆亚东，孙金云，武亚军．"合"理论——基于东方文化背景的企业发展新范式 [J]．外国经济与管理，2015，37(6).

第九章

民营企业与社会发展

对中国的企业家而言，与员工分享企业的收益仍是一个新鲜的概念。迫于这样或那样的压力而选择对员工进行利润分享的企业并不在少数。通过真正地将企业收益与员工收益紧密结合，利润分享机制相较于与绩效挂钩的激励机制，更加着眼于企业的长期发展。员工持股计划直接将企业与员工完全捆绑在了一起，给企业带来最为明显的长期效益。随着民营企业的发展，企业文化的建设逐渐被提上日程。在企业文化中，用"家文化"来管理员工，成为许多本土民营企业的选择。

nine / 第九章
民营企业与社会发展 / CHAPTER

对员工负责：外在助推与内在驱动

刚刚创立尚好机械制造有限公司（以下简称"尚好机械"）时，廖伟一最为信奉的一句话是"商场如战场"，他觉得这句话精准地道出了许多在商场上制胜的道理。比如他会时常告诫自己，做决定应当果断、勇敢，不要犹豫不决；又比如他总是要求自己做到知己知彼，这样才能百战百胜。最重要的是，他觉得生意场的确就像你死我活的战场一样，残酷无情，不容掺杂任何私情，更不容心慈手软。他总是把自己看作在战场上孤军奋战的将军，他麾下的士兵与其说是他的亲随，不如说更像是他花钱请来的雇佣兵，即使随时离他而去也不足为奇。因此他从未想过自己应当对员工承担任何责任，更不曾有与任何人分享自己"战利品"的动机。

早在20多年前的1992年，廖伟一就在家乡四川自贡成立了自己的第一家机械制造企业，也就是尚好机械的前身，主要生产摩托车及其配件。进入2000年之后，企业已经小有名气，巅峰时期员工数量接近500人。然而，从2008年开始，中国整体经济下滑，宏观政策的调控更是让已然不景气的摩托车市场雪上加霜，这促使廖伟一做出了离开摩托车行业的选择。他裁减了一大半的员工，转行开始做农用机械，同时将企业更名为"尚好机械"。在转行之前，廖伟一对中国的农用机械市场做了仔细的研究：中国北方土地面积虽大，人口密度却比南方小很多，而更多的农村人口都集中在南方。因此，2008年新企业开业时，他将尚好机械的主要产品定位为适应南方丘陵地带的微型机械。

廖伟一的市场定位是准确的。改头换面的尚好机械凭借着曾经在机械制造行业十多年的经验和技术，在不到一年的时间内就迅速打开了市场。然而遗憾的是，此时的他对100多名企业员工的定位却依然与十多年前一样。对于这些"雇佣兵"，廖伟一的用人原则是避免他们中的任何人成为"暴发户"。根据他的理论，如果有一名员工年薪能够达到100万元，那么谁也不能保证一两年后当钱赚得够多了时他不会选择离开；然而如果每年只支付20万元，即使只比竞争对手多一分钱，那么这个员工也会被企业"拴住"，从而实现他最大的利用价值。

也许是廖伟一的算计有误，也许是纯粹出于"利用价值"的考虑并不足以留住员工，尚好机械的员工流失率在重新营业的前两年一直居高不下。对于尚好机械这样的传统机械制造企业而言，优秀的技术研发人员、技术工人、服务维修人员甚至销售人员都极为紧缺，一旦流失，需要耗费大量的时间和精力才能得到补充。不仅如此，一名新员工的培训和成长更是需要极长的周期——进入2010年后的廖伟一发现，这简直已经成为即将压垮他和尚好机械的"不可承受之重"。

也正是在这一年，一次偶然的机会让廖伟一听说了一家名叫"谋略千年"的教育基地。据向他介绍的朋友说，这家机构专门为企业的总裁提供培训，帮助他们修炼思想，提高企业管理能力。正在为企业招人忙得焦头烂额、满心困惑的廖伟一抱着试一试的心态决定去听一期课："即使培训的老师徒有虚名，没办法给我答疑解惑，至少也可以向一同培训的其他企

第九章 民营企业与社会发展

业老总们打听打听，了解他们是如何解决这个问题的。"因此，虽然50万元的学费大大超出了廖伟一的心理预期，他仍然咬咬牙报了名。

随后发生的事证明，这次培训给廖伟一和他的尚好机械带来的影响远远超出了他起初的设想。为期一周的培训后，原来存放在廖伟一脑海中的企业管理思想已荡然无存。事实上，廖伟一在经营企业之前是一位大学教师，但他觉得自己的教学水平甚至比不上"谋略千年"的1/5，用他自己的话说，那已经达到了"洗脑"的水平。但毫无疑问的是，这一次"洗脑"带来的影响是深远的。从这里，廖伟一收获了后来他经营企业的指导思想，而其中就包括对员工的利润分享计划。

最先感受到变化的是销售部。从业务员到销售部长，再到分管销售的副总，只要是在企业10年以上的员工都有资格享受企业利润的分享。紧接着是研发部，然后是生产车间，到第三年年底，企业所有部门工作年限在10年以上的老员工都享受到了企业利润带来的提成。除此之外，廖伟一还在考虑将企业改造为股份制。将来，尚好机械的员工将有机会通过入股来获得企业利润的分红，成为企业真正的主人。

不论在那一周的培训中廖伟一领悟到了什么，毋庸置疑的是，学成归来的他开始愿意将他的"战利品"与他的员工进行分享。显而易见的是，实施利润分享计划最直接的目的是应对居高不下的人员流失率，而这种方式无疑是有效的。自实施利润分享计划以来，尚好机械的员工保持了高度的稳定，人员流失率下降到了原来的1/4。越来越多的员工因为工龄超过10年而享受到企业的利润提成，而这些员工又成为激励其他员工留在企业中的榜样。当然，谁也不能确定，在培训过后的廖伟一心中，他是否看到了作为一名企业家对员工的成长所应承担的责任，但无论如何，即使只是迫于人员流失的压力而选择员工利润分享计划，对尚好机械而言，这也是一个明智之举。

事实上，像尚好机械这样，迫于这样或那样的压力而选择对员工进行利润分享的企业并不在少数，同处蜀地的雄风包装就是另一个例子。尽管雄风包装的创始人沈明宇所面临的问题与尚好机械并不尽相同，然而与廖伟一一样，直到难题直接摆在了眼前，他才意识到危机的逼近。

1993年，沈明宇在家乡资阳创办了雄风包装，主要生产食品的软包装，特别是耐蒸煮包装。由于产品与食物有关，因此沈明宇对于包装的安全与质量格外谨慎，同时也希望这能够成为雄风包装打败竞争对手的最大优势。为了解决一直困扰着食品包装的包装溶剂残留问题，他和手下的研发人员耗费了大量的时间和精力进行测试。所幸，他的良苦用心并未被市场忽视，尽管这一问题的彻底解决在近20年后的2010年才实现，但沈明宇和手下员工的不懈努力让雄风包装的溶剂残留量在创业不久就远远低于它的竞争对手，这也让雄风包装在市场上处于优势地位。企业成立六年后，为了谋求更大的市场空间，沈明宇带着他的员工，将已经小有影响力的雄风包装整体迁到了重庆。

搬迁后的雄风包装发展势头更加喜人，销售规模与员工数量迅速增加。连续好几年，沈明宇都会在企业的年终大会上喜气洋洋地宣读这一年的销售和利润数据，并向员工公布一个又一个"创新高"的喜讯。毫无疑问，不断增长的数字让他对企业的发展前景十分乐观，而这种乐观让他无暇思考企业的潜在问题。

沈明宇的这种"无暇思考"注定要付出代价。当他第一次注意到情况有异时，他所面临的已然是比尚好机械更为严重的人员流失。在2002年7

第九章 民营企业与社会发展

月又一次收到一名老员工的辞呈时,他猛然意识到,这已经是这一年内向企业请辞的第三位"元老"了。这些老员工自1993年沈明宇建立雄风包装起就一直追随着他,所以,沈明宇十分困惑,究竟是什么原因让他们在如此短的时间内相继选择离开。有所警觉的沈明宇又回顾了近两年来企业人员的流动状况,这番回顾让他着实吃了一惊,原来自己从未意识到,近两年来企业的核心员工流失率竟高得出奇。

随后,沈明宇首先想到的应对措施是加薪。他重新设计了薪酬体系,企业"元老"、核心员工乃至许多普通工人的工资都有了大幅度的提升。然而,这种方式并未达到他预想中的效果。伴随着仍然居高不下的员工流失率,第二个"危机"又降临了,而这一次是出现在他一贯重视的数据上。从2006年开始,雄风包装的销售增长逐步放缓,经过反复地观察和了解,沈明宇意识到,企业员工的积极性似乎比几年前低了不少,特别是在销售部,销售部的平均销售业绩较几年前甚至下降了1/3。这个发现让沈明宇感到恐慌,因为他知道这意味着企业员工开始失去创业时那种高昂的激情,对工作以及企业的责任感也大不如前。他也明白,这种状态将会给雄风包装带来灾难。

巧合的是,同廖伟一一样,沈明宇也是在一次偶然的机会下想出了应对"危机"的办法。在他对危机手足无措之时,电视上正在播放一档节目,主题是"结构需求"。节目中列举了中国的几位领导人——孙中山、毛泽东和邓小平,称他们都讲究一种"分"(分享)的艺术。沈明宇虽对历史不甚了解,但这档节目让他顿悟,并意识到自己应该做些什么。让员工重拾工作激情的最好方式就是与他们分享工作的成果,而培养员工对企业的责任感的唯一途径恰恰是企业开始对员工负责,让员工不单单扮演服务企

253

业的角色,而且还能成为企业的"主人"。

几乎是第一时间,沈明宇就开始在企业推行他的利润分享计划。为了提高员工的积极性,沈明宇的第一步是实行分红,以促使员工更加注重企业绩效。如今,沈明宇每个月都对企业的所有员工进行一次评定,而到了年终,每一个员工都能拿到几千元到上万元的奖金和分红。不久的未来,沈明宇还计划在企业中引进股份制改造,以实现他将忠诚的员工转化为企业"主人"的大计。事实上,这时的沈明宇对股份制改造的构想已了然于心。他准备在分股时实行"买三赠七",同时还希望引进竞争机制,只让那些真正对企业有感情的老员工获得股权。

现在的沈明宇奉行着一条原则:"员工利益第一,企业发展第二,国家发展第三。"他明白,企业的发展要"集众人之势",百年老店靠的不单单是产品和技术,还有人的力量。人的本性是趋利的,只有当员工能获得与自己的努力相匹配的收入时,他们才会愿意更积极地为企业付出;人同时也本能地渴望归属感,只有当他们成为企业的主人时,他们才会真正为企业的发展承担起责任。因此,只有首先照顾到了员工的利益,企业才有可能壮大,而在此之后,政府才有可能获得税收,国家的经济也才有可能得到发展。

可以说,沈明宇起初愿意向员工分享利润,是形势所迫:无法应对的员工流失率,低落的士气和工作积极性,再加上糟糕的企业业绩,这一切让沈明宇不得不有所行动。然而在这个过程中,他逐渐意识到他自己和企业需要为员工承担起责任。这种责任一方面是保证员工获得合适的、与其付出相匹配的收入,体现员工的价值,而另一方面同样也是保证员工能够分享到企业的发展所带来的收益。

第九章 民营企业与社会发展

难能可贵的是,在调查中,我们发现也有些企业实行利润分享计划却并非源于诸如人员流失、积极性下降等问题的压力,而仅仅是出于对员工的责任感,而这显然更考验企业领导者的领导风格和个人修养。

迪立奥通讯设备经销公司(以下简称"迪立奥通讯")的总经理张晨拓在他的员工心目中就是一个有着出色个人修养的领导者。十多年前,刚成立的迪立奥通讯还只是一家隐藏在吉林市某街道的小店铺,做着电子产品的代理销售。当时企业包括总经理张晨拓自己在内就只有四个人,销售额和利润都低得可怜。但张晨拓是一个眼光精准,同时行事果断、干练的商人。在他的带领下,迪立奥通讯的店面逐渐由小变大,经营的产品种类却由多变少,直到两年后开始专注于做品牌手机的批发和代理销售。2006年,张晨拓又一次的果断决策让企业拿到了好几个手机品牌省级代理商的资格。在这之后,为了让企业能够更靠近主要的客户,他将迪立奥通讯迁到了长春。经过五年的努力,迪立奥通讯与2001年相比,已有了巨大的变化,企业员工数量也增加到了30多人。

对于手下的员工,张晨拓一直心存感激。自2001年成立至今,迪立奥通讯经历过几次巨大的挫折,最严重的一次,企业已经到了破产的边缘。尽管与企业一同成长至今的"元老"们都认为,是他们总经理的精明领导和果断决策拯救了企业,但在张晨拓心中,企业能够发展至今的最大功臣绝不是自己,而是那些在困境中仍然选择坚持,没有放弃企业的员工们。他深信,迪立奥通讯的主人并非只有他一个,任何一个坚持走到今天、为企业的发展出过力的员工都应该是企业的主人。

因此,就在企业拿到省级代理商资格,并从吉林迁往长春的那一年,张晨拓公开宣布,要将企业的利润与员工们进行分享。没有人以辞职相要挟，也没有人缺乏激情、消极怠工，这个决定只是出自张晨拓对他的员工真挚的感情。他在宣布分享计划的讲话中动情地说，企业能够成功多亏了全体员工，他希望能够继续跟他们一起坚定地走下去。他告诉他的员工们，即将实行的利润分享计划正是一种对长久以来他们对企业做出的贡献的肯定，同时也是为了帮助他们实现各自的价值。"我认为这是我的责任！"张晨拓坚定地说。

在员工爆发出的掌声中，这个外向、直爽的东北汉子哽咽了。他对身边的人说，这是他创建迪立奥通讯以来最快乐的一天。承担起这份对员工的责任，他觉得正在实现自己的人生价值。

对于中国的企业家而言，与员工分享企业的收益仍是一个新鲜的概念。即使是在 21 世纪的今天，在内部实行利润分享计划的中国企业在千千万万的中国企业中仍然只是凤毛麟角。尽管暂时还没有类似于西方国家的统计调查，但根据已有的数据不难发现，劳动要素在整个中国社会的收入分配中所占份额正在不断下降：1978—2003 年，全国工资总额占 GDP 的比重从 15.7% 下降到 11.4%，[①] 而这可以从一个侧面反映出劳动者从企业利润增长中获益的份额正在逐步下降。

在这样的背景下，那些开始尝试员工利润分享计划的企业家们大多也是出于外在的压力，更像是不情愿地与员工分享企业的营业所得。他们一部分是出于解决居高不下的员工流失率的需要，希望利润分享计划能够更好地拴住企业的核心员工；另一部分是为了提高雇员的劳动积极性，通过将员工的收益与企业的业绩直接挂钩来对员工的努力程度提供激励，促使

[①] 丁远杏. 借鉴西方"利润分享制"，完善中国的分配格局 [J]. 理论导刊，2008(12).

第九章 民营企业与社会发展

他们进行自我约束，更加积极地工作；当然也有一部分企业主希望为员工提供归属感，通过让员工持有企业股票，让他们成为企业的主人，并在一定程度上给予员工共同决策的权利，从而更好地调动他们的工作热情。

如果将这些原因归为实行利润分享计划的外在"推力"，那么张晨拓所感受到的发自内心的责任感则应该被归为内在的"驱动力"。尽管这个拥有内在驱动力的群体所占的比重仍然较小，但的的确确存在不少像张晨拓一样的企业家。他们发自内心地认可员工对企业所做出的贡献，并认为企业有责任通过利益分享来回报他们的贡献。他们同时也真诚地希望，这些陪伴着企业成长的员工们能够成为企业的主人，跟企业一起坚定地走下去。

不论是何种原因，主动抑或被动，实行员工利润分享计划是企业家承担的社会责任与义务。因为这份担当，企业家将原本自己独有的企业经营利润与员工进行分享，从而能够为企业的利益相关者创造更多的价值，而这确实是值得鼓励与倡导的。然而，对于以盈利为目的的企业而言，仅仅只创造社会价值是远远不够的。因此，一个更值得探究的问题是，员工利润分享计划是否与企业的发展形成正向的关联？从长远来看，向员工分享企业经营利润又是否能给企业带来实质性的回馈？

激励员工的三大锦囊

谈到向员工分享企业的经营利润,杭州佳力机械有限公司应该算得上是中国第一批试水的民营企业。1992年,中国的社会主义市场经济体制刚刚确立,全国各地的企业也才刚刚开始最大限度地利用市场机制和人口红利进行谋利时,它就已经先行一步,开始向它的员工分享企业的经营利润。

严格意义上而言,杭州佳力机械有限公司是一家中外合资企业。在美国,佳力产品公司成立于1922年,是世界上最早从事内孔珩磨技术研究和珩磨产品研发生产的专业化企业。1986年,佳力产品公司与中国航空技术进出口总公司合作成立美国佳力珩磨技术服务中心,开始将先进的珩磨系统和完整的技术服务向中国推广。从1992年开始,美国佳力产品公司作为主要投资方,与航空部301研究所合资,在杭州成立了合资企业——杭州佳力机械有限公司(以下简称"佳力机械")。

佳力机械成立伊始,企业管理层就决定大幅度地沿用美国总公司的理念、政策和管理方式。从1995年开始就担任佳力机械总经理的毛仁新对企业的管理理念有着深厚的感情。为了让员工工作愉快,并对企业产生归属感,他几乎刚一上任就开始兴建企业自己的食堂和员工宿舍;而面对企业超过一半的外地员工不得不与另一半两地分居的状况,他又开始定期邀请部分员工的家属来企业团聚,并且安排单独的宿舍给他们居住。如果工作不算太忙,他有时甚至会在自己家里招待员工及其家属,边吃饭边听取他们反映的困难和需求。

毛仁新很为他设计出的这些举措感到自豪。他一方面真诚地关爱自己手下的员工;另一方面,谁都看得出,他也是一个一心扑在自己事业上的人。为了避免因为企业的发展而损害员工的利益,毛仁新的确费了很大一番心思,设计出一套让员工满意的政策体系。毫无疑问,在这些政策中,让员工及他本人感到最为满意的,就非员工利润分享计划莫属了。

事实上,员工利润分享计划在毛仁新上任之前就已经开始了,但彼时的利润分享计划只能算得上是一个雏形:每年年终,除了按照国家规定向员工支付三险一金以外,企业还会为所有员工额外发放与工资挂钩的补充住房补贴,计算比例全体员工都相同;与此同时,企业还会不定期地向员工发放"旅游基金",通过这种形式将企业利润与员工分享。大量新的内容在毛仁新担任总经理后被添加进了佳力机械的员工利润分享计划,而其中最为突出的是年终奖励。为了让每一个员工都有更大的动力为企业创造业绩,毛仁新决定在每年年终向员工发放年终奖,而奖金的多少由年度绩效考核的结果来决定,最高甚至可以达到员工6个月的工资。

在员工利润分享计划推行的同时,毛仁新还意识到了另外一些问题。由于佳力机械从事的是传统机械制造业,而珩磨工艺又是制造业的冷门工艺,因此技术人员、服务人员以及技术型销售人员的招聘都极为困难,新员工的培训和成长周期更是漫长。于是,毛仁新开始考虑企业需要制定更有吸引力的政策来留住员工,稳定队伍。这个时候,喜欢在家招待员工并与他们近距离交流的习惯帮了毛仁新一个大忙:他了解到,员工普遍都有对退休后养老金不足的顾虑——在20世纪八九十年代，选择进入民营企业工作在人们看来是一场赌博，而其中的风险之一就是失去国家提供的保障，时刻担心自己可能面临老无所依的窘境。于是，从2005年开始，毛仁新委托一家保险公司为佳力机械实行"企业年金计划"，即参照工龄和职位，每年向全体员工提供补充养老金。

让毛仁新感到欣慰的是，他新添的两项政策至少在相当长的一段时间内都达到了预期效果。在与绩效挂钩的年终奖的激励下，员工的积极性得到了大幅度的提高。借力于中国从20世纪90年代到21世纪前十年宏观经济的飞速发展，佳力机械无论是销售额还是利润都实现了高速增长；而在实行"企业年金计划"后，员工队伍的稳定性得到了进一步的提高。即使是流动率最高、曾经最让毛仁新感到头疼的销售部，在计划实行后每年的人员流动率也下降到不足10%，而这一比例在技术部和其他部门则更低。

如果毛仁新对分享激励理论有一些了解，他一定会对自己的设计感到更加自豪，因为他巧妙地运用了两种不同的激励机制来实现两个不同的目标，并让它们共同推动了佳力机械十多年的高速发展。事实上，员工利润分享计划的确并非只有一种固定的形式——毛仁新在佳力机械实行的两项员工利润分享政策中，年终奖属于与绩效挂钩的激励机制，这种激励机制包括与产量、销售额、利润等不同指标挂钩的所有浮动工资；而"企业年金计划"则应当被归为广义的利润分享机制的一种，它仅仅包括与企业最终的"留存收益"直接相关的分享计划，即直接与企业的利润获取能力相挂钩的激励机制。毫无疑问，与绩效挂钩的激励机制和广义的利润分享机制之间有着极大的区别。从本质上来说，激励机制只是把员工看成追逐利润的工具，并未将员工真正纳入企业的"大家庭"。因此，实行与绩效挂钩的激励机制的目标在于短时间内能够给企业带来更多的利益，员工和企业之间则保留纯粹的雇员和雇主的关系。利润分享机制则采用一种更为人性化的激励模式。由于是以整个企业利润为分享主体，因此它对于每个员工都是平等的；同时，它通过使员工个人的薪资与企业利润挂钩，将员工和企业整合为一个利益共同体，能够增进员工和企业之间的情感，加强员工的归属感和认同感。通过真正将企业收益与员工收益紧密结合，利润分享机制相较于与绩效挂钩的激励机制，更加着眼于企业的长期发展。

除此之外，还有一种激励机制被称为员工持股计划。允许员工持有企业股票也就意味着员工成为企业的股东和所有者，这也就直接将企业与员工完全捆绑在了一起，"一荣俱荣，一损俱损"。因此，员工持股计划是所有员工分享和激励机制中最具长期效用的一种。它一方面可以培养员工的忠诚度，对于小微型企业留住企业人才具有显著的作用；另一方面也能给企业带来最为明显的长期效益。

之前提到过的雄风包装的总经理沈明宇就正在制订他的股份制改造计划。对于他来说，股权形式是让他花费心思最多的地方。好几年前的一次聚会时，另一家大的食品加工企业的老总曾经提醒他，如果让员工持有企业的实际股，那么员工就将享有与企业外部股东同等的股权。这样一来，即使他们离开企业，甚至加入竞争对手，却仍然可以坐收企业盈利带来的分红。即使过去了好些年，这个故事仍然让沈明宇记忆犹新。因此当他设计他的员工持股方案时，首先确定下来的就是设立"虚拟股"——持股员工仅仅享受一定数量的分红权和股价升值收益，却没有所有权和表决权，也不能转让和出售；而当他们选择离开企业时，这些股票将自动失效。

在股票价格上，沈明宇也给予了员工足够大的优惠。根据他的设想，对于认购股权的部门经理，他将实行"买三赠七"，也就是员工只需要支付价格的30%就能获得100%的股票票面价值；而这一比例也将根据认购股票员工的职位不同而进行调整。除此之外，沈明宇还别出心裁地设计出了认购股权的"竞争机制"，使每个部门只能择优选取部分员工获得持股资格。他对员工们说，认购企业股票就像是发展党员，只有那些为企业做出过突出贡献、认可企业价值观，并真正对企业有感情的员工才能有这个资格。他甚至还希望设计出一个考核机制，没有通过考核的月份将无法获得分红，而如果连续12个月都无法获得分红就将失去持股资格。

遗憾的是，从我们2012年下半年调研所得出的数据中可以发现，中国大部分中小微企业仍然主要采用传统的与绩效挂钩的激励机制，而非广义的利润分享机制或员工持股计划。事实上，有73.6%的接受调研的中小微企业表示采用了与绩效挂钩的激励机制，其中绝大多数选择与销售额挂钩的激励机制，而真正实行利润分享计划的中小微企业则为数不多，实行员工持股计划的企业更是微乎其微。如果根据企业规模来看采用激励机制的情况，中小微型企业分别有87%、76%和60%的比例采用与绩效挂钩的激励机制；与此同时，采用利润分享计划的小、微型企业的比例均不到一半，分别只有41%和36%；而在员工持股计划激励模式中，运用该机制的小、微型企业更少，分别只有8%和4%，如图9-1所示。

□ 采取与绩效挂钩的激励机制的企业比例　▨ 采取利润分享机制的企业比例
□ 采取员工持股计划的企业比例

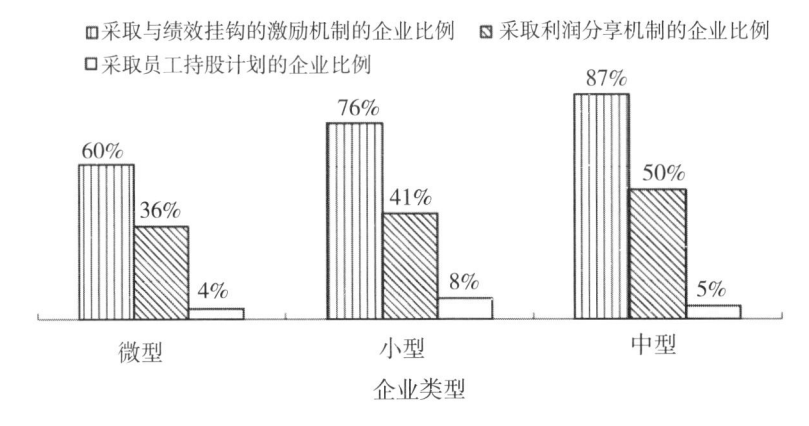

微型：60%、36%、4%
小型：76%、41%、8%
中型：87%、50%、5%

企业类型

图 9-1　各规模企业采用激励机制所占的比例

毋庸置疑，更多的企业愿意选择与绩效挂钩的激励机制，是因为它能直接刺激企业短期业绩的上升。需要看到的是，与绩效挂钩的激励机制、利润分享机制以及员工持股计划三种员工利润分享计划都能带来企业销售收入的提升。然而，利润分享机制和员工持股计划意味着更大的投入和更加复杂的制度设计，对企业业绩的刺激也不如前一种激励机制来得直接；而如果与绩效挂钩的激励机制就能够实现企业业绩上升的目的，企业家又如何有动力采取其他的激励方式呢？

事实上，毛仁新已经帮我们回答了这个问题。尽管与绩效挂钩的激励机制的确能够在短期内帮助企业提升业绩，但它同时也意味着更高的员工流动性，特别是管理层的离职率。相比原有的固定工资制度，与绩效挂钩的激励机制对普通员工和管理层都提出了更高的要求。由于这种激励形式直接将他们的行为、成果与其收益相挂钩，因此它将"吓退"那些不愿意承担风险的员工。同时，管理层也不再能够简单地坐享高额的薪酬收益，而必须通过对企业的实际贡献来实现自己的利益。这种激励形式并不会培养员工对于企业的感情和凝聚力，相反，它所倡导的是"能力"与"收入"的对应关系。因此，一旦有竞争对手以更高的薪酬诱惑企业员工，这些有能力的员工也极有可能会离开。

相比较而言，员工利润分享机制是对于稳定企业员工、增强员工认同感和归属感的更有效的激励机制。正如毛仁新在佳力机械实行"企业年金计划"后看到的那样，通过利润分享，员工关注的重心将会从自身的业绩表现向企业整体收益上转移，从而增强员工的企业认同感。另外，这种激励机制也能够向员工传递一个更为积极的信号，即企业愿意将获得的利益拿出来与全体员工共享，这种更具责任感的信号可以帮助企业赢得员工的信任和忠诚。最后，利润分享也使得员工能够更清楚地了解到企业的利润分配情况，而不再是企业收益分配的旁观者，这又将给员工的心态带来正面的影响。因此，利润分享计划更有助于锁定员工，增加员工的凝聚力，从而解决与绩效挂钩的激励机制所不能解决的问题。

遗憾的是，员工利润分享机制同样并非十全十美，而远富顺食品有限公司（以下简称"远富顺食品"）的总经理高原顺对此有着深刻的认识。

当1998年高原顺在贵阳创办远富顺食品时，招工是他所要关心的所有问题中最不需要费心的一件，因为彼时中国的一大难题是大量的劳动力过剩。根据劳动部门的统计数据，到1996年年底，已在劳动部门登记的失业人口为533万人，同期的下岗职工人数估计为2200万人，而企业的富余人员比例甚至高达15%~20%。[①]全国各地尤其是内地城市如此规模的劳动力过剩使得企业可以近乎肆意地压低劳动力价格，而即使是这样，仍

[①] 张鹏. 浅析中国的劳动力过剩问题 [J]. 金融与经济, 1998(11).

nine / 第九章
民营企业与社会发展 / CHAPTER

然有数不清的人拼命争抢一个被雇用的机会。

然而仅仅十年过后,"招工难"就成了最令他头疼的问题之一。高原顺自己也想不起来是从哪一年开始,公司的各个职位突然就无法满员了。曾经发布 50 个岗位能吸引超过 200 个人前来应聘,但如今公司做大、生产线扩张后需要 120 多个员工,能够招到的人通常却只能达到这个数目的一半。不仅如此,高原顺还发现,员工对工资和劳动环境都提出了更高的要求。他几乎亲眼见证了员工不断增长的工资,不断缩短的工作时间,以及不断提高的伙食水平和福利待遇——尽管如此,公司却仍然留不住人。

不得已,高原顺开始探寻更有效的激励机制。2008 年连着好几个月,远富顺食品的员工发现他们的总经理不是将自己关在办公室里冥思苦想,就是跟贵州其他食品加工企业的老总们相约喝酒吃饭。然而几个月后,当高原顺重新回到大家视野中时,他的手里已经拿着一份完整的员工利润分享计划了。根据这份计划,公司 20% 的净利润将会与员工一起分享,覆盖范围将从中高层向下扩展。其中,董事长将会获得参与分配利润的 9%,总经理可以获得 8%,财务总监和副总每人则是 7%,其余 60% 左右将在中、低层分配,最低也能获得 0.5%。

和毛仁新一样,高原顺很快就看到了成效。尽管"招工难"仍然难以在短时间内解决,员工的流动性却已然大幅降低。许多基层员工看到了将来自己也能参与企业利润分配的希望,而已然置身于利润分享机制里的中高层则无疑对公司和毛仁新更加忠心耿耿。然而令毛仁新始料未及的是,利润分享机制给他带来了一个新麻烦——员工积极性的滑坡。

事实上,这个麻烦的到来并非如影随形。实行利润分享机制的头几年,员工的积极性达到了空前的高度。许多中层,乃至基层的员工都开始自发地留在公司加班工作，希望公司取得更好的业绩。然而仅仅几年过后，员工似乎就已经在利润分享机制中看到了"大锅饭"的影子。面对年复一年、一成不变的分享计划，销售人员的狼性、技术人员的钻研精神乃至生产队伍的拼劲，都在随时间的推移而悄然下降，员工们的惰性却在与日俱增。让情况变得更糟的是行业竞争对手的快速成长和侵袭，以及中国逐渐趋缓的宏观经济形势。事实上，由于行业竞争压力史无前例地压缩着公司的生存空间，员工积极性的下降对公司产生的负面效应被进一步放大；而由于利润分享的资金完全来源于公司经营利润，一旦公司的销售及利润出现波动甚至下降，又将对分享机制的执行产生很大的冲击。

的确，由于利润分享机制不是将员工所获得的利润分享与业绩挂钩，因此它对于所有员工而言都是平等的，这本来正是这一激励机制优越性的体现，然而，也正是因为它将所有员工都平等对待，这一分享机制的公平性和合理性反而受到了挑战。毫无疑问，如果利润分享机制不能有效地体现不同员工对企业投入的差别，它将非但不利于激发员工的责任心和积极性，甚至还可能会起到截然相反的作用。

诚然，努力改进利润分享计划的实施细则，尽可能地做到对员工奖惩分明，这是解决问题的可能性之一；而另一方面，企业家们同样也会发现，他们还有除了与绩效挂钩的激励机制和利润分享机制之外的第三种激励机制可供选择。事实上，随着中国企业管理水平的普遍提升，越来越多的企业选择采取员工持股计划来作为激励员工，并与他们进行利润分享的手段。

第九章 民营企业与社会发展

民营企业践行"家文化"

早上 6 点半,当清晨的第一缕阳光洒向静谧的苏州工业园区时,一家"波特兰式"的企业里,行政人员已经早早就位,开始打扫卫生和修剪花草,地板和窗户都被擦得一尘不染,像咖啡厅一般的办公大厅也被布置得格外富有情调,花草葱茏。陆陆续续来上班的员工都穿得整齐干净,并且每个人都会笑着向自己的同事打招呼、问好,一切井然有序,却也不失温馨。不知道的人或许会以为这是某个 500 强企业的高层管理办公楼,然而事实是,这只是德胜洋楼(苏州)——一家以建筑为主要业务,并且大部分员工都是农民的企业——早晨的一幕。德胜洋楼究竟是如何管理它的员工,使其能够一改传统务工人员的形象,处处彰显儒雅之气的?这就得从德胜洋楼的《员工守则》说起。

1992 年,聂圣哲在美国获得博士学位,跟人合伙创办了美国联邦德胜洋楼公司,并于 1997 年搬至苏州工业园区,起名为德胜(苏州)洋楼有限公司(以下简称"德胜洋楼")。在创办公司后,对管理并不精通的聂圣哲便开始做一件事:将工作中遇到的困难和经验记录下来,然后针对问题形成一条规则。到 2004 年,这本手抄的《员工守则》已经达到了 21 条:既包括员工每天要刷牙、嚼口香糖等生活琐事,也包括不必经理、主管签字即可报销等员工制度，涉及员工管理的方方面面。2004年，中国作家协会的周志友在一次偶然的机会中看到了这本手抄本，为之震惊，并且说服安徽人民出版社出版了此书。从2004年到2013年，该书在十年间印刷了30次，销量超过60万册，而且还受到了哈佛大学出版社的关注。更令人感到不可思议的是，这本如此畅销的书既不是小说，也不是理论著作，而仅仅是一本普通的员工手册；里面没有任何生动的故事，只有一条条枯燥的规则，但是却被许多业内人士誉为"中国企业管理的圣经"。德胜洋楼《员工守则》记载了聂圣哲的管理之道：用爱来管理，用戒做制度，在德胜洋楼的大家庭中，让每一名员工都变得高尚。

在德胜洋楼《员工守则》里有规定，每个月的1日和15日晚上学习该守则。在每个月的这两个晚上，德胜洋楼的所有员工都会聚集在一起，共同学习守则上的内容，每个员工轮流念一些段落。这种内部学习，其实也为德胜洋楼的员工提供了一次大家庭聚会，而《员工守则》就像是一条条"家规"，通过学习"家规"，形成"家庭"的认同感。

除此之外，德胜洋楼中还保留着传统的尊卑秩序，在《员工守则》中就明确规定："坚决服从上级（包括执行长、值班长、领班）的管理，杜绝与上级顶撞"；"制度督察官和质量督察长在履行督查职责时，具有崇高的权利，任何员工都必须服从，不得抵抗"。[①] 这个规则，似乎与西方的企业中所崇尚的人人平等的观念有所不同，更具有东方传统文化的色彩，具体表现为层级之间的秩序，下级要服从上级，上级要关爱下级，等级分明又不失和谐。所以，我们在《员工守则》中也会看到类似"同事生病或

---

① 周志友. 德胜员工守则[M]. 合肥：安徽人民出版社，2006.

第九章 民营企业与社会发展

者受伤时，必须停止手头工作，立刻向上级汇报并给予相应的帮助。因为你生病或者受伤时，也需要同事这么做"的规定。

从德胜洋楼的守则中，我们既看到了森严的规定，同时也能看到中国传统儒家文化的痕迹。随着中国民营企业的发展，企业文化的建设逐渐被提上日程。在企业文化中，用"家文化"[①]来管理员工，成为许多本土民营企业的选择。

现代学者对于"家文化"的关注也涉及各个领域，包括"家文化"对于政治、经济、社会发展、文学等的泛化影响。近几年来，随着民营企业的成长，越来越多的人看到在中国的民营企业中，以"家文化"为代表的具有东方传统文化色彩的企业管理模式正在逐渐兴起。相较于西方基于契约精神所建立起来的企业管理模式，建立在东方人伦基础上的企业管理模式似乎展现出了一种截然不同的企业文化。以"家文化"为主导的企业管理更加注重员工和企业的共同成长、休戚与共，使得企业与员工之间建立

---

① "家文化"的兴起要追溯到中国古代。汉代许慎在《说文解字》中说："家，居也。从宀，豭省声。"可见，家的本意是人的居室，而不只是房屋这个外壳，更为重要的是，它荫庇着居住在其中的人，起着凝聚人的作用。随着时间的推移，在儒家传统文化的语境中，家被赋予了更为丰富的文化内涵。《论语·颜渊》记载了齐景公和孔子的一段对话："齐景公问政于孔子。孔子对曰：'君君，臣臣，父父，子子。'"这八个字不仅提出了治国之道，同时也反映了在传统的儒家思想中家与国以及处于其中的人的关系。从个人延伸到家，再从家延伸到国，整个社会的秩序是从家或者类似家的组织结构中发展出来的，而在家组织中的家长和子女之间存在一种秩序，这种秩序在"国"中则表现为君主和朝臣之间的秩序。由此，家文化的内涵开始从私家的、个人的向公共领域渗透，并且成为东方传统文化中重要的一部分，即《礼记·大学》中所说的"古之欲明明德于天下者，先治其国；欲治其国者，先齐其家；欲齐其家者，先修其身"（修身，齐家，治国，平天下），并一直延续至今。

起一种信任感和亲密感，形成一条情感的纽带，强调用信任和关系来取代契约的约束。近几年来为人所津津乐道的德胜洋楼《员工守则》和海底捞模式正是这种泛"家文化"的代表。

亲切而又礼貌的笑容，细致而不失烦琐的服务，为顾客递上手机套，并且给顾客系上围裙，防止油、水滴在衣服上，免费提供高速Wi-Fi，修指甲、擦皮鞋……，这一场景对于许多人来说并不陌生，这就是海底捞提供的周到服务并在近年来风行全国。它使得贴心细致的服务不再只出现在五星级高档餐厅，在人均消费并不高的火锅店里，顾客也能享受到顶级的服务。随着海底捞的发展，"地球人已经无法阻止海底捞了！"这个段子在网络上迅速蹿红，尽管只是一句戏语，却真实地反映出海底捞文化带给人们的惊喜。

作为顾客，海底捞令人印象最为深刻的莫过于它的服务。与普通的餐饮业相比，海底捞员工的服务态度可谓无微不至、细致贴心，完全超出人们的预期。那么，究竟是什么让员工保持服务的热情和对顾客的关怀呢？为何海底捞的服务就能够胜人一筹呢？这就不得不提到海底捞的创始人张勇的管理理念，用他的话来说就是："人心都是肉长的，你对人家好，人家也就对你好。只要想办法让员工把企业当成家，员工就会把心思放在顾客身上。"

海底捞的管理文化与创始人张勇的个人经历有很大的关系。张勇出身于四川的一个小县城——简阳，由于县城的教育资源有限，他并没有机会接受大学教育，在中专技校毕业后便进入四川拖拉机厂担任电焊工，一干便是六年。回忆起在拖拉机厂的六年时光时，张勇毫不避讳地说："当时总想做点事情出来。"于是，他在街边开起了麻辣烫店，做起了小生意。

第九章 民营企业与社会发展

麻辣烫的生意并没有多火爆，但是却有许多回头客，他们第一次在麻辣烫店里吃得开心后，便会时不时地来光顾，和老板闲谈几句。细心的张勇发现，好的味道能够吸引顾客，好的服务也能够赢得顾客的心。

1994年，张勇辞去了电焊工的工作，用经营麻辣烫店赚的不足1万元的资金，同三个朋友开起了火锅店。在刚创立的时候，由于资金有限，火锅店门面不大，只有四张桌子，看似简陋，生意却十分兴隆。"其实我也不知道餐厅生意会那么好，到成为简阳最大的火锅店只用了几个月的时间。火锅店的客户满意度很高，很多人会把我当朋友。那时走在街上，擦皮鞋的认识我，市长也认识我。"[①] 和最初的麻辣烫店十分相似，张勇的火锅店也一直洋溢着浓浓的人情味，不管是顾客之间，还是顾客和员工之间，都建立起了类似朋友的关系。面对日渐增多的顾客，张勇想到的不仅是扩张门店，而且是更进一步，为顾客提供更加舒适的用餐环境。为此，他花费了大量的资金，扩大了门店，并且重新进行装修，还装上了空调。对于如今的餐饮业来说，装空调早已不是稀奇事，但是在1998年，空调仍算是奢侈品，在普通的餐厅是很少见的。以人为本的理念在早期就不知不觉地渗透到了张勇的管理风格中，这为以后海底捞对员工的管理埋下了伏笔。

在接下来的几年里，张勇的火锅店慢慢走出了简阳这个小地方，开始走进西安、青岛、郑州等城市，也有了自己的店名"海底捞"。"海底捞"在四川麻将中的意思是打到最后一张和牌了。能够和一把"海底捞"的牌总是令人喜出望外，于是在张勇太太的建议下，"海底捞"的名字正式登上了历史的舞台。随着海底捞的发展，其员工数量不断地增长，从最初的

[①] 李翔，余楠. 对话张勇：海底捞之道 [N]. 经济观察报，2011-02-18.

几个厨师、几个服务员慢慢地增加到几百人，再到如今的将近两万人。其中大多数的员工像张勇一样，来自小县城或者农村，没有机会接受精英式教育，到处打工谋生。面对这些员工，海底捞并没有像部分劳动密集型企业那样，拼命地压榨员工以谋取人口红利，相反，海底捞竭尽全力为员工提供优质的工作环境和友爱的工作氛围，同时还采取了一系列的激励机制和员工福利来鼓励员工，甚至员工福利不仅仅惠及员工个人，还惠及其亲人，这在中国的餐饮业中可谓独树一帜。

陈丹霞（化名）是海底捞上万名员工中的一员，出生于贫困农村的她，为了供家里的弟弟读书，很早就踏入了社会，开始打工谋生。在进入海底捞之前，她在重庆的一家电子厂打工，由于文化程度不高，她只能在车间里做一个装配工人，重复着同样的工作，在繁忙的流水线上机械地度过每一天。后来，在朋友的介绍下，她从电子厂辞职，来到海底捞成为一名服务员。刚进入海底捞的陈丹霞十分沉默，因为长期以来习惯了埋头苦干的工作氛围，一时不知道如何与人打交道。本来以为来到餐饮业就是默默端盘子的她，在听到还有新人培训时，感到十分惊讶，她心想：服务员还需要培训吗？然而从新人培训开始再到上岗，陈丹霞被海底捞的许多制度震惊了。首先是最基本的住宿条件，海底捞为他们租了一个小区作为员工宿舍，尽管每个房间并不算太大，却十分干净和舒适。房间里还装了空调、热水器和电视等简易的电器，最重要的是，陈丹霞并不需要付任何房租。相较于她原来在外面租住的简陋的地下室，海底捞的员工宿舍对她而言，温馨得如小家一般。"这里离公司很近，而且还有专门的阿姨帮我们打扫卫生，同事之间也会相互关心。"有一次，陈丹霞在宿舍中发烧了，隔壁的同事纷纷前来探望，甚至还有个同事给她送来了营养品，这让在病榻中

第九章 民营企业与社会发展

的她有些哽咽,"在外打工了那么多年,这是生病时第一次有那么多人关心"。参加新人培训后,第一天是自我介绍,性格内向的陈丹霞并没有做足够的准备,沉默了半天不知道如何开口。然而令她意外的是,培训师并没有因此而批评她,而是不断地鼓励她,引导她做简单的自我介绍,并在她自我介绍后,还奖励了她一瓶雪碧。这大大地激励了陈丹霞,在后来的工作中,她一改原来沉默寡言的风格,逐渐变得开朗和热情。在成为一线员工后,陈丹霞被告知她有权给顾客打折,如果她觉得有必要,还可以给顾客加一道菜或者免一道菜的单。这种权利在普通的餐馆中,只有经理级别的人才拥有,而在海底捞,像陈丹霞这样的普通员工也能够决定是否加菜、免单,在感到不可思议的同时,她也产生了一份责任感。"在这里工作,我觉得自己挺幸福的。"陈丹霞毫不矫情地用了"幸福"这个词。对于像陈丹霞这样常年在外面漂泊的打工者来说,被人尊重、被人信任、被人关怀,更能够让他们产生一种家的温馨感,在情感上激发他们工作的动力。

除了提供舒适的生活环境和工作环境外,海底捞还采取了一系列的激励措施,而惠及的对象除了员工本身以外,还涉及他们的家人。朱莲(化名)是一位川妹子,从最初的基层员工到海底捞杭州一店的店长,她仅仅用了三年时间。对她来说,她看到的则是海底捞提供的公平的环境和温馨的氛围。在海底捞,每个新人都是由一批老员工带着一起工作,而店长和经理都会把自己的手机号码留给员工,一旦新员工遇到问题,可以随时请教老员工和管理者,这使得新人很快就能融入海底捞这个大家庭,不至于落单。除此之外,海底捞的晋升是通过层层递进的形式,换言之,每个人都处于相对公平的竞争环境中,只有在自己的岗位上表现出色,才有机会申请更高一级的职务。朱莲就是凭借着自己的努力,从普通的服务员到领班、店长助理、厨师长、店长，一路走来，她也坦言："我们这里的员工都是来自农村，没有人是老板的亲戚，或者其他关系户。每个人都通过自己的努力获得晋升的机会。"成为店长之后，朱莲的工资和奖金都有所提高，更令她喜出望外的是，海底捞还给她远在农村的父母寄了 800 元奖金，尽管这笔钱是从她的奖金中拿出来的，但她还是感到十分温馨，能够让家人一起分享自己的成功和喜悦，是十分可贵的经历。

海底捞的这些做法，在西方的企业中是十分少见的。基于契约文化形成的西方管理模式更强调法治和民主的精神，往往以科学化、体系化的绩效考核模式来激励员工。相较之下，海底捞的管理理念则是受到中国传统"家文化"的影响，提倡用情感来维系员工与员工之间的关系以及员工与企业之间的关系，使得员工能够与海底捞共同成长，形成强烈的文化认同感和凝聚力。海底捞多年来将人员的流动率保持在 10% 左右，而国内餐饮业平均的人员流动率为 28.6%。[1]

其实，在中国的企业管理模式中，或多或少会受到传统"家文化"的影响。例如娃哈哈集团提出"以小家为基础，服务大家，报效国家"的"家文化"管理。娃哈哈集团工会主席叶睁也对此表示认同："娃哈哈之所以能如此成功，一个重要的原因就是我们常年坚持的'家文化'深入人心。"[2] 另外，像腾讯、网易、阿里巴巴、联想等企业除了给员工发放工资以外，还会提供一定的住房贷款，旨在让员工安家，甚至还有一定数额的家属福利，比如子女的补课费用，中秋节等传统节日还会定制特色的礼物，寄往

---

[1] 李升泉. 海底捞品牌营销战略分析 [N]. 科技创新导报，2013(29).
[2] 万方. 从小家、大家到国家——娃哈哈的"家"文化 [EB/OL]. (2012-11-28). http://news.sohu.com/20121128/n358925775.shtml.

员工家中。这样的"家文化"管理是东方文化背景下的特产，这与中国传统的文化价值观也是密不可分的。

在东方文化的背景下，"家文化"在企业管理中显示出了独特的生命力，它使得员工和员工之间、员工和上下级之间能够产生一种信任，这将促进企业和团队的凝聚力，从而激发员工的主人翁意识，使其在工作中更加尽心尽责。此外，这种基于"相互关爱、相互信任"建立起来的企业文化，使得人与人之间更具默契和包容，形成更加灵活和人性化的管理。同时，由此带来的换位思考和相互帮助，能够降低管理制度产生的交易成本。企业通过创建温馨的家庭氛围，使得员工对企业产生精神归属，共同分享成长的过程，以提高员工的满意度和忠诚度，形成企业核心竞争力的一部分。但是这种"家文化"的管理用信任和关系来取代契约的约束，导致这种管理模式必然存在一定的模糊地带，而这种模糊将可能给企业的发展壮大造成一定的潜在风险。所以，我们在提倡"家文化"管理模式时，也应该注意以下几点：第一，"家文化"不能取代企业制度的建设，完善的企业治理制度将帮助企业更好地运营，使得每个员工都能够各司其职。第二，"家文化"并不等于一团和气，尽管它的核心理念是建立起员工之间的相互关爱，但这并不意味着可以任由员工犯错而不给予一定的惩罚。第三，"家文化"并不等于家长制，还是需要有不同的声音，而不是一人独大。如何将东方传统的"家文化"更好地融入现代企业管理，还需要细细思量。

中国企业的"家合"战略

2004年6月,张海超入职郑州某化工企业,先后从事杂工、破碎、开压力机等与粉尘接触的工作。三年后,他被多家医院诊断为尘肺。然而,张海超所在的企业并未采取过任何有效的职业病防治措施,其试图逃避责任甚至还拒绝为张海超提供相关证明。对这位职业病患者而言,他从未想过,一纸法定医疗机构的诊断,竟是那样遥不可及。2009年6月,走投无路的张海超,不顾医生劝阻,"开胸验肺",希望借此悲壮之举证明自己是尘肺病患者,一时间,全国哗然,最终,在这起员工与企业的纠纷中,舆论成为张海超合法维权的唯一武器。

对企业而言,在追逐短期利益时,用变相降低员工待遇的方式来控制成本已不足为奇,更有甚者,像张海超事件所反映的那样,会做出严重损害员工利益的行为。由于早年的创业企业普遍依赖较低的劳动力成本,并且缺乏技术研发能力,因此企业的盈利能力某种程度上依赖于对劳动力成本的控制以及追求简单的规模扩张,并且这种情形下的规模扩张并没有与劳动力成本降低形成替代效应。简单而言,就是无论企业规模大小,严格控制员工工资水平都成为企业赚取利润的不二法门。然而,这种模式在同质化竞争以及迅速达到市场饱和的背景下极易失去竞争优势。因此,企业

第九章 民营企业与社会发展

家与劳动力之间的关系就变得对立且冲突。

我们看到,在前面的案例中,既有抛弃了低成本低价格竞争,强调为客户创造价值而差异化发展的德胜洋楼,也有本身就属于服务行业,特别强调员工个人努力,带来差异化服务水平提升的海底捞。这样的例子为那些依然挣扎于简单劳动、低成本盈利的企业指引了一条转型升级之路。只有彻底抛开缺乏创新、简单复制发展的套路,从追求数量到打造质量,从关注企业盈利到关注价值创造,才能解开企业盈利与员工收入零和博弈的困境。这样的行为选择背后,实际上反映了一种企业的逻辑:在企业发展与社会价值增长之间,很多企业认为必然存在取舍。当企业面对短期绩效压力时,这种取舍便更加明显,不仅可能出现损害员工利益的行为,还可能对社会和民众造成重大的危害:无论是曾经频频站上头条的注水猪肉,还是柴静在《穹顶之下》所披露的浓烟滚滚的钢铁厂,抑或是2015年年初曝光的出口骗税高达4.5亿元的河北某企业,都表征了企业的这种"取舍"逻辑。

然而,这种在不少企业看来想当然的逻辑其实并非必然,企业发展与社会价值增长之间并不存在必然的取舍关系。[1]

---

[1] 事实上,早在20世纪30年代,企业史中就已然出现了正视二者关系的努力。1924年,美国学者谢尔顿(Oliver Sheldon)就在其著作《The Philosophy of Management》中提出了"企业社会责任"(Corporate Social Responsibility, CSR)的概念,将企业社会责任与经营者满足产业内外各类需求的责任联系起来。随后,多位经济学家,如伯文、戴维斯、布洛姆斯特伦以及卡罗尔等,都对社会责任下了定义。20世纪90年代后,欧美各国开始重视企业社会责任,几大重要国际组织,如世界银行、欧盟和世界可持续发展商业理事会等,也对企业社会责任下了定义。尽管各方定义略有差异,但其大意均为:"企业不仅应对股东利益负责,而且对股东利益之外的,与企业发生各种广泛联系的相关利益群体和政府代表的公共利益同时也应该负有一定的责任,以实现股东外利益相关者利益与股东利益的平衡。"21世纪以来,这种强调平衡的逻辑在国际社会上获得了较大关注,"社会责任感"已成为近年来的热门话题。

对于处理企业发展与社会价值增长的关系而言，企业社会责任理论已经走出了单向"取舍"的逻辑，强调企业要兼顾股东和其他利益相关者。在企业社会责任理论下，不同企业对利益相关者责任的侧重点有所不同。有的认为，顾客利益高于一切，正如麦当劳将"致力于成为顾客最喜爱的用餐场所及用餐方式"作为企业使命，一直以顾客需求为中心，希望能够成为世界"最佳"体验的快速服务餐厅。有企业认为，股东利益最重要，比如，英国企业集团汉森信托将"股东至上"奉为至高无上的信条，其他所有利益都要服从于资本提供者提出的要求。也有企业认为，员工是最重要的资产，比如，国际知名咨询公司麦肯锡注重对员工的关爱和培养可谓煞费苦心，除了关注员工的职业发展，还设有员工俱乐部，定期举行各式各样的聚会活动，就连员工的家属也可以参与其中。但是，无论具体侧重和形式如何，企业社会责任理论和利益相关者理论在根本上均着眼于"责任"层面，要求企业把握一种动态的平衡，而并未涉及企业的战略层面。

传统的管理理论将企业战略划分为企业战略、业务战略和职能战略三个层次。企业战略关注集团化发展、多元业务组合逻辑以及国际化，业务战略关注单一业务的定位与竞争优势构建，职能战略关注企业内部不同职能如何建立与战略之间的协同。以上三个层次都是在企业边界明晰的基础上对企业内部的战略进行考量。然而，随着移动互联时代的到来，交易成本大幅下降，海量的信息零时滞获取，专业化分工实现跨组织边界的协同，技术与商业模式的迭代更加迅捷，组织间的边界被弱化了。应对这样的变化，单纯关注组织内部的战略要素恐怕不再能够满足发展的需要。因此，在原有三层次战略的基础上，有必要探讨跨越组织边界的社会战略。

这里所说的社会战略与前文描述的企业社会责任是有区别的。首先，

第九章
民营企业与社会发展

企业社会责任更多强调的是企业成长中对于其他利益相关者的关注，然后再通过研究力图证明关注企业社会责任对于企业长期绩效是有利的。事实上，直到今天，企业实施社会责任对于短期绩效是利是弊依然存在争议；而社会战略强调的是，在社会化分工调整的基础上，打破企业原有的价值链，通过二次分工、职能聚焦、组织柔性化、发挥创造力、降低系统交易成本等方法，把企业看作某产品或服务提供生态圈的一部分。在这样的思想下，企业与周边利益相关者之间原先存在的强竞争关系（资源竞争、产品竞争、信息竞争、机会竞争、客户竞争等）被新型的共生合作关系取代（资源互补、产品协同、信息共享、机会分担、客户拓展等），从而在企业核心能力构建的基础上实现社会化协同。毫无疑问，这样的社会战略也是符合双元逻辑的。

从社会战略的角度，以双元逻辑再来审视企业社会责任，我们发现视角亦是不同的。对企业发展战略而言，社会战略是其中重要的组成部分，企业发展与社会福利的改进可以兼而有之。面对短期的绩效压力，对员工采取适当的激励措施，增进员工福利，不是一种被迫的平衡，而是迎难而上的社会战略。无论是尚好机械的廖伟一，还是雄风包装的沈明宇，抑或是迪立奥通讯的张晨拓，他们致力推行的短期员工激励机制和员工利润分享计划，均出于对企业发展的考虑。提高员工积极性，为员工提供最直接的方式证明自身的价值，这样的社会战略所带来的效果也绝非相关利益者之间的简单平衡。因为激励员工而产生的企业效益，为企业股东带来的收益远远超出员工所分享的那部分利润。

如果在企业面临短期绩效压力之时，社会战略可能为企业提供一种平缓而有效的解决方式，那么对于企业的长期发展与成长而言，社会战略则更是意味深远。从与绩效挂钩的激励机制到员工利润分享机制，再到员工持股计划，从应对企业短期危机到着眼企业长期发展，三种激励机制层层递进。雄风包装的总经理沈明宇在用员工利润分享计划解决了高频员工的流动问题后，便开始着眼于制订股份制改造计划，希望用员工持股计划的社会战略使企业的长远发展获益。灵活性较强的员工持股计划能够更好地帮助企业做到"一石二鸟"，同时达到刺激企业绩效以及保持企业员工队伍稳定的双重目的，实现企业长远发展与社会价值增益的双赢效果。事实上，这种社会价值的兼得不仅仅体现在员工利益上，还体现在能源环保和公益慈善等其他方面。

在企业的社会战略中，从不是某一种机制的一枝独秀。以股权激励为代表的长期激励固然意义非凡，但并非是万能的，为了能够更好地为员工创造业绩提供动力，像绩效薪酬这样的短期激励手段也是不容替代的。这些在企业内部致力于实现企业发展与社会价值增益的双元战略，于中国企业而言，实质上是一种极具东方文化的"家合"战略。对企业的相关利益者而言，企业是小家，社会是大家，"家合"战略在企业发展的"小家"和社会进步的"大家"之间能够做到兼而有之，实现共同的价值增益。

"家合"并不指涉某一项社会战略，亦非多项社会战略的简单相加，而是一个影射企业文化的有机体。在"海底捞模式"下，消费者满心欢愉地吃着火锅，甚至愿意一次又一次地排号等待；员工在海底捞感受到家的温暖，亲切地为顾客服务，卖力地为企业工作；海底捞的股东们更是树立起一个优质餐饮的代表品牌，在企业效益上赢得满堂彩。在依靠农民工起家的德胜洋楼里，企业用家规性质的《员工守则》建立起秩序井然的工作环境，用爱来管理，用戒做制度，让德胜洋楼的大家庭中的每一名员工都变得高尚。在构建起企业这个"小家"后,还将目光放在了社会这个"大家"上,2005年德胜洋楼捐资成立专门招收农村困难生的休宁德胜洋楼平民学校,免除入读学生衣、食、住、行、学杂等一切费用。不仅如此,德胜洋楼还对环保事业保持一贯的重视,2004年当选环保先进企业,2005年获得"中国生态建筑奖(节能环保技术领先施工企业)",成为全国唯一获得该荣誉的施工企业。

"家和万事兴"这一中国传统观念,以"家合"的方式进入了中国民营企业。"家"是方式,"合"是共赢。在企业这个小家中,员工其乐融融,消费者舒心消费,所有人成为家中的一分子,感受到家的温暖,也为家贡献了一份力量。对社会这个大家而言,消费者、企业员工、企业股东等多方利益相关者的共赢便是这种"家合"的最终结果,其中透露出的是企业将社会视为"大家"的观念,"家合"便是企业中的个体发展与社会价值增益的共进。

结　语

在企业战略研究中，曾居主流地位的产业组织理论认为，企业的盈利空间取决于其所在行业的产业结构。2004年，以迈克尔·波特为代表的战略学者通过实证案例研究发现，企业的盈利状况约20%可以为其选择的行业所解释，另有36%的盈利状况归结于企业本身的特征和行为。[1] 由此，资源依赖理论和知识决定论者提出，企业拥有的资源和能力也是影响企业绩效的重要因素。事实上，外部环境与企业本身的特征和行为共同决定了企业的盈利能力。

在世界变得愈发平坦，各个角落充斥着信息化的痕迹，以及外包极度盛行的今天，主流的战略分析框架也开始面临一些新兴的战略思想的挑战。其中，共演理论认为，企业不再是环境主宰下被动的受体，它们可以通过参与技术开发、标准制定、行业结盟等行为，反过来影响行业结构和产业环境；竞合理论认为，企业和利益相关者之间，不仅存在竞争关系，在更大范围内也存在合作的可能；[2] 智力资本的研究者打破了有形资源和无形资

---

[1] Porter M E. Competitive Strategy [M]. New York: FrePress, 2004.

[2] Luo Y D. Competition in International Business [M]. Copenhage: Copenhagen Business School Press, 2004.

源之间的界限，认为以人为主体的智力资本成为企业最具竞争力的资源[1]；"关系"的研究使人们在关注传统的基于交易成本的能力发展的同时，也关注"关系"本身所需要的"关系能力"的构建[2]；对于绩效测量的研究提出，不能单纯以短期财务指标作为判断企业绩效的唯一标准，而应将注重长期发展的战略性指标纳入对于企业绩效的考量[3]；成本创新理论认为，成本优势和差异化优势可以在某些特定的条件下兼得[4]；组织学的研究侧重组织常规管理与组织的柔性并重[5]。以上这些思想都重复着同样的逻辑，即传统的战略理论认为企业的战略决策很大程度上是在做取舍（二者取一），波特甚至强调过，"战略"就是做取舍！然而，随着实证的不断发展，在越来越多的战略管理情境下，这些看似矛盾的现象，可以做到兼而有之甚至相互促进（二者兼具）。

在这样的理论土壤中，双元理论破土而出，引入组织研究中的"双元"概念，将这种二者兼顾的思维方式与主流的战略发展过程相结合，整合出"双元范式"的思想。这是一次新兴思维与传统观点碰撞的火花，不仅为战略研究领域燃起了探索的火把，而且为企业，特别是拥有东方文化背景的企业，照亮了阐释之光。

---

[1] Snell S A, Dean J W. Integrated manufacturing and human resource management: A human Capital perspective [J]. Academy of Management Journal, 1992, 35(3): 467-505.

[2] Luo Y. Guanxi and Business [M]. 2nd. Singapore: World Scientific, 2007.

[3] 陆雄文，孙金云. 企业绩效测量方法的研究综述 [J]. 经济管理，2009, 31(S1): 264-269.

[4] Zeng M, Williamson P J.Pragons at Your Door [M]. Boston: Harvard Business School Press, 2007.

[5] Hitt M A, Ireland R D, Hoskisson R E. Strategic Management [M]. Mason: South Western, a part of Cengage Learning, 2009.

双元性（ambidexterity，或译"二元性"）从词源学上看，是拉丁文中的两个词根"ambos"（二者都）和"dexter"（右侧的）的结合，意为"两种都是对的，两边都可以"。早在1976年，Duncan[①]就提出了"双元性"的概念，不过当时仅在组织行为学科范畴中使用。2004年，Gibson等将它定义为组织同时处理两件不同任务的能力。2009年，Simsek等人连续发表两篇关于双元性的文章[②]，提出在不同的组织维度对双元思想进行拓展的可能，在此之前90%以上的有关双元性的研究，都是在组织研究领域中针对"挖掘"和"探索"而进行的。此后，陆亚东等学者将"双元"概念扩展到国际商务领域中的跨国投资行为，并首次将共演理论、竞合理论等通过案例，在双元框架下进行了检验。"双元性"发展至此，已然突破发源之处，即组织学的范畴，将应用扩展至一个全新的领域——战略管理领域。

然而，这些对于双元性的外延依旧只是局限在一个相对狭隘的范围内。事实上，在东方文化背景下，双元思想对企业具有更加重要的哲学意义。2000多年前，强调"阴阳相生相克"和"福祸相依"的中国道家，就认为世界处于不断变化中，不应该追求一个极端，而应该关注这种变化；而以

---

① Duncan R. The ambidextrous organization: Designing dual structures for innovation [M]// Killman R H, Pondy L R, Sleven D. The Management of Organization. New York: North Holland, 1976: 167-188.

② 分别是 Simsek Z.Organizational ambidexterity: Towards a multilevel understanding [J]. Journal of magement Studies, 2009: 46(4):597-624 和 Simsek Z, Heavey C, Veiga J F, et al. A typology for aligning organizational ambidexterity's conceptualizations, antecedents, and outcomes [J]. Journal of Management Studies, 2009, 46(5): 864-894.

"仁"为核心的儒家，强调中庸之学，追求不同力量之间的和谐与兼顾。这些思想内生于中国民营企业，并不断释放出自己的能量，使中国民营企业的诸多商业行为深深烙上了折中的文化之印。

因此，双元性作为一种思想对中国民营企业而言，有着更为深远的意义。实际上，已有不少研究涉及双元性不同领域的应用，如共演理论、竞合理论、探索与挖掘、渐进式创新与突破式创新、关系约束与法律约束，以及企业长短期绩效等。还有学者提出了一些可能的双元性组织基础，如双元的组织结构、行为情境、高层管理团队的行为整合等。

不过，真正能够在企业管理实践中做到双元兼顾难度不小。近些年来，双元性业已成为全球范围内战略研究和组织研究领域的一个新兴课题。战略管理过程是指企业为了创造竞争优势，获得超平均收益所做出的一系列努力、决策和行为。处于这个过程中的企业，第一步便是审视分析自身所处的外、内部环境，此后，决定企业的战略输入条件，企业的能力和资源便是这类输入条件的一部分。掌握了这些信息以后，企业就会形成其愿景、使命和导向，并制定具体的战略。在战略执行过程中，企业遵循创造竞争优势以及获得超平均收益的目标并采取相应的行动；而双元范式正是站在巨人肩膀上，借鉴已有的研究成果，将双元性思想嵌入原战略发展过程理论的一次尝试。在双元范式的框架下，执行过程的每一个环节，从产业环境、竞争环境、内部资源到战略定位等都将发生双元性的变化，如图1所示。

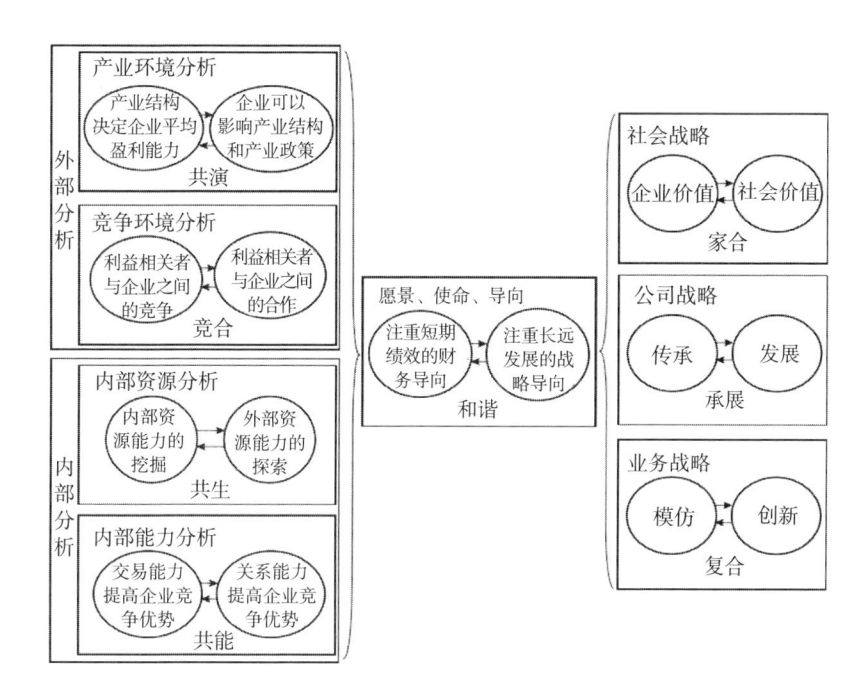

图 1 中国民营企业的双元战略范式

资料来源：孙金云. 一个二元范式下的战略分析框架 [J]. 管理学报，2011（4）：524-530. 后续笔者根据研究进展做了适当调整。

1. 战略导向的"和谐"——长期战略导向与短期财务导向

在企业分析好内外环境，并审视自身资源与能力后，便会在愿景、使命和战略导向上做出决策。企业由于性质的不同（如外资、国有和民营）和规模的不同（上市与非上市，大型与中小型），在战略导向上会呈现出明显的差异。Hamel 等人[①]曾提出"战略意图"的概念，以之指涉企业如何用其有限的资源和能力创造竞争力，高效学习和进步，进而达成既定目标。不少学者发现，在一些个人控股的民营企业，特别是在创业者仍任企业要

---

① Hamel G, Prahalad C K. Strategic Intent [J]. Harvard Business Review, 1989, 67(3): 63-76.

职的情况下，企业会更加关注长期发展；而在另一些上市企业或国有企业中，企业由于面临竞争者、股东乃至政府等多重压力，会更着眼于短期财务绩效。事实上，无论是短期的生存抑或是长期的发展，对企业而言都至关重要。若过度倾向于创造短期高绩效，那么很可能导致企业在研发、人力和品牌建设等方面的投入缩水，不利于企业的长远发展；若忽视当下的利润水平，在长期发展的项目中盲目投入过多资金，又会让企业迅速陷入难以为继的危机之中。针对这样的两难处境，陆雄文等学者提倡，当下盛行的以单纯财务指标，尤其是短期财务指标作为企业绩效考核标准的做法应当有所改变，唯有将企业的长期发展与战略性投入一并纳入考核范畴，才能让企业走出企业长短期发展的两难境地，实现在战略导向上的和谐共容。

2. 产业环境的"共演"——产业主导与企业影响

20世纪60—80年代，产业组织理论取得了突破性的发展，随之而来的结果包括产业组织模型（I/O）的提出等。在该模型中，超平均利润的相关观点印证并解释了外部环境对企业的战略行为的主宰，自此，外部环境被认定为判断企业能否成功的关键因素。一个不容忽视的事实是，这一观点需要满足几大前提，如企业的无差异性和资源同构，资源的无障碍流动，组织决策的理性，等等。20世纪末，在Lewin等学者的努力下，共演理论应运而生。该理论认为，企业不仅能够被动地适应其所在的外部环境，同时还能主动地影响外部环境。的确，在管理倾向、组织影响和环境变化的三个层面间，存在一种同时发生的交互作用力；而外部环境与企业战略间，也不乏双向、交互的共同影响和演化现象。

3. 竞争环境的"竞合"——竞争与合作

著名战略研究学者迈克尔·波特曾提出包括五种力量的竞争模型，他通过诠释进入壁垒、退出壁垒、可预见的反抗、上下游谈判能力，描绘出企业在竞争环境中所面临的来自竞争对手、消费者、供应商、潜在进入者以及替代品供应商的各种竞争。在根本上，这是一种将商业环境完全战场化的思维：市场竞争中，成王败寇、你死我活才是常态。然而，近十几年来，"竞合"思想的出现让"商场如战场"的思维面临挑战。随着全球化的加速和外包的盛行，市场上开始出现企业间的联盟，比如合资企业与外包方的联盟。至此，在竞争环境的研究中，"合作"开始被视为一种十分有效的战略手段。采用各式各样的合作形式，不同的企业完全可能通过合作呈现比非合作状态更为出色的绩效表现。多名学者，如 Luo、Beamish 和 Brandenburger 等，对竞合思想做了深入的研究，认为"竞合"早已不是传统意义上必须将竞争和合作割裂开的片面思想，而是一种不再立足于从对手那里抢夺市场份额，而是与他方合作，在横向上共同扩大市场总量，在纵向上共同拓展供应商和客户基础的双赢状态。

4. 内部资源的"共生"——内部资源能力与外部资源能力

企业的成长离不开它所拥有的资源，这些资源按照其所处的位置可以划分为内部资源和外部资源两类。内部资源是企业拥有独立支配权的资源，如员工、资金、知识技术、固定资产、凝聚力、企业文化等；外部资源则是非独立支配但可与其他社会组织共享的资源，如市场环境、行业政策、信息资源、运输条件等。对内部资源，企业必须不断深入挖掘可用资源，在纵向上实现资源有效性的最大化；而在外部资源上，企业则需要不断开拓探索新的资源，在横向上扩大可用资源的范围。内部资源的共生，是在肯定内部资源是企业竞争优势核心的基础上，不仅关注企业挖掘内部资源的能力，以研发为发展之道，在企业内部实现重新配置和再度创新，同时还兼顾外部资源的探索，其中包括与外部组织的联合，以合补短，实现共生发展。[1]

5. 核心能力的"共能"——交易能力与关系能力

核心能力是企业竞争优势的来源，同时也体现了企业的个性并由此区别于其他的企业。通常意义上的核心能力有两类：其一，基于交易的能力，即企业在经济和市场环境下所拥有的能力，比如创新、品质、客户响应和效率等，这类能力能在提升竞争优势上助企业一臂之力；其二，基于关系的能力，是企业处理与外部利益相关者关系的能力，涉及企业之外的多类主体，如政府、金融机构、竞争对手和供销商等，企业需要培育、维系或者平衡与这些主体之间的关系，这类能力可以在一定程度上弥补由交易能力不足而导致的竞争优势缺失。[2] 两种能力之间存在明显的文化差异，东西方企业各有所长：在交易能力上，西方企业优势显著；而在关系能力上，东方企业则更胜一筹。毋庸置疑的是，对中国民营企业而言，两种能力都是企业的核心能力，因此，实现"交易能力与关系能力"的"共能"便成为企业战略中不可缺失的一环。

---

[1] 陆亚东，孙金云. 复合基础观的动因及其对竞争优势的影响研究 [J]. 管理世界，2014(7).
[2] Rui H C, Yip G S.Foreign acquisitions by Chinese firms: A strategic intent perspective [J]. Journal of World Business, 2008, 43(2): 213-226.

6. "复合"的业务战略——模仿与创新

创新，是一种具有领先性的企业行为，它根植于企业的内部核心能力，研发并向市场推广新的产品和服务；而模仿，看似与创新相对立，实则不然，这个概念与中国市场上常言的"山寨"有着本质区别，它既指涉市场中对领先产品和优质品牌的模仿，也涵盖了对市场领先者管理方式、组织运行模式、市场进入策略、投资决策时机等管理方式的借鉴。中国民营企业是新兴经济体中迅速成长的一个群体，培植出自身核心能力势在必行。如果采取单纯强调原创式创新的企业战略，恐怕会事倍功半，但若结合自身的发展阶段，择一条渐进创新之明路，或许还不失为一种事半功倍的选择；而模仿式创新便是这样的一条康庄大道，在这种复合创新形式下，企业可以通过复制、吸收和改进已有的领先产品、优质服务、精湛工艺和先进管理方式，为顾客提供类似的甚至更具竞争力的产品服务组合。[1]

7. "承展"的公司战略——传承与发展

"企业是资源和能力的集合。"[2] 对于中国民营企业而言，最重要的能力往往与企业的创始人密不可分。然而，伴随着企业的成长和企业创始人的老去，那些曾经附着在企业创始人身上的能力和光环将成为企业是否能够永续经营的最大变数。毋庸置疑，企业发展受到企业领导人更迭的直接影响，因此，企业应该未雨绸缪，提前对此进行战略布局和思考。通过一定时间的培养、选拔和观察，选择那些有能力，对企业又有足够忠诚度

---

[1] 陆雄文，孙金云. 企业的核心能力与模仿式创新路径——新兴国家的视角 [J]. 经济理论与经济管理，2011(4).

[2] 伊迪丝·彭罗斯. 企业成长理论 [M]. 赵晓，译. 上海：上海三联书店，2007.

的接班人，无论是来自家族还是现有的管理团队，都要在能力和管控两个方面找到结合点，一方面降低传承不当所带来的风险，另一方面为企业在新领导人的领导下继续腾飞铺上基石。

8. "家合"的社会战略——企业价值与社会价值

社会战略是传统管理理论所划分的三大企业战略（企业战略、业务战略和职能战略）之外的一个新层次战略，它走出了单纯关注组织内部战略要素的狭隘视野，跨越组织边界，关注企业价值和社会价值的共赢。企业在追求自身发展，特别是面临短期绩效压力时，常常面临企业发展与社会价值增益二者的关系问题。以双元逻辑为支撑的"家合"社会战略强调，两者取其一的思路已然走到了尽头，企业不仅应该出于社会责任感而平衡两者，还可以制定多项社会战略，实现企业发展和社会价值的兼收并蓄。

"家"是方式，"合"是共赢。在企业这个小家中，让员工与消费者成为家中的一员，推及社会这个大家，消费者、企业员工、企业股东等多方利益相关者就都能协作共赢，"家合"是企业个体发展与社会价值增益的共进。

对企业而言，双元能力是其左右逢源、运筹帷幄的核心能力[1]；对企业研究而言，拥有动态眼光才能突破故步自封的枷锁，一面回望历史，一面凝望未来。双元战略范式的提出，正是对几十年来，居于统治地位的传统战略范式的补充，更是在中国独特的文化情景、经济发展阶段下对战略管理思想的诠释：摒弃执拗一方的"取舍"逻辑，不仅实现双元平衡，还

---

[1] O'Reilly C A, Tushman M L. Ambidexterity as a dynamic capability: Resolving the innovator's dilemma [J]. Research in Organizational Behavior, 2008, 28: 185-206.

可以二者兼得，看清权衡双方的"交互效应"[①]，并巧为己用。笔者通过近八年来对上百家本土企业的实地调研，整合出了这套"不走极端，因时而化，权衡达变，兼收并蓄"的思维逻辑，同时，它亦是用双元理论去印证战略管理实践的结果。

30多年前那个走在世界边缘的孤独背影，今天已经站在了世界的高处，展现出一个商业巨人的飒爽英姿。这位商业巨人是中国民营企业的合体，它承载了一群不甘于自身命运的企业家的商业实践。从1978年至今，一个锐不可当的时代让商业的种子在黄土大地上生根发芽，中国民营企业也随之走过了成长与蜕变的30年，企业之变与环境之变交相呼应。天地一时，无比开阔，唯有不执一端，通达兼得，才是长远发展之道！

---

① Cao Q, Gedajlovic E, Zhang H Q. Unpacking organizational ambidexterity: dimensions, contingencies, and synergistic effects [J]. Organization Science, 2009, 20（4）: 781-796.